W0199813

LE POUVOIR ET LA VIE

★

LA RENCONTRE

Valéry Giscard d'Estaing

LE POUVOIR ET LA VIE

★

LA RENCONTRE

Cie 12 DOUZE

DU MÊME AUTEUR

Démocratie française, Librairie Arthème Fayard (1976).

L'état de la France, Librairie Arthème Fayard (1981).

Deux Français sur trois, Flammarion (1984).

Le Pouvoir et la vie, vol. 1. La rencontre, Cie 12 (1988).
vol. 2. L'affrontement, Cie 12 (1991).
vol. 3. L'éloignement (à paraître).

© Cie 12, 1988.

Pour Anne-Aymone,
Valérie-Anne, Henri,
Louis et Jacinte,
et toutes celles et tous ceux
que j'ai entraînés dans l'aventure
du pouvoir et de la vie.

S'il échoue
qu'au moins il échoue en osant
de grandes choses,
de sorte que sa place ne soit jamais
parmi ces âmes froides et timides
qui ne connaissent ni la victoire,
ni la défaite.

THEODORE ROOSEVELT

VIVRE LA PRÉSIDENCE

Lorsque la voiture de commandement, dans laquelle j'avais passé la revue des troupes alignées le long des quais, s'est arrêtée place de la Bastille, au matin du 14 Juillet 1974, je me suis demandé comment j'allais en descendre. Cet engin haut sur pattes était équipé seulement d'un petit marchepied de métal vert fixé à mi-hauteur. Descendre le dos tourné, en s'accrochant aux montants de la voiture, aurait manqué d'allure. Descendre de face était impossible, à cause de la hauteur.

J'ai aperçu le vide, la grande place bombée sous le soleil et, très loin, les rangs du public, au milieu desquels s'élevait la tribune officielle, rendue presque noire par l'effet du contre-jour. Il fallait que je quitte la voiture, et que je traverse cette grande esplanade claire pour m'arrêter devant le drapeau et les musiciens de la garde républicaine, dont j'apercevais les plumets rouges.

J'ai été pris d'un vertige, semblable à celui qu'on éprouve dans les montagnes. Ce n'est pas une peur mais un fourmillement qui gagne les membres, surtout les jambes, et qui les rend si faibles qu'on n'est pas sûr qu'elles puissent vous soutenir. Je suis descendu de la voiture de côté, j'ai sauté à terre, et j'ai commencé à marcher, accompagné de deux militaires que je sentais avancer juste derrière moi. Ma tête était vide, avec un volume d'air trop large vibrant autour d'elle et le sentiment de ce même équilibre fragile que l'on ressent lorsqu'on s'est levé d'un mouvement brusque, et que le sang n'irrigue pas encore le cerveau.

Je me suis arrêté devant le drapeau et la musique a attaqué La Marseillaise. *Le mur sombre des musiciens était rassurant. Comme je le voyais à quelques mètres devant moi, il raccourcissait la perspective. Mais je pensais qu'il me restait encore à traverser la place, et je ne voyais pas comment je pourrais assurer mon équilibre, dans ce grand bourdonnement, avec mes jambes picotantes et molles. Et je m'interrogeais confusément, comme une mécanique qui tourne sans produire d'effet, sur ce qui pourrait m'arriver.*

La musique abordait le son fermé, au nez pincé, de « entendez-vous dans nos campagnes... ». Je me suis aperçu que j'avais arrêté de respirer. Je me suis dit que si je ne rétablissais pas tout de suite une respiration normale, je n'avais aucune chance de retrouver, tout à l'heure, une démarche naturelle. Je me suis concentré sur cette idée en m'obligeant à ouvrir la bouche pour inspirer de façon régulière. Et j'ai senti revenir, non pas vraiment des forces, mais une certaine souplesse qui me permettait de bouger. Je suis parti en direction de la tribune, dont j'ai gravi les marches avant de saluer le Premier ministre et les présidents des Assemblées. Tout avait repris sa place.

C'est en pensant à ce souvenir que je me suis décidé à écrire ce livre — à cet extraordinaire malentendu qui éloigne les gouvernés des gouvernants, en leur faisant croire qu'ils appartiennent à des espèces humaines différentes.

Je n'étais pas tenté de publier actuellement des Mémoires, *c'est-à-dire le récit chronologique des réflexions et des événements. Il est presque impossible de le faire honnêtement quand on s'y décide trop tôt. Les Mémoires que j'ai lus sur les événements dont j'ai été le témoin ne retracent pas exactement les faits tels que je les ai connus. D'autres que moi sont mieux placés pour faire ce travail.*

Les archives complètes des sept années pendant lesquelles j'ai exercé la présidence de la République sont déposées aux Archives nationales. Elles y garnissent, m'a-t-on dit, cinq cent quarante mètres de rayonnage. Mes Mémoires sont écrits sur ces rayons. Peut-être un jour un biographe s'en servira-t-il. J'espère qu'il sera amical et talentueux car, à force de lire avec délices les biographies des autres, j'ai compris que la réputation des hommes du passé tenait moins à leurs défauts ou à leurs qualités propres qu'au talent et à la bienveillance de leurs biographes.

Pas de Mémoires donc, mais un essai pour communiquer le vécu de mon septennat : ce que j'ai ressenti, moralement, physiquement, intellectuellement. Ce qu'a représenté pour moi le contenu des rencontres que j'ai faites, ce que j'ai pu observer pendant les discussions, ce qui m'est parvenu des tensions intérieures ou extérieures.

C'est une banalité de dire que la plus simple des passions est incommunicable. Chacun s'y est essayé à son tour, en appelant au secours les mots, les vers, la musique. Comment transmettre alors l'expérience d'une fonction perçue comme distante, abstraite, assortie de pouvoirs jugés démesurés, et de conditions de vie sans commune mesure avec celles des autres hommes ?

La seule réponse possible me paraît être celle de la spontanéité et de la simplicité, en faisant appel directement au souvenir. Je me contenterai de laisser courir ma plume, au gré des impressions et des images qui se pressent dans ma mémoire. De ne pas trop soigner le texte et, si possible, de ne le relire qu'une fois.

A ce sujet je pense qu'il vaut mieux me fier à l'exactitude des souvenirs que j'ai conservés. Je ne ferai pas de recherches, à l'exception de la vérification de quelques dates, ou de quelques lieux que je confierai aux soins de Philippe Sauzay, qui était mon chef de cabinet lorsque je suis arrivé à l'Élysée, et qui a maintenu sa collaboration, fidèle et compétente, depuis mon départ.

Pour le reste le souvenir est en lui-même une forme d'exactitude : puisque je me souviens de tel événement ou de telle impression de cette manière-ci, c'est bien la substance qu'ils m'ont laissée. Autant que je vous la communique telle quelle.

Je ne suivrai pas la chronologie au jour le jour, puisque ce n'est pas une histoire à raconter. Mais je m'efforcerai de respecter le rythme du mouvement que j'ai éprouvé, celui que j'ai senti m'accompagner, me soutenir, et parfois me porter tout au long de ces sept années. Depuis l'enthousiasme du début, extraordinairement jeune et confiant, et jailli d'une courte campagne, jusqu'à la venue finale de ces rouleaux d'écume, sous lesquels j'ai vu pointer l'embuscade menaçante, et mortelle, des récifs.

I

LA SANTÉ DES DIRIGEANTS

Je n'aurais jamais été président de la République sans la maladie et la mort du président Pompidou.

Celui-ci avait pris une seule fois l'initiative de me parler de sa réélection. C'était au cours d'un de nos entretiens hebdomadaires à l'Élysée, en novembre 1973. Je le cite de mémoire :

« Je n'ai pas l'intention de me représenter à l'Élysée. Une fois, c'est déjà très long. Et puis ma femme ne veut pas en entendre parler. Elle est décidée à m'en empêcher. Mais il faut que vous sachiez qu'il y a un cas où je me représenterai en tout état de cause : c'est celui où il apparaîtrait que je suis seul capable de battre François Mitterrand. Je ferai tout pour l'empêcher de réussir et lui barrer la route de l'Élysée. S'il le faut, oui, je me représenterai. »

J'en avais tiré la conclusion qu'il se représenterait sans doute. Il était probable que les sondages le désigneraient effectivement comme étant seul capable de battre François Mitterrand. Je pensais qu'il serait alors réélu et, dans ce cas, j'espérais continuer ma tâche à la tête de mon cher ministère de l'Économie et des Finances, tout en sachant qu'une aussi longue présence dans un ministère considéré comme dominant finirait par poser des problèmes. Mais on avait le temps de voir.

Contrairement à ce dont est convaincue la plus grande partie de l'opinion, en raison du jugement qu'elle porte sur le cynisme et l'absence de scrupules du milieu politique, nous n'étions pas informés de la gravité de la maladie du président Pompidou, et nous n'en imaginions pas le dénouement prochain.

Des rumeurs circulaient, alimentées par les « grippes » successives du président et par les longues périodes de repos qui les suivaient. Personnellement, je me suis aperçu, pour la première fois, qu'il était effectivement malade, dans la Caravelle qui nous conduisait à Reykjavik, en Islande, le 30 mai 1973, pour une deuxième rencontre au sommet avec Richard Nixon.

Le président Pompidou s'était installé dans un compartiment aménagé pour lui à l'avant de l'avion, où on avait posé deux tables de chaque côté de l'allée centrale et des fauteuils placés en vis-à-vis. Une cloison le séparait du reste de la cabine, où se trouvait la « suite ».

Nous survolions le nord de l'Écosse, avec ses chapelets d'îles dispersées sur une mer moutonnante et grise, quand le président m'a fait appeler par son aide de camp. Il m'a demandé de m'asseoir à côté de lui, et m'a interrogé sur la situation monétaire et l'état de fluctuation du dollar par rapport au franc. Fallait-il obtenir des engagements des Américains concernant leurs interventions sur le marché des changes ? Je lui ai répondu assez brièvement : l'enjeu monétaire était alors moins important qu'au précédent sommet des Açores.

Nous étions seuls. Le steward nous avait servi du café. Le président Pompidou m'a dit : « Excusez-moi. Je suis encore enrhumé. C'est à cause de toutes ces cigarettes que je fume. Je vais dormir avant l'arrivée. Restez ici. Vous serez mieux pour travailler qu'à l'arrière. »

Je me suis assis de l'autre côté de l'allée. Presque

aussitôt, il s'est endormi, la tête renversée, la bouche ouverte, avec une respiration difficile. Et soudain je l'ai vu différemment : un visage gris, plombé par la fatigue. Au lieu de la peau fraîche et lisse, faite pour les plissements joyeux du visage et les reparties : une carapace de cuir qui s'épaississait, et sous laquelle la vie était en train de se retirer.

J'en ai eu le cœur serré. Je me suis efforcé de ne plus le regarder, sans pouvoir m'empêcher de le faire deux ou trois fois, jusqu'à ce que le steward vienne annoncer notre arrivée prochaine. Le président Pompidou s'est réveillé, a commencé à se préparer. J'ai regagné l'arrière de l'appareil, emportant avec moi, je dirais plutôt *en moi*, cette rencontre angoissante et émouvante avec la première vision de sa maladie.

Plus tard, cela m'a fait penser au récit d'Alphonse Daudet à propos du duc de Morny, dont il était le secrétaire. Un matin, où il venait lui apporter, comme d'habitude, les journaux et les documents du jour, il a aperçu un filet de sang qui tachait l'oreiller, à hauteur de la bouche. Morny a fait un mouvement, et soudain il a découvert à son tour la tache rouge. Et alors, en une fraction de seconde, Daudet a vu passer dans ses yeux la réalisation, lucide et terrible, de ce qui allait lui arriver.

Quand j'ai su pendant l'été 1973 que le président Pompidou se préparait à se rendre en Chine, au mois de septembre, en visite officielle, je me suis dit que la décision finale sur ce voyage donnerait une indication précise sur son état de santé. S'il était gravement atteint, il est évident que ses médecins s'opposeraient à ce voyage épuisant. La décision contraire prouverait qu'ils jugeaient sa maladie contrôlable. Or le 11 septembre, le président Pompidou s'envolait de l'aéroport d'Orly pour la Chine. Comme tous les ministres, et selon la pratique instituée par le général de Gaulle, j'allai le saluer à son départ. La réponse m'était donnée.

C'est plus tard, en mars 1974, que le sérieux de son mal nous est apparu en Conseil des ministres. Chacun savait qu'il suivait un traitement très fatigant, en raison des injections de cortisone, et, comme toujours, les rumeurs les plus fantaisistes et contradictoires couraient sur la nature de la maladie. Mieux valait ne pas s'en occuper.

Ce matin-là, contrairement à son habitude, le président Pompidou n'a pas fait le tour de la table du Conseil, en serrant les mains des ministres, avec un mot ironique pour l'un ou pour l'autre. Il s'est assis, ou plutôt tassé dans son fauteuil. Sa profonde fatigue était apparente et, comme lorsque les gestes sont moins précis, elle lui donnait une allure négligée. Les membres du gouvernement ont dû éprouver une sorte d'intuition qui circulait de l'un à l'autre, car les communications ont été brèves, et l'ordre du jour rapidement épuisé. Le président Pompidou a pris la parole : « Messieurs les Ministres, je vous demande aujourd'hui de ne pas attendre que je sois levé, et de bien vouloir partir les premiers. Je suis fatigué, à cause du traitement médical que je subis. Certains me voient déjà mort ! Ils vont être déçus. Mais ce traitement est très fatigant. Je vous remercie de votre compréhension. »

Nous sommes sortis, silencieux. J'entendais dans le lointain les éclats de voix de ceux qui se trouvaient déjà dans l'entrée, sonore à cause de son marbre, et ouverte sur la cour, où les attendaient les photographes. Le président Pompidou est resté seul, assis face à la table désertée, jusqu'à ce que le dernier d'entre nous soit parti.

La veille, je lui avais écrit du ministère des Finances un mot personnel que j'avais fait porter à son secrétariat.

Je lui disais en substance qu'au moment où il était éprouvé par le traitement médical dont il nous avait parlé, il pouvait être certain que ses ministres, et notamment moi-même, veilleraient à assurer la conduite des affaires publiques selon les lignes qu'il nous avait tracées.

Au début de l'après-midi, j'ai appelé le secrétaire général de la présidence pour savoir si mon rendez-vous hebdomadaire habituel, celui du mercredi à 17 heures, où je venais rendre compte au président de la République des dossiers économiques et financiers, était maintenu. Il m'a répondu par l'affirmative. Je suis parti comme d'habitude au volant de la Citroën noire ministérielle, longeant la rue de Rivoli, en empruntant de préférence le côté droit de la chaussée pour gagner une place ou deux au feu rouge de la Concorde, avec mon chauffeur, Gabriel Lavaire, à côté de moi.

Lorsque l'aide de camp m'a introduit dans son bureau, le président Pompidou ne s'est pas levé.

« Excusez-moi de rester assis. Je suis encore très fatigué, à cause de ce maudit traitement. J'ai bien reçu votre lettre. »

Il y avait dans son expression une bienveillance inhabituelle, à la limite une sorte de douceur.

Pour la première fois, la méfiance, qui était un trait fondamental de son caractère, et qui souvent me blessait et m'irritait, d'autant plus que je la trouvais inutile puisqu'il pouvait aisément vérifier l'action de ses ministres, semblait avoir disparu.

« Je vous remercie de m'avoir écrit. Votre lettre m'a touché. »

On sentait passer une émotion, furtive et chaleureuse.

Il poursuivit :

« Puisque vous me parlez de ma santé, et qu'on raconte beaucoup de bêtises là-dessus, je vais vous dire exactement ce qu'il en est. On me soigne depuis plusieurs mois pour une maladie que les médecins connaissent bien. Ce qui me fatigue, ce n'est pas la maladie, mais le traitement. A cause de ma fonction, on est obligé d'y aller assez fort. J'ai attrapé une mauvaise grippe, et cela a fait des complications. Je dois arrêter momentanément mon traitement. Je vais partir samedi, d'abord pour passer le week-end à Orvilliers, et puis la semaine prochaine j'irai à Cajarc. J'y resterai pendant les fêtes de Pâques, jusqu'au milieu d'avril, et alors, normalement, je pourrai reprendre mon activité. D'ici là, on me rendra compte de tout ce qui se passe, et je m'arrangerai pour être tenu tous les jours au courant. S'il y a un problème important, vous pourrez toujours me joindre. Le plus simple sera de passer par Balladur. »

Je garde à jamais fixée sur ma rétine cette image de lui.

Son visage est gonflé. La lumière qui commence à baisser accentue le cerne des yeux. Je le regarde entre les deux lampes à six branches, en vermeil, exécutées par Biennais, et posées de chaque côté du bureau. Elles ont été commandées pour Napoléon. Le régime de la Restauration a effacé les abeilles sur les abat-jour de métal et les a remplacées par des fleurs de lys.

Je me lève pour prendre congé. Il reste assis. Il ne me raccompagnera pas.

***

J'acceptais peu de dîners comme ministre des Finances. Mais le mardi suivant, le 2 avril 1974, je suis allé à Neuilly, à l'invitation d'un ancien collaborateur de Paul Reynaud, devenu par la suite secrétaire d'Hammarskjold aux Nations Unies, et qui avait noué à cette occasion de nombreuses relations à New York. Il recevait Katherine Graham, propriétaire du *Washington Post* et de *Newsweek*, accompagnée de deux de ses collaborateurs.

A dix heures moins le quart, j'ai entendu le téléphone sonner. Le maître d'hôtel qui faisait le service, et qui avait répondu dans le couloir, a ouvert la porte et a annoncé d'une voix emphatique : « On demande monsieur le ministre des Finances au téléphone de la part de la présidence de la République. »

Je suis sorti de la salle à manger. J'ai pris l'appareil accroché au mur. Une voix d'homme que je ne connaissais pas — un standardiste sans doute — m'a dit : « Monsieur le Ministre, ici l'Élysée. J'ai été chargé de vous prévenir que le président de la République est décédé. La nouvelle va être annoncée incessamment. Vous serez prévenu du moment auquel le gouvernement va se réunir. » Puis il a raccroché.

Je rentre dans la salle à manger. Je vois le dos du maître de maison et, sur la table, le vin qui fait des taches rouge-noir au milieu des entailles scintillantes des verres de cristal, posés en quinconce devant les assiettes. Je dis : « On vient de me prévenir que le président Pompidou est mort. »

Ma voix est plate et creuse, comme je le ressens chaque fois qu'il faut articuler quelque chose de plus puissant que les mots. Puis un silence. Chacun compose son attitude, se cale sur sa chaise avant d'exprimer la première réaction : l'étonnement, le choc de l'imprévu et du solennel et surtout la réponse à la vraie question : « Comment dois-je avoir l'air de réagir, moi, à l'annonce de la mort du président de la République ? »

Lentement la conversation reprend. Qui l'avait vu en dernier ? Qui s'était douté de sa fin prochaine ? Il avait tellement changé sur les photos, surtout son visage et son cou qui s'étaient épaissis. Et les éloges commencent, ces éloges qu'on refuse aux vivants et qui deviennent tellement commodes après la mort, car ils n'engagent plus à rien. On les mélange d'anecdotes : la bonté, la diversité de sa culture et son goût de la peinture contemporaine, la simplicité de son mode de vie. On n'aborde pas encore le problème de sa succession. Il est convenable d'attendre, un quart d'heure, une demi-heure. Mais je sens que la question va venir.

Je me lève pour partir. J'irai coucher rue de Rivoli, dans l'appartement qui donne sur la terrasse du Carrousel, comme j'ai l'habitude de le faire à la veille de chaque Conseil des ministres, pour être sur place le matin, et ne pas risquer d'être retardé par des embarras de circulation sur le trajet.

Je ne prends pas l'ascenseur. J'aime bien monter à pied le grand escalier, dont j'allume les appliques monumentales. J'arrive sur le palier. J'éteins les lumières. On aperçoit la nuit noire par les carreaux des hautes fenêtres, ourlée de l'auréole orange des lumières du Palais-Royal. Georges Pompidou est mort.

***

Par une chance et un hasard, anormaux sur une aussi longue durée, la santé a joué peu de rôle pendant mon septennat. Je n'ai jamais interrompu mes activités, ni subi de traitement ou d'intervention. Seulement les rhumes habituels, commencés par le nez et terminés par la toux, qui rythmaient les saisons : l'un en octobre, l'autre en mars.

Comme ils avaient tendance à se prolonger, j'ai eu recours à partir de 1978 au vaccin antigrippe. L'infirmière de l'Élysée, qui avait été celle du général de Gaulle et du président Pompidou, m'enfonçait sa fine aiguille dans le dos. Une piqûre plus légère que celle d'un moustique, l'application d'un bout de coton imbibé d'alcool pour absorber la gouttelette de sang. Et c'était fini pour l'année.

Je n'ai rencontré de difficultés que pendant l'hiver de 1976.

En décembre 1975, nous nous étions rendus en visite officielle en Égypte. La popularité du président Sadate était à son apogée.

Dans la première ébauche du programme, les Égyptiens avaient proposé que je me rende au bord du canal de Suez pour me montrer l'état d'abandon dans lequel il se trouvait, et le délabrement où l'avait plongé la guerre du Kippour. Malgré l'accord intervenu trois mois auparavant entre l'Égypte et Israël sur le premier désengagement dans le Sinaï, la zone orientale du canal était encore occupée par les soldats israéliens. J'ai pensé qu'une visite sur la rive d'en face pourrait être perçue comme offensante par Israël, et j'ai refusé.

Mais je cherchais le moyen de rendre hommage à une grande œuvre française. Le mercredi 10 décembre, jour de mon arrivée au Caire, après un trajet entre l'aéroport et le palais Abdine où nous devions résider, effectué entre les deux murailles d'une foule serrée sur plusieurs rangs, le président Sadate a renouvelé son offre.

Je lui ai répondu :

« Je ne souhaite pas me rendre au bord du canal avant que celui-ci ait retrouvé sa situation normale. Mais je serais heureux de vous accompagner à Ismaïlia et de visiter la maison de Ferdinand de Lesseps. »

Ma suggestion l'a surpris, en prenant à contre-pied son parti-pris de bienveillance qui le conduisait à accepter toutes mes demandes, en affectant de ne pas même les discuter. Je l'ai senti contrarié. Il ne m'a pas répondu.

Le surlendemain, après un déjeuner dans le site exquis de la palmeraie d'Assouan, le Premier ministre égyptien, Mandouh Salem, qui m'accompagnait, me prend à part :

« Je viens de recevoir un message du président Sadate. Il me charge de vous dire qu'il est d'accord sur votre proposition, dans les conditions que vous suggérez. Il vous attendra demain à l'aéroport d'Ismaïlia, et il vous recevra dans la maison où il habite, qui était celle du directeur de la Compagnie de Suez avant la nationalisation. » Je pensais à mon oncle Jacques Georges-Picot. Est-ce là qu'il résidait autrefois ? Et je fais prévenir les journalistes qui m'accompagnent du changement de programme.

Le déplacement était effectivement improvisé. Nous avons décollé de Louxor au début de l'après-midi, et j'ai retrouvé Sadate sur le terrain d'aviation. Nous avons pris ensemble la route qui traverse la bande de désert, en direction du canal. En approchant d'Ismaïlia, le président m'a proposé de faire le tour de la ville. La population avait dû être alertée par la radio. Elle était en train de se rassembler, et les rues étaient bourrées d'une foule sympathique, et de plus en plus enthousiaste. Nous nous tenions debout, dans une voiture découverte. L'enthousiasme s'adressait visiblement au président Sadate, vers qui les mains se tendaient, et les cris montaient des visages extasiés. Le service d'ordre avait renoncé à contenir le public. Les plus jeunes couraient le long de la voiture. La poussière était incroyable, s'élevant comme une brume de sueur et de sable au-dessus de la foule.

Un arrêt avait été prévu pour visiter des logements sociaux, récemment construits par un promoteur, Osman, qui avait couvert l'Égypte, à ses frais, d'affiches présentant deux portraits aimables et figés du président Sadate et de moi-même, ainsi que de slogans célébrant, tantôt en arabe, tantôt en anglais, l'amitié franco-égyptienne. Son fils était fiancé à la fille cadette du président. J'avais retrouvé les mêmes affiches, habilement placées le long de tous les itinéraires que j'avais empruntés du Caire jusqu'à Assouan.

Les logements paraissaient nets et bien construits. Leurs habitants, effarés par l'arrivée d'un cortège qui avait perdu toute apparence d'organisation, étaient soulagés de reconnaître le président Sadate. Nous sommes ressortis de l'immeuble sur une petite place en terre battue, qui attendait encore son revêtement, puis repartis dans une chaleur et un tumulte indescriptibles.

Est-ce cette poussière, qui pénétrait sous les paupières, qui envahissait les narines et la gorge, est-ce cette fermentation humaine et microbienne dont j'ai rapporté les miasmes en France ? Toujours est-il qu'après les journées de Noël, passées dans notre maison du Vendômois, j'ai commencé à ressentir les effets d'une étrange faiblesse qui, lorsque j'étais assis, m'empêchait de me relever. Je l'ai éprouvée en enregistrant mes vœux à l'Élysée pour l'année 1976. Cela n'était pas net et ne paraissait pas justifier un examen médical. Et d'ailleurs, quel symptôme aurais-je pu décrire ?

J'ai passé le mois de janvier et de février à attendre que cette faiblesse disparaisse. Elle s'est au contraire accentuée, au point de devenir obsédante. Pendant les réunions de travail, qui se succédaient régulièrement à l'Élysée, il me revenait comme une idée fixe la crainte de ne pouvoir me lever pour quitter la salle, la réunion finie. Redoutant la longueur des Conseils des ministres, j'ai imaginé, en février 1976, de quitter le salon Murat, au milieu de l'ordre du jour, en annonçant que j'avais un coup de téléphone à donner. Chacun a imaginé l'appel d'un grand de ce monde. Je suis allé m'étendre sur mon lit. Quand je fermais les yeux et que je ne bougeais pas, tout paraissait normal. Je me suis relevé et suis revenu au bout de dix minutes.

Le paroxysme a été atteint dans l'église de Bormes-les-Mimosas. Chaque fois que nous séjournions à Brégançon, nous nous rendions le dimanche à la messe de onze heures à l'église de Bormes, Anne-Aymone comptant sur l'assiduité liturgique pour assurer, faute de mieux, le salut de mon âme.

J'aimais beaucoup cette église, avec son autel Louis XIV, et cette architecture mesurée et baroque qu'on ne rencontre qu'en Provence, comme une version réécrite dans le goût français des inventions de l'Italie du Bernin. Son prêtre, le père Carret, avait jadis accueilli le président Pompidou. A la sortie, sur l'escalier qui dégringole le long de la façade, je signais des autographes et serrais les mains qui se tendaient, pendant que les gendarmes locaux nous frayaient une piste ondoyante vers la voiture dont je gardais ensuite la fenêtre ouverte, pour ne pas insérer un écran de glace entre les visages bienveillants et curieux, et le personnage que j'étais devenu pour eux, rendu mystérieux et comme inaccessible par sa fonction.

Nous nous rendions à Brégançon trois fois dans l'année. Une semaine pendant l'été, deux jours à la Pentecôte, fête que j'aimais pour l'évocation du Saint-Esprit et la couleur rouge des ornements d'église, et un week-end pendant l'hiver.

Quand Paris est rempli de brume grise, que les ardoises des toits sont huilées par la pluie, le moment où l'on ouvre ses volets sur le ciel étincelant de Provence, légèrement pâli par l'hiver, et où l'on découvre les plans successifs du paysage, les collines de terre rouge piquetées d'oliviers, les massifs de chênes verts, et, à l'horizon, les escarpements de rochers, ce réveil est un rêve.

Le dimanche 15 février, au lendemain d'un sommet franco-allemand où j'avais accueilli le chancelier Schmidt près de Vence, le rituel avait suivi son cours normal : le départ de Brégançon par la petite digue, au volant de la Peugeot verte, accompagnée d'une voiture suiveuse ; la montée vers Bormes ; la place triangulaire, vidée de sa foule de l'été, et peuplée de joueurs de pétanque attentifs au lancer d'un pointeur accroupi. A partir du sermon, je me suis senti si faible que j'avais l'obsession d'être incapable de parcourir, à la sortie, le couloir central. Je réussissais à me lever pendant l'office, et je testais de temps en temps l'appui de mes mains sur le dossier du banc qui précédait le nôtre. J'imaginais la réaction, le murmure effrayé de l'auditoire, puis les annonces des médias : « Le président pris de malaise dans l'église de Bormes », « Giscard frappé par la maladie », et la nervosité anxieuse et gourmande du milieu politique.

J'étais assis au bord de l'allée centrale. Anne-Aymone était à ma droite, avec son profil finement dessiné, et ses yeux que la méditation rendait insensibles aux mouvements de l'assistance autour d'elle, puis, plus loin, deux dames. Devant nous, des rangées remplies d'enfants.

La cérémonie s'est achevée. Un brouhaha joyeux a accompagné l'ouverture des portes, derrière nous, avec l'irruption radieuse du soleil. Le père Carret est venu nous chercher à notre banc pour nous raccompagner. J'ai pris appui sur les bras pour me lever. La brume de faiblesse s'est épaissie. J'entendais l'écho de ma voix, comme assourdie, sous la voûte frontale. Et je suis parti. La rencontre de l'air m'a fait du bien. Pour descendre l'escalier, mon corps a repris un rythme mécanique, lent et sans effort. J'ai retrouvé la voiture comme un abri.

C'est au retour au fort, dans la salle à manger au plafond arrondi comme une casemate, — là où la rumeur affirmait que j'avais l'habitude de recevoir mes invités installé sur un trône — tandis que nous prenions un déjeuner de poisson, assis sur les fauteuils de paille garnis de leurs coussins de toile provençale, et que le soleil dessinait une échancrure éclatante qui se déplaçait lentement sur le blanc du mur, que je me suis décidé à consulter des médecins à mon retour à Paris.

Ce n'était pas simple. Le service médical de la présidence de la République était assuré par un ou deux jeunes médecins en fin d'études, choisis parmi les internes des hôpitaux, et qui effectuaient leur service militaire à l'Élysée. Ils se succédaient ainsi tous les ans. Je me souviens de la stupéfaction du chancelier Helmut Schmidt quand, en réponse à une de ses questions, je lui avais décrit la modestie de notre dispositif.

Ce n'était pas simple, en effet, car il fallait éviter d'alerter les médias. Un rendez-vous a été pris avec le médecin-chef du Val-de-Grâce.

Comme il avait besoin d'utiliser ses matériels d'analyse, il fallait me rendre sur place. Le nouvel hôpital militaire n'est plus situé dans l'ancien Val-de-Grâce, rue Saint-Jacques. Il a été construit sur le boulevard de Port-Royal, où s'ouvre son entrée. On m'avait prévu un itinéraire : arrivée en voiture par la grille, où le corps de garde me laisserait passer, puis il fallait contourner le bâtiment par la gauche, et rejoindre le niveau du sous-sol.

Effectivement tout s'est passé sans encombre. Le médecin-chef et son assistant m'attendaient dans un sous-sol désert, où nous avons pris l'ascenseur. Puis nous sommes arrivés dans un couloir où, comme personne n'était prévenu, nous avons croisé deux infirmières qui, étonnées, ont marqué un temps d'arrêt, puis, par discipline professionnelle, ont repris leur marche.

Dans le bureau du médecin, les examens habituels :

couché à plat sur une plate-forme en tubulure, les manches de caoutchouc gonflées à pression sur le creux des coudes.

Le médecin examine le rythme cardiaque, la tension, la circulation sanguine. Puis il procède aux prélèvements nécessaires aux analyses.

La pièce est tendue d'une sorte de feutre vert foncé, où sont accrochés des graphiques et des dessins. Ce sont des dessins d'animaux : des chevreuils et des sangliers. Manifestement le médecin est un passionné de chasse. Je lui en fais la remarque, de cette voix détachée et précise, que l'on prend pour démontrer la maîtrise de soi. J'ai touché juste : c'est même un passionné de la chasse au gros gibier. Pendant que les aiguilles se déplacent sur de petits compteurs ronds, et qu'une bande se déroule en enregistrant les oscillations, je n'ai pas besoin de relancer la conversation : toute la chasse au chevreuil y passe. Les régions favorables, les saisons, quelques regrets de n'avoir pas eu de meilleures occasions ! Je ne l'oublierai pas, et c'est avec plaisir que j'inviterai ce médecin à chasser à Chambord.

Les examens sont terminés. Nous redescendons pour prendre une radio. Le service est fermé, mais le médecin a fait rester sur place les spécialistes nécessaires : un radiologue, au regard intense, aussi perçant que celui de ses appareils, et une assistante. J'enlève ma chemise. Je sens le froid de la plaque appuyée sur ma poitrine. Le radiologue observe un moment sans rien dire, puis prend un cliché. Je me rhabille. C'est fini.

Le retour s'effectue par le même chemin. Arrivé à l'Élysée par la grille du jardin, avenue de Marigny, je monte par le petit escalier, et je m'arrête un moment à l'appartement privé. Je téléphone pour demander qu'on m'apporte du thé. La maison est d'un calme extraordinaire. Pas un son. Les volets sont déjà fermés sur la rue de l'Élysée. Le médecin m'a dit qu'il aurait les résultats complets des analyses dans une semaine. Le délai tient à la nécessité de faire plusieurs tests sur le sang. Il viendra me commenter les résultats lui-même. Je retourne à mon bureau où j'attends mon prochain visiteur.

Quand le médecin est venu, huit jours plus tard, me présenter ses conclusions, il a d'abord ménagé un temps d'arrêt, un effet de « suspense », sans doute pour laisser monter l'angoisse. Puis brusquement le soulagement : il explique qu'il n'a rien décelé, absolument rien, que tout est en ordre, et il a recours aux expressions d'usage : « Vous avez un cœur tout neuf ». Pas de trace de virus dans le sang ou dans l'urine. Quelques déchets seulement, d'après ce que j'ai compris, des cadavres de microbes témoignant d'une infection ancienne, vieille de plusieurs années, que j'aurais contractée dans des marigots en Afrique, et qui serait aujourd'hui résorbée. Donc pas de traitement à suivre, autre que l'hygiène habituelle, notamment alimentaire, qu'il m'a rappelée. Pour terminer l'entretien, je lui ai reparlé des chevreuils et des sangliers.

Psychologiquement, mon malaise avait disparu. Mais la cause, l'étrange symptôme, persistait. Toujours la même faiblesse.

Et, c'est quelques semaines plus tard, par l'effet mystérieux de l'altitude ou de la vivacité de l'air, que cette faiblesse a été définitivement éliminée. Nous sommes allés, avec Anne-Aymone et les enfants, skier comme chaque année, à Courchevel, dans le chalet préfabriqué en Forêt-Noire, que ma mère avait acheté lors des débuts de la station. Le temps était exceptionnellement beau. La silhouette triangulaire du mont Blanc se réfléchissait dans la brume bleue du ciel. En arrivant au sommet de la Saulire, quand j'ai aspiré l'air plus pur qu'une eau minérale, avant de me pincer les doigts en tendant les fixations des skis, j'ai senti que c'était fini. Sur le terrain militaire de Chambéry où l'hélicoptère nous a déposés pour reprendre l'avion de Paris, je ne ressentais plus rien d'autre que la courbature confortable des muscles, et l'étonnement du corps quand il retrouve la souplesse des vêtements de ville.

Cette faiblesse était-elle venue avec la poussière d'Ismaïlia ? En tout cas, elle a disparu comme elle.

***

J'ai été le témoin des difficultés de santé de deux de mes grands visiteurs : Leonid Brejnev et Helmut Schmidt.

***

La première visite que m'ait rendue Leonid Brejnev remonte à décembre 1974.

Je l'avais rencontré à plusieurs reprises, en tant que ministre de l'Économie et des Finances du président Pompidou. Je présidais alors la délégation française de ce qu'on appelait « la Grande Commission franco-soviétique », qui se réunissait alternativement à Paris et à Moscou.

Lors de la rencontre franco-soviétique de Pitsunda, le président Pompidou et Leonid Brejnev avaient confirmé la pratique selon laquelle les dirigeants des deux pays se rencontreraient chaque année, pour une réunion au sommet. La règle de l'alternance faisait que la rencontre prévue pour la fin de 1974 devait se tenir en France.

Après mon élection, j'ai confirmé l'invitation de Leonid Brejnev, et j'ai proposé de l'accueillir à Rambouillet. Je préférais éviter les rencontres dans Paris même, où la multiplicité des cortèges officiels bloque la circulation et irrite inutilement les Parisiens. Je souhaitais aussi des entretiens plus continus et moins dérangés que ceux que l'on peut avoir dans la capitale, afin de mieux sonder mon interlocuteur. Je voulais essayer de pénétrer plus avant dans les mécanismes de son jugement, et de tester le noyau sensible de ses réactions.

J'étais familiarisé avec le château de Rambouillet pour y être venu plusieurs fois chasser à l'invitation du général de Gaulle, puis du président Pompidou.

Le rituel du temps de de Gaulle était immuable, et il m'avait impressionné comme étant caractéristique d'une certaine manière d'être française.

Les invités étaient convoqués pour 8 heures 30, et l'on quittait Paris par le pont de Saint-Cloud, en croisant le trafic des banlieusards du matin, les phares de leurs voitures encore allumés. L'arrivée se faisait par la grille d'entrée de la route de Paris, ouverte pour l'occasion. Des CRS jalonnaient le trajet, d'abord dans l'allée de platanes, puis le long du tournant qui vous place dans l'axe du château. On contournait le bâtiment par la droite, avant de s'arrêter sur la façade arrière, devant la grande pièce d'eau.

Pendant que l'on déchargeait la valise, les bottes et les fusils, qui étaient transportés dans une chambre du deuxième étage où l'on reviendrait se changer avant le repas de midi, un petit déjeuner était servi, debout, dans la salle des marbres. C'est une galerie en longueur, qui occupe tout le rez-de-chaussée, et qui est décorée d'un revêtement de marbre en deux tons de rouge, à la mode de l'école de Fontainebleau. Sur la cheminée en marbre des Pyrénées trônait une mauvaise reproduction, en plâtre patiné de vert foncé, d'un buste de François Ier au sourire ambigu, qu'on aurait dit emprunté à la Joconde ! Les maîtres d'hôtel, en habit bleu marine à boutons dorés et à gilet rouge, proposaient aux invités du café au lait, dans des tasses de Sèvres, et des croissants. Puis on partait pour la chasse. Le général de Gaulle nous rejoignait invariablement pour la dernière battue, celle qui précédait le déjeuner. Il se plaçait derrière un des tireurs, que son aide de camp lui suggérait. Ce sort m'est échu plusieurs fois.

C'était une sensation étrange de sentir sa présence juste derrière soi, à portée de bras, sa haute silhouette enveloppée comme une tour dans un manteau de loden gris. Quand je me retournais pour lui parler, je rencontrais à hauteur de mon visage son regard légèrement convergent, avec ses yeux resserrés de chaque côté du nez, grossis par la loupe arrondie des lunettes, et je l'entendais m'avertir : « Regardez ! il y a un oiseau sur la gauche ! » Il avait donc une vue qui portait loin, contrairement à ce que je croyais, car, au-dessus de la ligne de thuyas plantée pour mieux faire voler les oiseaux, planait à ma rencontre la petite tache brun clair d'une poule faisane, les ailes ouvertes.

On revenait à la salle à manger du château pour le déjeuner. Celle-ci gardait le relent d'humidité des pièces rarement ouvertes. Le gris des boiseries qui commençait à tirer sur le jaune, l'ouverture disproportionnée de la grande fenêtre donnant sur la pièce d'eau au bout de laquelle passaient de minuscules voitures sur la route de Maintenon, le nombre réduit des convives, une dizaine en tout, autour d'une table trop large, lui donnaient un air d'aquarium. Le général de Gaulle, le dos à la fenêtre, jovial et toujours courtois, menait, ou plutôt répartissait la conversation.

Le café avalé, il partait sans attendre. Les voitures suivaient de loin la sienne sur la route de Paris. Le cortège éclatait à la sortie du tunnel de Saint-Cloud, les uns pour regagner leur appartement, les autres pour rejoindre leur ministère. Mon auto suivait la Seine, le long des usines Renault, en direction de la rue de Rivoli. Dans un quart d'heure je retrouverai mon bureau, les documents précis, les questions rapides à trancher du ministère des Finances. Mais je gardais encore l'arrière-goût du café au lait du matin, et l'odeur de la fermentation des feuilles mortes sur la terre brune des allées du parc.

***

Je suis venu la veille, dans l'après-midi, pour visiter l'installation de Brejnev et vérifier les derniers arrangements.

On avait prévu de lui affecter la chambre de François Ier, et l'appartement qui communique. Cette chambre est située au sommet de la grosse tour, sur la façade. On l'a baptisée ainsi en souvenir de François Ier qui, tandis qu'il chassait dans la grande forêt autour de Rambouillet, était brusquement tombé malade, et avait cherché refuge dans le château de son vassal d'Angennes. Quelques jours après, il y était mort. Nul ne connaît l'endroit exact de son agonie. Mais, comme cette pièce est une des rares qui n'ait pas subi les transformations du XVIIIe siècle et de l'Empire, on lui a prêté ce souvenir.

A côté de cette pièce, le président Vincent Auriol, — qui venait séjourner à Rambouillet chaque semaine, du jeudi au lundi suivant, pendant la saison de chasse — avait fait aménager un appartement dans un style dérivé de l'*Art déco* : bois jaune clair, et dossiers en cuir vert. Un seul téléphone, de modèle 1950. Les responsables du Mobilier national s'affairaient, prévoyaient des installations pour les collaborateurs, les interprètes et le médecin soviétiques. Le reste de la suite habiterait Paris, à l'ambassade, et viendrait à Rambouillet en fonction des besoins.

Le mercredi soir, jour de son arrivée, Brejnev devait dîner seul dans son appartement, pour se remettre de la fatigue du voyage. Le lendemain nous devions déjeuner ensemble, avec les principaux membres de chaque délégation : huit en tout. Et notre premier entretien était prévu pour 17 heures 30. Il devait durer deux heures et se dérouler en tête-en-tête, avec la seule présence des interprètes.

Nous déjeunons, comme convenu, et nous nous séparons. A 15 heures, premier message : le secrétaire général demande si le début de l'entretien peut être reporté à 18 heures. Pas d'explication. Je donne une réponse affirmative, et je reste dans le petit bureau attenant à ma chambre, à relire les dossiers.

A 16 heures 15, deuxième message : M. Leonid Brejnev souhaite se reposer. L'entretien peut-il commencer à 18 heures 30 ? Je pense à la réaction extérieure. Sans doute, en principe, le déroulement de nos rencontres ne sera pas rendu public. Mais une indiscrétion est probable, et l'interprétation prévisible : « Brejnev fait attendre Giscard. Jamais il ne se serait permis de le faire avec de Gaulle ! Mais il tient à marquer ses distances. » Ma réaction, transmise par le secrétaire général de l'Élysée, est qu'il n'est pas souhaitable de retarder les entretiens, si on veut leur donner la durée nécessaire, et que j'attendrai M. Brejnev à 18 heures, à l'endroit convenu.

J'ai fait allumer du feu dans la cheminée de la petite pièce qui termine l'enfilade des salons. Elle est décorée de boiseries superbes, d'une finesse inouïe, exécutées au milieu du XVIIIe siècle, et où l'on reconnaît le long des panneaux des silhouettes d'animaux familiers. Elles sont en mauvais état, avec de petits morceaux qui se détachent et qui font apparaître des éclats de bois. Je me dis qu'il faudra penser à les faire restaurer.

La première porte dans le lointain s'ouvre, et je vois Brejnev s'avancer. Sa démarche est indécise, non directionnelle, comme s'il devait rectifier son cap à chaque pas. Il est suivi de son aide de camp, qui a largement dépassé la soixantaine, médecin sans doute, puis de son interprète. Derrière, comme toujours, le groupe assez nombreux, et vêtu de sombre, des conseillers. Je reconnais parmi eux l'ambassadeur soviétique à Paris.

J'attends Brejnev sur le seuil. La rencontre est chaleureuse. Il prend ma main dans les siennes et la secoue, la tête tournée vers l'interprète. Il exprime sa joie de me revoir, la confiance « qu'on pourra faire du bon travail pour la coopération franco-soviétique », et ajoute des condoléances pour le décès du président Pompidou. Dans son visage plein, élargi vers le bas, et qui s'étale sur le cou, les yeux enfoncés et vifs creusent deux fentes obliques. Je vois au mouvement des mâchoires qu'il éprouve une certaine gêne pour parler.

L'huissier referme les battants de la porte. J'invite Leonid Brejnev à s'asseoir devant le feu. Les interprètes sortent leurs carnets oblongs et retournent vers le haut la page de couverture. Les entretiens commencent sur les thèmes habituels : l'attachement à la paix et à la détente, l'importance de la coopération franco-soviétique, citée en exemple. Mais aussi les doléances : « On me dit que vos taux d'intérêt restent trop élevés pour nos commandes. Les autres nous font de meilleures conditions, en particulier les Italiens et les Allemands. Nous sommes prêts à vous donner la préférence. Mais il faut que vos conditions soient égales, sinon nous choisirons les autres. » Je me retrouve dans mes anciennes fonctions ; ce sont des questions longuement rebattues à la Grande Commission. Je voudrais l'interroger sur les questions d'actualité : ses rapports avec les Américains depuis le départ de Nixon, intervenu quatre mois plus tôt, et sur l'attitude de l'URSS, deuxième producteur mondial, face à la crise pétrolière.

Je vois l'effort qu'il doit faire pour s'exprimer. Quand sa bouche remue, j'ai l'impression d'entendre un bruit d'ossements liquides, comme si les articulations des mâchoires étaient flottantes. On nous apporte du thé. Il demande de l'eau. Ses réponses sont générales, plutôt banales, mais d'un ton juste. On voit qu'il préfère rester sur un terrain connu. S'il regrette le départ de Nixon car, « bien qu'il soit notre ennemi, on pouvait négocier avec lui », il pense que le président Ford, conseillé par Henry Kissinger, va continuer la même politique. Il en vient à nos relations commerciales :

« Pour le pétrole, me dit-il, l'Union soviétique est prête à vous en livrer, mais elle n'a pas de grandes quantités disponibles, et il faut qu'elle assure l'approvisionnement des pays du pacte de Varsovie. Il y a des négociations en cours sur ce sujet. »

C'est exact, mais l'argument n'est pas nouveau. Nous avons en effet des négociations en cours, mais cette situation remonte à plusieurs années, avant le choc pétrolier, lorsque nous avons commencé à diversifier nos approvisionnements pour couvrir les besoins de l'ERAP, et équilibrer nos ventes de matériel d'équipement à l'URSS. Les quantités ont peu varié, quelques millions de tonnes par an, et les Soviétiques ne nous proposent pas d'augmentation significative.

La diction de Brejnev devient plus difficile. Toujours ce même clapotis d'osselets. Il y a cinquante minutes que nous parlons. Je lis la durée sur le cadran de ma montre, retournée sur le poignet. Mais le délai des traductions divise le temps par deux. Leonid Brejnev se lève brusquement, comme je le verrai faire souvent, et, à peine debout, amorce son mouvement de départ. Il dit un mot à l'interprète, sans doute pour faire ouvrir la porte et prévenir l'aide de camp dont je devine qu'il attend juste à côté. Dès qu'il entame sa marche, la présence des autres personnes cesse d'exister pour lui. Seul compte le contrôle de sa direction. « J'ai besoin de me reposer, dit-il en me quittant ; il y avait beaucoup de vent hier pendant le trajet en avion. Je crois que nous nous verrons pour le dîner. »

C'est vrai. Nous nous reverrons tout à l'heure pour le dîner. Il y aura aussi Gromyko, assis à ma droite, et le ministre des Affaires étrangères Sauvagnargues, qui se sont rencontrés de leur côté ; puis les deux ambassadeurs, et nos collaborateurs proches ; enfin les interprètes : pour nous le prince Andronikov, directeur du cycle de formation d'interprètes de l'université Dauphine, et qui s'échappe, à chaque visite à Moscou, pour visiter les sanctuaires russes ; et, du côté des Soviétiques, un diplomate qui pourrait être britannique, grand, aux traits fins, et aux cheveux prématurément gris, qui parle un français littéraire sans trace d'accent.

Le dîner a lieu dans la même salle à manger où le général de Gaulle recevait pour les déjeuners de chasse. Je ferme les yeux un instant pour me souvenir. La nuit est tombée, mais, comme il n'y a pas de volets à la grande fenêtre, on aperçoit la masse noire des arbres de l'autre côté de la pièce d'eau et, sur le ciel, parfois, quelques vols de canards qui reviennent se poser.

Brejnev fait effort pour se nourrir. Au bout de la table son médecin le surveille. Nous nous disons peu de choses, et nous en apprenons peu. De combien de banalités sont ainsi jalonnées les rencontres que les journalistes guettent de loin et que les peuples suivent avec une attente anxieuse ? Je regarde les maxillaires du Premier secrétaire. Pourrons-nous demain aller plus loin, sortir de la sécurité des lieux communs, entrer dans le détail des problèmes, là où on peut espérer faire bouger les choses ?

Le dessert est servi. Puis je raccompagne Brejnev dans l'antichambre au dallage noir et blanc. Nous échangeons des vœux pour la nuit. Et je le vois s'éloigner, le dos massif, la démarche toujours hésitante, accompagné de sa petite troupe, en direction de la chambre de François Ier, pour y passer la nuit.

***

La réciprocité me conduisit à faire le voyage de Moscou en octobre 1975. Les Soviétiques tenaient à lui donner le caractère de visite officielle, de manière à faire alterner ce genre de déplacements et les rencontres de travail. Ils avaient donc prévu un mélange de cérémonies protocolaires et de discussions. Anne-Aymone m'accompagnait, ainsi qu'une suite assez nombreuse, limitée cependant pour la faire tenir tout entière dans un seul avion. Nous logerions au Kremlin.

Les commentaires de la presse française portaient sur la nature de l'accueil qui me serait réservé. Aurait-il le même éclat que pour le général de Gaulle et le président Pompidou ? La presse de droite s'interrogeait en sens contraire : Giscard, qui se plaçait dans la continuité de la politique gaulliste, n'allait-il pas se montrer trop complaisant vis-à-vis des Soviétiques ?

Pour moi l'exercice était difficile, mais je l'abordais d'une manière différente. Je ne croyais guère à l'utilité de ces grand-messes protocolaires, et je savais bien que l'attrait de la nouveauté, que ces rencontres avaient encore du temps où la France prenait l'initiative de rechercher la « détente » entre l'Est et l'Ouest, s'était estompé au fur et à mesure que nos partenaires américains, allemands et britanniques avaient développé à leur tour leurs contacts directs avec Moscou. La solennité des réceptions et l'enthousiasme populaire s'étaient banalisés.

Ce qui comptait davantage désormais était le contenu des conversations. La France conservait-elle encore l'avantage diplomatique que lui avaient valu, aux yeux des Soviétiques, les initiatives du général de Gaulle ? Ou bien nos interlocuteurs songeaient-ils à se servir de nous pour créer un précédent, de manière à en tirer parti dans le progrès de leurs relations, jugées plus substantielles, avec l'Allemagne fédérale ? Sur le plan militaire, pourrais-je détecter leur intention véritable ? S'agissait-il pour eux de pousser la France dans la voie d'un neutralisme implicite, en nous rassurant sur l'importance de la dissuasion nucléaire protégeant notre sanctuaire, à seule fin d'affaiblir le dispositif de l'Alliance atlantique ? Ou considéraient-ils notre dissuasion nucléaire comme une menace sérieuse et supplémentaire pour eux-mêmes, compliquant leurs chances d'invasion et de victoire dans l'hypothèse d'un conflit militaire avec l'Ouest ?

Sur la nature de l'accueil, j'ai été vite fixé ! Les avions des visiteurs officiels se posent à l'aéroport de Sheremetievo, au nord-ouest de Moscou, où un parking spécial leur est réservé.

Les dirigeants soviétiques s'étaient alignés pour nous attendre. Ils s'avancent vers la passerelle de l'avion pour nous accueillir. Des groupes d'enfants fournis par les écoles, et encadrés par leurs institutrices, agitent de petits drapeaux de papier, tricolores et soviétiques. Je vais les saluer, avec la conviction intime qu'ils ne savent pas en réalité qui je suis. Ils sont gais, sans doute parce que cette promenade est plus amusante que la classe, le visage rougi par la fraîcheur de l'automne débutant, et bien protégés par des blousons de sport d'hiver et des bas de laine pour les filles.

Le cortège prend ensuite la direction de Moscou. On traverse une forêt de bouleaux, au sous-bois clair, puis on passe près du monument, symbolisant une frise de fil de fer barbelé, qui marque le point extrême de l'avancée de l'armée allemande en décembre 1941. Il paraît que ce n'est pas l'endroit exact. Je pense que ce n'est pas loin d'ici, en tout cas, qu'Helmut Schmidt, lors de l'offensive allemande, a dû apercevoir, au-delà des troncs noirs et des champs de neige, les lueurs qui montaient des bombardements de Moscou.

On traverse ensuite la banlieue par des boulevards interminables, vidés de leur rare circulation. Enfin voici la ville. Une grande avenue qui s'achève sur un tournant pour traverser la Moskova, et conduire au Kremlin. C'est là que se rassemble la foule des curieux, sur lesquels sont braquées les caméras de la télévision, ce qui permettra de parler d'enthousiasme populaire.

J'avais fait exactement le même trajet, deux ans auparavant, en juillet 1973, comme ministre des Finances. Une foule attendait l'arrivée de quelqu'un, mais ce n'était pas moi. On m'avait expliqué que le Premier ministre du Viêt-nam, M. Pham Van Dông, venait en visite officielle. Il y avait sur les trottoirs, m'avait-il semblé, plusieurs dizaines de milliers de personnes. J'ai compris l'explication de cette affluence, lorsque j'ai aperçu, sagement rangées dans les rues transversales, les longues files de camions qui avaient amené les spectateurs.

Cette fois-ci, en mon honneur, il y a beaucoup moins

de monde. Les trottoirs de l'avenue ne sont parcourus que par les passants habituels, indifférents à notre cortège. J'imagine les réactions des journalistes, dans les voitures de presse qui nous suivent, à quelques dizaines de mètres derrière nous.

C'est dans le tournant final que les Soviétiques ont concentré la ferveur de l'accueil. Je reconnais de loin les silhouettes bâchées des camions. Massée sur plusieurs rangs, la foule applaudit. Elle est dotée, comme par miracle, de drapeaux tricolores.

Leonid Brejnev, à ma gauche dans la voiture, me confie par l'interprète, assis en face de nous :

« Vous voyez que les Moscovites sont heureux de vous accueillir ! »

Il pense que l'organisation a bien fait les choses. Je préfère marquer le coup :

« Je trouve qu'il n'y a pas beaucoup de monde. »

Il est surpris, presque décontenancé :

« C'est un jour de semaine, beaucoup de gens sont au travail. »

Je ne réponds pas. Pourquoi poursuivre cette conversation ? J'ai devant les yeux l'image des camions alignés, qui transportent sans doute le personnel des usines.

Devant nous, maintenant, le long de la Moskova, s'étire la splendeur du Kremlin. Forteresse-église, bariolée d'or, avec ses tours pour Disneyland, auxquelles la vigueur russe et la longue histoire sanglante de la lutte contre les Tartares confèrent une authenticité sauvage.

Nous passons sous la porte voûtée, puis nous tournons à gauche, le long du premier bâtiment résidentiel. Leonid Brejnev m'accompagne dans l'entrée et me laisse devant un ascenseur, où Anne-Aymone vient me rejoindre.

Nous montons nous installer dans les pièces qui nous sont réservées, fraîchement repeintes, au mobilier net et insipide. Les parquets sont superbes. On a placé de l'eau minérale sur les tables, avec des décapsuleurs représentant l'étoile rouge au-dessus du Kremlin, et des coupes remplies de chocolats, où chaque bonbon est enrobé d'un papier métallique de couleur différente.

Qui habitait ici ? Une partie de la famille impériale, nous raconte le *Guide Bleu*, puis, au début du XXe siècle, l'empereur Nicolas II.

Le soir, à 19 heures, après un premier entretien en tête-à-tête, un dîner officiel est prévu dans la salle « aux facettes » du Kremlin. Brejnev et moi accueillons côte à côte les invités. Deux cents personnes environ. Ils se présentent à la file, d'abord la délégation française, puis les Soviétiques, et enfin les journalistes.

Brejnev a l'air fatigué, mais il a dû être fortement dopé. Nous entrons dans une salle aux murs bariolés de fresques, violentes et superbes. On nous commente les silhouettes, armées pour la guerre, de personnages illustres du grand-duché de Moscovie. Le plafond est bas, comme dans un repaire d'Ivan le Terrible.

Nous sommes assis l'un en face de l'autre. Pour gagner ma place j'ai dû passer derrière le rang des invités et des dignitaires soviétiques. Je reconnais Souslov, avec sa crinière blanche couronnant son visage d'étudiant vieilli.

Brejnev lit son discours. Sans doute à cause de la fatigue, son débit est brutal. Il accentue ses phrases — dont la traduction me restitue pourtant un contenu banal —, d'une manière telle qu'elle leur donne une tonalité de menace. Celle-ci éclipse la cordialité des paroles de bienvenue, les compliments rituels et l'importance, indéfiniment soulignée, des relations franco-soviétiques.

Je prends la parole à mon tour. J'ai travaillé mon texte à l'Élysée à partir d'un excellent projet préparé par mon conseiller diplomatique, Gabriel Robin.

J'y ai ajouté deux innovations. L'une pour dire que, si l'on veut consolider les acquis des dix dernières années, il faudra passer de la coexistence, où l'on se contente de reconnaître le droit de l'autre à exister, à la coopération, où l'on accepte de travailler ensemble pour résoudre des problèmes précis.

L'autre innovation est une mise en garde : il y a une incompatibilité croissante entre la poursuite de la détente, et l'affrontement idéologique. Mon but est de mettre en cause la véhémence du discours soviétique dirigé contre l'impérialisme, tel qu'il est répandu dans la presse et dans les médias russes, et dont nos interlocuteurs pensent que nous ne le connaissons pas. Nous y sommes mis en accusation, en commun avec les Américains et les « revanchards » de l'Allemagne fédérale.

Souslov, que j'aperçois de côté car je me suis levé pour parler, s'absorbe dans son assiette. Je ne pense pas que Brejnev suive la traduction de mon discours. Il applaudit ma conclusion avec un enthousiasme poli, puis prononce encore quelques toasts, le verre à la main. Nous nous levons et soudain il me prend par la main, comme un collégien, pour sortir de la salle. Sa bonne humeur et sa cordialité sont revenues.

Au moment de nous séparer, il me répète qu'il m'attendra le lendemain après-midi :

« Il nous faudra beaucoup de temps. Nous avons du bon travail à faire ensemble. »

Pour regagner notre appartement, situé dans un autre bâtiment, de l'autre côté du musée des Armures, nous devons emprunter une longue enfilade de couloirs qui bordent des esplanades. Je m'arrête un instant avec Anne-Aymone dans la chapelle où Léon Tolstoï a épousé la fille d'un médecin de la Cour. Puis nous voici revenus dans cette chambre impersonnelle, dont nous fermons la porte. Il n'y a pas de volets aux fenêtres. On aperçoit en face la masse angulaire des bâtiments du Kremlin. Le ciel est dégagé. Pas de bruit dans la ville. En m'endormant, j'imagine l'ondulation infinie, autour de nous, de la steppe et des forêts russes.

***

Le lendemain matin, le programme a prévu, à ma demande, la visite de la maison de Léon Tolstoï à Iasnaïa Poliana. Le domaine est situé près de Toula, à cent kilomètres au sud de Moscou. Nous nous y rendons par avion, puis par la route.

La maison, construite en bois, est vaste et austère, avec des parquets de marqueterie. Les pièces communiquent entre elles, en désordre. Aux murs du salon sont accrochés les portraits de famille, ceux des parents et des grands-parents de Tolstoï. A ma grande surprise, je reconnais la tête que s'est faite, par scrupule, l'acteur qui joue dans le film *Guerre et Paix* le rôle du vieux prince Bolkonsky, dont Tolstoï a emprunté la personnalité à son grand-père. Les objets personnels sont restés intacts, comme le veut la tradition russe, les robes de chambre accrochées aux patères, et les chaussures dans le bas des placards. Sur son bureau, en bois rugueux, des taches d'encre, et des plumes d'acier dans une écritoire.

Nous sommes allés jusqu'à la tombe de Tolstoï. Le cercueil repose en pleine terre, au bord d'un ravin, dans la forêt de bouleaux de Zakaz, à l'endroit où son frère Nicolas lui avait raconté, quand il était enfant, qu'était cachée « une baguette verte sur laquelle était écrit ce qui devait détruire tout le mal au fond des êtres et leur apporter le plus grand bien ». Et je me suis souvenu de la demande émouvante de Tolstoï, comblé de gloire, soixante ans plus tard : « Comme il faudra bien enfouir mon corps quelque part, je demande que ce soit à cet endroit, en souvenir de mon frère Nicolas. » J'ai déposé sur le petit tertre les fleurs que j'avais apportées de Moscou.

Pendant le trajet de retour on me communique un message dans l'avion. Il y a des difficultés concernant l'entretien prévu pour l'après-midi avec Leonid Brejnev. Celui-ci m'appellera à mon arrivée.

Nous devons prendre un déjeuner privé dans notre appartement du Kremlin. En entrant dans l'antichambre, je retrouve notre délégation en plein brouhaha : Brejnev décommande, paraît-il, notre rencontre. Les nerfs latins, trop fragiles, craquent. Mes collaborateurs envahissent le bureau de mon appartement :

« Vous ne pouvez pas accepter cela ! Les journalistes sont déjà au courant ! Ils téléphonent à Paris pour annoncer que Brejnev vous inflige un camouflet ! »

Je questionne :

« D'où vient cette nouvelle ?

— De la délégation soviétique. Il paraît que Brejnev va vous appeler lui-même. »

J'ai le cœur qui bat lentement, comme il le fait chaque fois en temps de crise, petite ou grande, pour aider à la maîtrise de mes réactions. Pourquoi cette agitation ? S'il se décommande, c'est qu'il y a une raison. Si cette raison est insultante, je repartirai, et voilà tout ! Si elle est justifiée, il faudra pouvoir l'expliquer, mais c'est aux Soviétiques de le faire.

Effectivement, un membre de la délégation soviétique demande à me parler. Il m'annonce que M. Brejnev souhaite m'entretenir au téléphone.

La communication est établie.

Brejnev me dit en russe quelques mots que je ne comprends pas. Puis c'est le tour d'une interprète :

« Le Premier secrétaire veut s'excuser. Il est fatigué. Il était déjà souffrant hier, mais il a tenu à venir vous attendre à l'aérodrome. Il a pris froid. Il a mal dormi cette nuit. »

Je les entends échanger leurs réflexions au téléphone.

« Il a besoin de se reposer cet après-midi. Il vous demande comme un service personnel — j'enregistre le mot — d'accepter de modifier votre programme. Vous pourriez aller à Borodino aujourd'hui, au lieu de le faire vendredi. Et on reporterait les entretiens prévus à vendredi. Il vous demande de l'accepter, car il est très fatigué. »

Il insiste et son explication paraît convaincante. J'anticipe la réaction de mes collaborateurs, pensant eux-mêmes aux médias : « Jamais vous n'auriez dû accepter. Il n'aurait pas osé faire cela à de Gaulle ! Il pouvait faire l'effort de participer à une heure de discussion ! »

J'ai trois secondes pour me décider. Je pèse le pour — la vie — et le contre — le pouvoir.

Je donne ma réponse :

« Je suis d'accord pour reporter les entretiens à vendredi. Il faut faire attention aux réactions de la presse. Elles seront certainement négatives. C'est à vous d'expliquer les raisons de ce report. Vous devez en donner le motif, et en prendre la responsabilité. Transmettez à M. Brejnev mes vœux pour son repos, et pour son rétablissement. »

***

L'après-midi, en raison de ce contretemps, je me suis rendu à Borodino.

J'avais exprimé le désir, pendant qu'on préparait le voyage, d'aller visiter le champ de bataille de la Moskova, que les Russes appellent Borodino. Aucun chef d'État français ne s'y est rendu, je crois, depuis qu'en septembre 1812 la Grande Armée y a forcé, au prix de pertes sanglantes, son passage vers Moscou.

Je voulais rendre hommage à nos compatriotes, venus du Poitou ou de Picardie, qui ont traversé l'Europe à pied et se sont enfoncés en Russie. Ils ont combattu vaillamment, férocement, pendant une longue journée qu'ils espéraient décisive, mais où ils n'ont réussi qu'à chasser du champ de bataille les régiments russes décimés, qui sont partis se reformer plus loin pour devenir insaisissables. J'avais demandé à mon chef d'état-major, le général Vanbremeersch, déporté à vingt ans, doté d'une intelligence équilibrée et lucide, et d'une exceptionnelle dignité personnelle, de m'accompagner, ainsi qu'au général Davout d'Auerstaedt, alors directeur du musée de l'Armée, que j'avais fait venir de Paris pour qu'il y eût un grand nom de l'Empire présent sur le terrain.

Tolstoï a fait dans *Guerre et Paix* une hallucinante reconstitution de la bataille. Il y a travaillé comme un possédé, dans son « écritoire » souterrain de Iasnaïa Poliana, collectionnant tous les documents de référence.

Il ne manque à sa description ni la couleur d'un revers d'uniforme, ni la suppuration d'un moignon dépecé par un boulet, ni un cri, un pauvre cri d'agonisant appelant au réconfort.

Je l'avais relu l'été précédent, dans l'édition de la Pléiade, en suivant sur la carte les mouvements des unités.

Nous sommes descendus de voiture. Le paysage s'étendait devant nous, plus resserré que je ne l'imaginais, les reliefs à peine marqués, les distances restant à portée de la voix.

Je me suis rendu sur le petit tertre, souligné maintenant

d'une colonne commémorative, d'où Napoléon a suivi la bataille, l'œil collé à sa lorgnette et le col de sa redingote relevé, car il souffrait de la grippe.

Grâce au soleil d'automne tout redevenait vivant, champêtre. On apercevait devant, et sur la gauche, le mamelon central, siège de la fameuse redoute, hérissée de canons russes, qui avait été l'enjeu décisif de la bataille. Ce n'est guère plus qu'une butte, élevée de quelques mètres, qu'on grimperait en dix enjambées.

J'imagine les cris et la fumée de l'assaut final, avec les rayures horizontales des déflagrations. A droite s'étend la forêt de bouleaux où s'est développée la longue manœuvre enveloppante des cavaliers polonais de Poniatowski. Sur la gauche l'horizon est ouvert. On devine les replis de terrain où les troupes attendaient l'ordre de partir à l'assaut, encore à l'abri, le cou rentré dans les épaules. Et puis les renforts, tenus en arrière, et formés par la garde italienne d'Eugène de Beauharnais.

Loin devant nous, hors de portée de la vue, je cherche à deviner l'auberge basse, aux murs de torchis et de chaux, devant laquelle s'est assis Koutouzov, ses courtes jambes tirées vers l'avant, et d'où essaimaient ses aides de camp, porteurs des ordres qui visaient à contenir puis à épuiser l'assaut des Français, jusqu'à ce qu'il doive se résigner, la bouche tremblante d'humiliation et des larmes rageuses coulant de ses yeux délavés, à ordonner la retraite.

Nous n'avons pas pu rester plus d'une heure, car il fallait revenir à temps pour la soirée du théâtre Bolchoï, au Palais des Congrès. Pendant le trajet du retour, la nuit a commencé à tomber. L'auto roulait, silencieuse, vers le Kremlin.

***

C'est seulement le vendredi, à l'issue de nos derniers entretiens, que Brejnev a donné lui-même la véritable explication de ce changement de programme. Interviewé le mercredi sur la première chaîne de télévision française, je n'avais pas voulu faire allusion à la santé de Brejnev, et le service de presse de l'ambassade de France avait reçu des consignes formelles de discrétion, qu'il avait respectées.

En fin de séjour, la presse a insisté sur la « délicatesse » dont avait fait montre la délégation française. Mais, dans la société médiatique, ce genre de compliment tardif n'efface pas une impression initiale défavorable.

Que va-t-on retenir de ces journées ? L'« affront » de Brejnev ? Ou, de manière plus réaliste, que les choses se déroulent, à quelques détails près, comme on peut les prévoir, dans cette coopération franco-soviétique dont la trajectoire est soigneusement et prudemment jalonnée de part et d'autre ? A moins, encore, que ce soit une indiscrétion, diffusée comme l'éclair, sur l'état de santé réel de Brejnev ? Mais de celle-là, je ne serai pas l'auteur.

***

Quatre ans plus tard, au mois d'avril 1979, Leonid Brejnev est venu m'attendre de nouveau à Sheremetiévo. Cette fois l'accueil était réduit. Pas d'enfants des écoles. C'était une visite de travail. Je me demandais si Brejnev serait à l'aéroport ou s'il se ferait représenter, car le monde bruissait de ses problèmes de santé. Il décommandait fréquemment ses invités.

Par le hublot de l'avion j'ai vu qu'il était présent, revêtu d'un manteau gris et coiffé d'un chapeau de feutre orné d'un ruban de soie, avec Gromyko à ses côtés, et des fonctionnaires du ministère des Affaires étrangères.

Je descends la passerelle. Comme c'est agréable qu'il n'y ait presque personne, et qu'on m'épargne les garde-à-vous, les rictus, les fleurs enrobées de cellophane !

Nous montons dans la grosse voiture noire de Brejnev, puis le cortège, sans se presser, prend la direction de Moscou.

Nos interprètes sont assis en face de nous. Le mien a changé. Pour des raisons que j'ignore, sans doute l'âge, Andronikov a pris sa retraite. Il a été remplacé par une jeune femme d'origine russe, Catherine Litvinov. Je lui ai demandé si elle avait une relation de parenté avec l'ancien commissaire soviétique aux Affaires étrangères, dont je ne connais rien d'autre que le nom.

« Oui, m'a-t-elle répondu, mais une parenté lointaine. Par ma mère, j'ai une ascendance cosaque. »

Elle tient ses genoux sagement de côté pour ne pas heurter les nôtres. Leonid Brejnev regarde, avec un léger étonnement, son teint clair de Slave et sa moue chiffonnée. Son accent, sans doute classique, est agréable à écouter.

Brejnev enchaîne tout de suite :

« Je suis venu vous attendre à l'aéroport, malgré l'avis de mon médecin. Il me l'avait interdit. Vous avez dû apprendre que j'ai décommandé mes dernières visites. Mais je sais que vous travaillez aux bonnes relations franco-soviétiques. Je ne voulais pas qu'on interprète mal mon absence. Vous êtes un ami. »

Il est renversé en arrière, dans son manteau gris. La sueur perle sur le haut du front. Il s'éponge avec un mouchoir.

Je le remercie. Les formules que j'utilise sont banales, et je ressens leur platitude comme un choc. Mon interprète traduit. Elle y met de la chaleur, la voix haut perchée dans le nez, et des trilles rauques dans la gorge. Dehors, le même décor habituel, les bouleaux qui défilent.

Brejnev reprend la parole. Il prononce en russe une phrase courte, sans forcer le ton.

L'interprète la reproduit d'une voix presque semblable, détachée, tranquille :

« Je veux vous dire que je suis très malade. »

Je retiens mon souffle. J'imagine d'un seul coup l'effet de cette annonce, reprise sur toutes les ondes. Sait-il que la presse occidentale s'interroge chaque jour sur son état, suppute les mois qui lui restent à vivre ? Et si ce qu'il me dit est vrai, je m'interroge sur sa capacité à continuer d'exercer lui-même son pouvoir sur l'immense empire soviétique.

Il poursuit :

« Je vais vous dire ce que j'ai : du moins comme les médecins me le racontent ! Vous vous souvenez que j'avais mal à la mâchoire. Vous l'aviez d'ailleurs remarqué à Rambouillet. C'était fatigant. On m'a très bien soigné. Cela, c'est fini. »

Il est vrai qu'il paraît avoir retrouvé une diction normale, et ses joues ont perdu leur enflure. Mais pourquoi me fait-il cette confidence ? Réalise-t-il le risque qu'il prend ? Sait-il qu'un tel récit, transmis mot à mot, ou diffusé par indiscrétion, serait dévastateur pour lui ?

« Maintenant c'est beaucoup plus grave. On me fait des rayons. Vous voyez ce que je veux dire. Parfois, c'est trop fatigant, et je suis obligé d'interrompre les soins. Les médecins ont confiance. C'est ici, dans le dos. »

Il se tourne lourdement.

« Ils pensent pouvoir me guérir ou, en tout cas, stabiliser la maladie. Mais d'ailleurs, à mon âge, c'est pareil ! »

Et il rit, les yeux à demi fermés sous les épais sourcils. Puis suivent des détails cliniques sur les soins qu'il reçoit, que je ne suis pas capable de retenir.

Il pose sa main sur mon genou, une main large, aux gros doigts sciés de rides, façonnée par des générations de travaux dans la campagne russe.

« Je vous dis cela pour que vous compreniez. Mais je vais me rétablir. Je suis solide ! »

Et brusquement il change de ton :

« Le président Carter, vous le connaissez bien. Qu'est-ce que vous en pensez ? »

Je lui réponds :

« Je ne l'ai rencontré jusqu'ici que deux fois. Il étudie bien les problèmes. Il n'a pas d'expérience internationale, mais il est capable d'assimiler assez vite.

— Non, ce n'est pas cela. Je vous demande ce que vous en pensez comme homme. Pour qui me prend-il ? »

Brejnev s'échauffe. Il se remonte lui-même, de frustration et de fureur :

« Il m'écrit sans cesse des lettres ; elles sont très aimables. Mais je ne lui demande pas de m'écrire ! »

Je lui dis :

« Il m'écrit aussi. Il écrit à Schmidt, il écrit à Callaghan. Ça a l'air d'être son habitude. »

Brejnev ne m'écoute plus. Il continue à s'irriter pour lui tout seul :

« Alors il m'envoie toutes ces lettres. Et puis, à la fin de la semaine, je vois qu'il se rend quelque part dans le Middle West, ou dans une université. Et là, il m'insulte ! Il me traite avec des mots grossiers que je ne peux pas accepter. Il s'imagine que je ne suis pas informé. Mais je reçois tous ses discours. Alors il croit qu'on peut me traiter ainsi ! Mais qu'est-ce que c'est que cet homme-là ? Pour qui se prend-il ? »

L'indignation déborde. Je le sens blessé, trompé. Il est sans doute moins habitué que nous aux insultes ! Et il est vrai aussi que ce cortège de petits mots et de lettres envoyés par Jimmy Carter finit par être lassant.

Il se referme. Son émotion retombe. Nous approchons de Moscou. Il ne me parlera plus jusqu'à l'arrivée. Les interprètes restent muets, figés dans leur discrétion professionnelle.

Je retrouve la même entrée du Kremlin, l'ascenseur, l'appartement, mais cette fois sans Anne-Aymone.

Nous aurons le lendemain des conversations précises, où je serai surpris de constater que sa mémoire lui restitue des phrases entières de nos entretiens antérieurs.

Il ne me parlera plus de sa santé.

***

Jamais, dans mes rencontres avec Helmut Schmidt, la fatigue ne l'a conduit à remettre un rendez-vous ou à interrompre un entretien.

Jamais, sauf une seule fois.

Je savais qu'il avait des ennuis avec sa gorge, ou plutôt avec sa glande thyroïde. C'était un fumeur enragé. Je l'ai vu céder progressivement devant les instances de ses médecins. De la cigarette à la pipe, puis de la pipe à la prise. Il posait des brindilles de tabac sur le dos de sa main, et les reniflait dans chaque narine. Il lui restait ensuite autour du nez de petites souillures brunes de tabac. De temps en temps sa discipline se relâchait et je voyais reparaître la pipe. Mais jamais les cigarettes.

Cette désintoxication à éclipses faisait partie des soins nécessaires à la guérison de sa gorge. Il dut subir une intervention. Il m'en a parlé indirectement pour expliquer la lassitude qu'il ressentait, de temps à autre.

Lassitude ou non, rien ne pouvait l'interrompre quand il était lancé dans une discussion ou une démonstration. Si tardive que fut l'heure — une ou deux heures du matin — jusqu'à laquelle s'éternisaient les soirées d'après-dîner des sommets européens, Helmut Schmidt déployait une énergie inépuisable à convaincre notre collègue danois ou irlandais du bien-fondé de ses arguments, s'accrochant à eux comme un bouledogue ou un fox-terrier, alors que je guettais discrètement la venue du temps mort qui nous permettrait de lever la séance.

Une seule fois, en sept ans, sa vaillance a cédé.

Il était arrivé à Paris, un dimanche, le 3 février 1980, pour notre habituelle rencontre franco-allemande. Le rituel de ces rencontres avait été fixé lors de la première d'entre elles par le général de Gaulle et le chancelier Adenauer. Le président Pompidou avait « congelé » soigneusement les règles et les horaires de son prédécesseur. J'avais décidé de garder les mêmes.

La délégation allemande arrivait à Orly au début de l'après-midi, accueillie par le Premier ministre, Jacques Chirac d'abord, Raymond Barre ensuite. Le chancelier se rendait à l'Élysée pour un premier entretien en tête-à-tête, pendant que les ministres allemands rencontraient leurs homologues français. Puis un dîner à l'Élysée réunissait les deux délégations. Le chancelier et moi échangions des toasts à signification politique.

Le lendemain matin, nouveau tête-à-tête, pendant lequel nous étions rejoints par le Premier ministre et les ministres des Affaires étrangères. Puis se tenait la séance élargie, dans la grande salle à manger, où les ministres faisaient deux par deux les comptes rendus, fréquemment soporifiques, de leurs travaux. Les « coordinateurs » de la coopération franco-allemande présentaient leurs observations, en particulier le coordinateur allemand, Carlo Schmid. Figure traditionnelle de ces réunions, c'était un cas unique de citoyenneté germano-catalane, avec la vigueur et la robuste cordialité de ses deux ascendances. Socialiste coloré et généreux, on le voyait vieillir comme un grand cru au fil de nos sessions. Il nous ramenait à la véritable origine, humaniste et pacifique, de la réconciliation franco-allemande. Enfin le chancelier, puis moi-même, tirions les conclusions de la rencontre.

Nous allions ensuite les présenter à la presse, réunie dans la salle des fêtes, où nous faisions alterner nos remarques comme des duettistes bien accordés.

Le tout se terminait par un déjeuner à l'ambassade d'Allemagne, le somptueux hôtel de Beauharnais, peuplé des souvenirs de la reine Hortense et du prince Eugène, et restauré avec une perfection gênante au point qu'on n'ose ni s'asseoir sur un siège, ni poser un verre sur un guéridon. Le public de ce déjeuner était élargi à quelques personnalités du monde politique. C'était une des rares « sorties » du président de la République dans une ambassade parisienne. Les élèves du cours de secrétariat — dont l'emblème est une plume — situé en face, guettaient mon arrivée devant la porte de leur école et me saluaient de signes joyeux. L'atmosphère affectait d'être détendue, pour souligner que les travaux étaient terminés et qu'ils s'étaient déroulés dans une « excellente ambiance ». Nous concluions à nouveau par des toasts, cette fois-ci émaillés de citations franco-allemandes, toasts que les interprètes traduisaient avec des mouvements gourmands de la bouche, pour montrer qu'ils en appréciaient les allusions qui se voulaient spirituelles.

L'arrivée d'Helmut Schmidt un dimanche avait un peu modifié le rituel. Nous nous étions rencontrés pendant l'après-midi, dans un palais de l'Élysée désert, longé par une rue du Faubourg-Saint-Honoré que l'hiver avait vidée de sa foule habituelle. Notre entretien normal devait avoir lieu, selon la coutume, le lendemain à 15 heures.

En fin de matinée, Helmut m'a téléphoné de son hôtel,

le *Bristol*, situé à quelques pas de l'Élysée. Il me demande si on ne peut pas remettre notre réunion de l'après-midi à plus tard. Il préférerait venir vers 5 heures et poursuivre notre entretien jusqu'au dîner. Bien entendu, pas d'objection de ma part. Égoïstement, j'aimais bien ces contretemps qui dégageaient brusquement des moments de liberté où, comme pendant une récréation, je pouvais lire lentement, avec soin et dans la tranquillité, les télégrammes diplomatiques en provenance de Washington et de Moscou.

Pour lui éviter l'effort de monter l'escalier, je décide de recevoir Helmut dans une pièce du rez-de-chaussée, le salon des Aides de Camp.

Il y a, en effet, toute une enfilade de pièces au rez-de-chaussée de l'Élysée, depuis le salon Murat, décoré de deux superbes peintures de Carle Vernet représentant la résidence de Murat et de Caroline Bonaparte au château de Benrath, quand Murat était grand-duc de Berg, et une vue de Rome prise des bords du Tibre, jusqu'au salon des Portraits, ainsi nommé à cause des mauvaises copies des portraits des souverains qui ont résidé à l'Élysée sous le Second Empire.

Le salon des Aides de Camp est une pièce à boiseries blanc et or, qui donne sur le jardin. C'est là qu'on fait entrer les visiteurs. C'est là aussi que j'avais pris l'habitude de remettre les insignes de la Légion d'honneur à ceux qui souhaitaient que je les leur confère, en présence de leurs familles et de leurs amis qui, émus et intimidés, s'alignaient le long des murs. Le mobilier est composé de fauteuils et d'un canapé, recouverts d'un joli tissu de soie bleue, appartenant au Mobilier national. Il y a aussi une table en mosaïque de marbre.

Quand Helmut est entré, j'ai été frappé par son teint : son visage était gris.

Sans attendre, il s'assied.

« Excusez-moi, Valéry, de n'être pas venu plus tôt. J'étais trop fatigué. »

Nous nous exprimons en anglais, pour éviter les interprètes. Nous sommes seuls. Ses assistants sont restés dans l'entrée, séparée par une double porte.

« Voulez-vous prendre du thé, ou du café ?

— Non, merci. Peut-être tout à l'heure. »

Nous commençons à parler. C'est Helmut qui choisit les sujets. D'abord, évidemment, les prochaines élections américaines. Il exprime son impatience d'être débarrassé du président Carter. Son irritation envers lui avait pris le tour d'une véritable obsession. Il a reçu, comme moi, la visite de George Shultz, notre ancien collègue ministre des Finances. Il se réjouit de l'influence qu'il pourra exercer lors de la mise en place de la nouvelle administration.

Je lui fais part de ma conversation avec George Shultz :

« Je crois que c'est Reagan qui va être choisi par les Républicains. Bush n'a pas sa chance cette fois-ci. C'est ce que prévoit George Shultz.

— Croyez-vous qu'il va prendre un poste dans le prochain Cabinet ? me demande Helmut.

— Non, je ne le crois pas. Il m'a dit qu'il était beaucoup plus heureux dans ses fonctions privées. Mais, de toutes façons, il aura un accès direct au prochain président, car il va le conseiller pendant sa campagne. »

Il m'interroge :

« Est-ce que vous avez l'intention d'aller bientôt à Washington ? »

Je suis frappé par le débit de sa voix qui se ralentit, s'enfonce dans sa gorge.

« Je ne suis pas bien, Valéry. Mais cela va passer. »

Il tire brusquement sur sa cravate, défait le nœud. Il y

a des vaisseaux rouge vif dans le globe de ses yeux. Il se renverse dans le fauteuil, inconfortable, à cause du dossier droit.

Je poursuis l'entretien, comme pour minimiser son malaise.

« Je ne compte pas aller à Washington avant la prochaine élection. Nous aurons d'abord le sommet économique de Venise, en juin prochain. Et après, c'est trop tôt pour le dire, car nous nous rapprochons de l'échéance des élections présidentielles en France. »

Il pousse une sorte de râle, puis comme un gémissement, qui devient insistant. Je vois que c'est sérieux.

« Mettez-vous sur le canapé. Vous serez mieux. Voulez-vous que je fasse venir un médecin ? »

Je l'aide à se lever et à s'étendre sur le canapé. Il ne me répond pas. Sa tête roule de côté. Ses yeux chavirent vers le haut. Il doit avoir perdu connaissance. Nous sommes tous les deux seuls dans la pièce, les portes fermées. Dehors, on pense que nous poursuivons notre entretien. Si je vais dans l'entrée, et que je demande de l'aide, ses assistants vont se précipiter. Les journalistes et les photographes attendent sans doute dans la cour. On sera obligé de le transporter, ainsi défait. Il vaut mieux agir moi-même.

Je décroche le téléphone, branché sur le standard.

« Ici le président. Pouvez-vous me passer, monsieur Hennequin ? »

Monsieur Hennequin, c'est l'admirable Guy Hennequin, l'intendant de l'Élysée, que j'ai « hérité » du président Pompidou, et dont j'avais remarqué, pendant les derniers mois de présidence de celui-ci, la silhouette juvénile, efficace et prévenante. Il est le maître Jacques de la maison, dirige le service de table et la cuisine, assure la tenue et l'entretien de l'appartement privé.

C'est un officier-technicien de la marine, d'une parfaite discrétion, mais plein de gaîté et d'humour. De temps en temps, lorsqu'il surveille l'ordonnance d'un repas que j'offre à un chef d'État de passage, mon regard croise le sien et y rencontre une lueur amusée et complice.

Il est toujours rapide à joindre. Le standardiste me passe la communication.

« C'est vous, Hennequin. Le chancelier Schmidt ne se sent pas bien. Je préfère qu'on ne prévienne personne. Pouvez-vous m'amener le médecin de permanence, en passant par le grand salon. Faites vite. Je vous attends.

— Bien, monsieur le Président. J'arrive tout de suite. »

Le service de santé de la présidence de la République consiste, comme je l'ai dit, en un jeune médecin en fin d'études, effectuant son service militaire, et une infirmière, Mlle Azeglio, qui était déjà à l'Élysée du temps du général de Gaulle, et qui lui garde une fidélité fanatique. Par une curieuse ironie, Helmut Schmidt avait, un jour, raillé la faiblesse de nos moyens. « Ce n'est pas sérieux. Regardez ce dont disposent les Américains et les Soviétiques ! S'il vous arrive quelque chose, vous avez besoin de gens expérimentés. »

Sans doute. Mais pour le moment, j'attends Hennequin et le médecin-étudiant.

Je guette les bruits. La maison paraît calme. On entend dans la salle à manger les sons assourdis et métalliques des préparatifs du dîner. Je regarde Helmut, sans oser le dévisager. Il ne bouge plus. Le seul signe de vie est un léger sifflement respiratoire. La nuit est tombée. On aperçoit sur les Champs-Élysées les phares des voitures qui redémarrent au signal des feux verts, et la coupole, illuminée de l'intérieur, du Grand Palais.

Je pense qu'il y a quelque chose de shakespearien dans cette veille. Plutôt qu'à des chefs d'État, je pense à deux amis. Le malheur, ou plutôt l'accident de l'un, les enferme dans une sphère de solitude. Que penserait l'opinion, la foule, si elle nous découvrait ainsi, Helmut sur le canapé, et moi, immobile et inutile, le veillant sans pouvoir l'aider ?

Un grattement léger à la porte. Hennequin et le médecin entrent. En passant par le grand salon, ils n'ont rencontré personne.

Je leur désigne Helmut. Le médecin se penche sur lui et s'affaire. Je lui tourne le dos, en parlant avec Hennequin. Il a apporté un plateau, avec un verre et de l'eau.

Le médecin sort un stéthoscope — seul instrument médical que je connaisse par son nom — de sa valise noire. Il enfonce les conduits de caoutchouc dans ses oreilles.

« Le chancelier Schmidt a perdu connaissance, me dit-il, mais je ne crois pas que ce soit très grave. Le cœur est régulier. Il va revenir à lui. » Je guette le visage d'Helmut.

Quelques minutes plus tard, un soupir, un premier mouvement. Helmut passe sa main sur son front.

« Qu'est-ce qui s'est passé ? » demande-t-il.

Nous revenons à grande vitesse vers le monde normal. Le médecin aide le chancelier à se rasseoir. Dès qu'il se sentira mieux, on fera entrer son assistant.

« Valéry, ce n'est pas la peine d'attendre. Dans un moment j'irai mieux.

— Voulez-vous rentrer à l'hôtel ? lui dis-je. Et j'expliquerai que vous avez préféré renoncer au dîner.

— Non, me réplique Helmut, je crois que je serai suffisamment bien pour le dîner. C'est dans une heure, n'est-ce pas ? Je resterai ici. »

L'énergie revient, semblable à la montée d'adrénaline qui restitue leurs forces aux buffles blessés. Je confie le chancelier à Hennequin, en lui demandant d'agir comme si rien d'autre ne s'était passé qu'un besoin passager de repos.

A 8 heures moins cinq, je reviens au salon des Aides de Camp. J'ai demandé que les invités gagnent leur place à table, en attendant notre arrivée, et qu'on leur explique que nos entretiens se prolongeaient.

Helmut me répond, avant que je ne l'interroge :

« Cela va bien. Je vais pouvoir assister au dîner. Je vous demande seulement qu'il ne soit pas trop long. »

Il a resserré sa cravate. Le col de sa chemise reste froissé. Il y a dans ses vêtements ce signe, impossible à dissimuler, qui prouve qu'ils ont été dérangés. Mais l'attention de nos invités sera sans doute tournée ailleurs.

Les huissiers ont ouvert les deux battants de la porte.

Il se lève, et il part, un peu devant moi, comme s'il lui fallait prendre de la vitesse pour assurer sa démarche. Nous gagnons nos places, l'un en face de l'autre.

Il prononcera un toast à la fin du repas.

II

L'INSTALLATION

J'ai commis une faute de jugement, au moment de mon installation à l'Élysée : j'ai amené avec moi la quasi-totalité de l'équipe avec laquelle j'avais travaillé jusque-là au ministère des Finances.

Je l'ai fait par habitude : c'étaient des hommes et des femmes dont certains — Victor Chapot, Madame Villetelle, ma secrétaire — étaient mes collaborateurs depuis mes débuts comme secrétaire d'État aux Finances dans le premier gouvernement de la Ve République, en janvier 1959. D'autres étaient venus renforcer successivement ce groupe à partir des directions du ministère ou des grands corps de l'État : Jean Serisé, Jacques Calvet, Jean-Pierre Ruault, Jacques de Larosière, Michel Pebereau, Lionel Stoléru, Xavier Gouyou-Beauchamp. Il y avait eu, comme cela est naturel, des allées et venues : Jacques Calvet m'avait quitté pour devenir directeur général de la Banque nationale de Paris. Olivier Fouquet, originaire du Conseil d'État, était arrivé pour traiter les dossiers sociaux.

Je l'ai fait aussi par reconnaissance et par fidélité : c'étaient des collaborateurs exceptionnels, actifs, brillants, amicaux. Il régnait dans cette équipe une ambiance rare de compétence et de détente. Certains d'entre eux, comme Jacques Calvet, étaient mes partenaires réguliers au tennis. Pour les choisir, j'avais appliqué ma recette constante : « prendre les meilleurs », et ne jamais s'entourer de quelqu'un dont la présence vous inspire un malaise, par une allergie physique ou intellectuelle.

Ce désir de conserver l'équipe intacte tenait à un trait de mon caractère : une horreur instinctive, viscérale, du changement de l'environnement vivant. Cela peut paraître paradoxal pour quelqu'un qui venait d'être élu sur le slogan du « changement dans la continuité », et auquel une partie de l'opinion a reproché par la suite les modifications, jugées excessives, de l'organisation de la société française.

Pour moi, le changement est une notion que je reconnais comme une nécessité, imposée par la pression des faits extérieurs, et à laquelle je pense qu'il est souhaitable de savoir s'adapter à temps. Ce n'est jamais une préférence. Tout ce que je vois changer autour de moi depuis l'enfance, les visages, les silhouettes, les objets qui ne servent plus, les peintures qui s'écaillent, les chemins de terre qu'on goudronne, tout ce qui perd de sa fraîcheur, de son intégrité, je le regrette comme un signe de ce qui est révolu, de ce qu'on ne retrouvera jamais, je le sens comme la présence d'un germe de mort qui taraude de l'intérieur tout ce que j'ai l'instinct d'aimer.

A cette attitude, totalement instinctive et irraisonnée, je n'ai trouvé d'explication que plus tard : la préférence confucéenne pour le passé, l'idée que celui-ci baigne dans une lumière dorée, et qu'il a existé un temps où tout était sage, doux, harmonieux — un temps dont il ne faut pas chercher à s'éloigner mais vers lequel, au contraire, on doit tenter de revenir.

L'expression de ce sentiment, je l'ai rencontrée dans ces vers de Baudelaire, qui comptent pour moi parmi les plus beaux de notre littérature :

[...]
— Mais le vert paradis des amours enfantines,

L'innocent paradis, plein de plaisirs furtifs,
Est-il déjà plus loin que l'Inde et que la Chine ?
Peut-on le rappeler avec des cris plaintifs,
Et l'animer encor d'une voix argentine,
L'innocent paradis plein de plaisirs furtifs ?

Bref, pour toutes ces raisons, j'ai commis l'erreur de m'entourer à l'Élysée d'une équipe qui était sans aucun doute la meilleure possible dans son domaine mais qui n'était pas adaptée à la tâche qui, désormais, était la mienne.

L'inconvénient de cette attitude a tenu à la proportion trop importante, dans mon entourage immédiat, d'esprits marqués par la rigueur et le scepticisme acquis dans la haute administration des Finances, à un moment où, pour éviter de « court-circuiter » l'action du gouvernement, je ne faisais venir auprès de moi aucun « politique », ni aucun collaborateur formé dans le privé, ce qui aurait permis de mieux doser l'équipe.

Quant à l'aversion pour le changement et la fidélité aux habitudes, exception faite des tout premiers postes, elles m'ont conduit à conserver longtemps à leur place les mêmes collaborateurs. La qualité de l'ambiance et la cordialité des relations personnelles en ont bénéficié, mais la contrepartie, intuitivement perçue par l'opinion, a été qu'au bout d'un certain temps chacun risquait de ne tourner que dans son propre univers, anémié par l'isolement et éloigné des contacts extérieurs affectifs et humains.

A tout changement de fonction correspond un changement fondamental de compétence et de responsabilité. Le rôle et les problèmes d'un président de la République sont totalement différents de ceux d'un ministre des

Finances, et eux aussi sans doute — bien que je n'aie jamais occupé ce poste —, de ceux d'un Premier ministre.

L'expérience acquise dans les fonctions antérieures vous facilite évidemment la tâche. Mais c'est une erreur de croire que cette expérience puisse se prolonger à l'identique dans votre nouvelle fonction. Une remise en question complète est nécessaire, même si elle doit s'accompagner de l'inconfort et du risque des changements de personnes.

Il est évident, par exemple, qu'au niveau présidentiel l'aspect politique des problèmes dépasse leurs seules données techniques, et que la communication avec l'opinion publique suppose une connaissance et une expérience de la sociologie et de la psychologie, qui ne s'acquièrent guère dans les ministères.

***

J'ai pris mes fonctions le lundi 27 mai, dans la matinée.

Les résultats avaient été connus le dimanche 19 mai au soir. Je les ai attendus dans une pièce de l'appartement du ministère des Finances où avait été installé un poste de télévision. Comme il faisait très beau, et que les journées étaient longues, la porte-fenêtre était ouverte sur la terrasse de pierre qui longe le jardin, en face de l'entrée du musée du Louvre.

Dès que les fourchettes d'évaluation définitives ont été annoncées — 50,8 % des voix pour Giscard, 49,2 % pour Mitterrand —, je suis parti rejoindre celles et ceux qui m'avaient aidé pendant ma campagne, dans l'immeuble de la rue de la Bienfaisance, loué pour y installer mon équipe.

Il y régnait une atmosphère exaltée, faite de surprise heureuse et de jeunesse. Anne-Aymone m'y attendait.

Les plus excités des supporters présents insistaient pour que nous paraissions au balcon. J'en percevais le ridicule, car je ne voulais pas transformer en événement historique ce qui n'était que la conclusion naturelle d'un processus électoral. Rien à faire, car la pression était trop forte. Nous nous rendons sur le balcon, Anne-Aymone et moi. C'est un encorbellement étroit, bordé d'une balustrade en fer forgé. Comme nous nous trouvons au deuxième étage, nous nous penchons sur la foule noire, compacte, serrée dans la rue, d'où montent des cris joyeux. Les éclairs des photographes ponctuent la nuit, comme un feu d'artifice tiré au ras du sol.

La sortie est difficile. Nous devons traverser plusieurs rangs pour gagner la Citroën ministérielle. Les visages forment une haie blanche, avec des bouches qui scandent le *Chant du Départ*, et des yeux qui scintillent. Je serre les mains qui se tendent, en utilisant à la fois ma main droite et ma main gauche, pour essayer de n'oublier personne. L'auto nous attend au coin de l'avenue de Messine. Les rangs se font plus clairsemés. Des « supportrices » m'embrassent. Je sens une trace humide sur ma joue. Je dois y conserver deux accents circonflexes rouges. Lavaire est présent au rendez-vous. Encore quelques cris d'adieu. Nous repartons par la rue de Miromesnil et nous longeons l'Élysée, où tous les feux sont éteints.

Je regagne ma chambre du ministère des Finances. Devant la fenêtre, j'aperçois le petit jardin où a été prise la photo de mon affiche électorale en compagnie de ma fille Jacinte. Plus loin, mon monument préféré, l'arc de triomphe du Carrousel, à côté duquel circulent encore les silhouettes noires des derniers visiteurs, et la course en zigzag d'un chien.

Au milieu de la nuit, le téléphone retentit. Je ne suis

pas habitué à l'entendre à cette heure-là, et son grésillement dans l'obscurité évoque pour moi, comme pour beaucoup de monde, l'annonce d'une catastrophe. J'ai du mal à trouver le bouton de la lampe de chevet. Je décroche le récepteur. Le standardiste du ministère m'annonce un appel de l'étranger. Puis une voix nasille en anglais :

« Ici la Maison Blanche. Le président des États-Unis souhaite parler au président Giscard d'Estaing. »

A demi endormi, j'ajuste difficilement mes pensées.

« Oui, c'est moi.

— Gardez la ligne, s'il vous plaît. Voici le Président. »

Je reconnais la voix de Richard Nixon, que j'avais rencontré à plusieurs reprises, lors des obsèques du général de Gaulle, à Washington à l'occasion des réunions monétaires, puis dans les sommets successifs des Açores et de Reykjavik.

« Je suis heureux de vous féliciter pour votre élection. Je connais votre compétence. Les Français ont fait un excellent choix. Je souhaite que nous puissions travailler ensemble, avec confiance, comme je le faisais avec le président Pompidou. »

Son débit est continu. Je ne peux pas l'interrompre. Il me donne le sentiment de lire un texte, en tout cas un texte amical.

Je le remercie et lui dis que j'aurai plaisir à le rencontrer. Je sais qu'il est empêtré dans les procédures du Watergate, et que l'on commence à parler des risques de sa révocation. Je regarde l'heure : trois heures du matin. Il doit être dix heures du soir à Washington. Il est le premier, et le seul cette nuit-là, à me téléphoner. Il fait son travail, en grand professionnel.

***

Le lendemain matin je fais venir Philippe Sauzay dans mon bureau du ministère. C'est un sous-préfet, que j'ai demandé au ministère de l'Intérieur de détacher rue de Rivoli pour prendre en charge celles des tâches du cabinet auxquelles les fonctionnaires du ministère des Finances ne sont pas préparés.

Il a été le collaborateur d'André Malraux, aux Affaires culturelles, et a été nommé ensuite dans le Doubs, où il a connu Edgar Faure. On me l'a recommandé comme un des meilleurs éléments de sa génération. C'est un « pied-noir », né à Bône, discret, minutieux, perspicace. Il excelle à régler les détails. Mais c'est aussi un homme de culture, de lecture, ami d'éditeurs et de bibliophiles. Comme beaucoup de Méditerranéens, il cache soigneusement, sous une apparence réservée, une sensibilité presque écorchée et des élans romantiques.

Michel Poniatowski, mon ami et mon fidèle lieutenant du ministère des Finances, assiste à l'entretien.

Je demande à Philippe Sauzay d'aller rendre visite au président Poher, qui assure l'intérim de la présidence de la République, et de s'installer à mi-temps à l'Élysée pour préparer mon installation.

Jusqu'à samedi il va régler l'organisation des cérémonies avec Jean-Paul Anglès, alors chef du protocole. Chaque jour il fait un aller et retour rue de Rivoli, pour recueillir mes directives. Le programme est définitivement arrêté.

La prise de fonction comportera plusieurs événements, qui se succéderont aux différentes heures de la journée : une cérémonie à 10 heures 40 dans la salle des fêtes de l'Élysée, une prise d'armes à l'Arc de Triomphe, un déjeuner auquel j'inviterai le Premier ministre et les présidents des assemblées, puis, en fin de journée, une visite à Madame Pompidou, dans son appartement du quai de Béthune, et une réception à l'Hôtel de Ville de Paris.

Au milieu de l'après-midi je recevrai le Premier ministre, Pierre Messmer, qui m'apportera la démission de son gouvernement dont, curieusement, je fais encore partie. Et j'ai l'intention d'annoncer aussitôt la nomination du nouveau Premier ministre.

***

J'ai passé ma dernière nuit au ministère des Finances, le dimanche 26 mai.

Le lundi matin, je me suis rasé, en écoutant le journal de 8 heures sur Europe n° 1. Je me suis appliqué à faire passer deux fois la lame du rasoir sur la peau du visage pour tenter de rester net jusqu'au soir. Un journaliste de la radio décrit par le menu le programme de la journée. On s'attend à une « importante déclaration » de ma part. Il est vrai que j'ai préparé un texte, assez court, que je prononcerai tout à l'heure, à l'occasion de ma prise de fonction. Je l'ai appris par cœur, et encore répété hier soir. Je le relirai une dernière fois avant de quitter l'appartement.

Puis j'ai pris, comme d'habitude, mon petit déjeuner à 8 heures 30 dans la bibliothèque verte, où le café au lait m'attend sur un plateau posé sur une table à jeux. A côté de la tasse, les journaux du matin et la première édition de *France-Soir*. Je les parcours, en avalant un croissant. Dans les journaux aussi, je retrouve tout le programme. La présentation est plutôt bienveillante. On insiste sur mon désir de nouveauté, de dépoussiérage. Quelques mises en garde contre des innovations excessives.

En m'approchant de la fenêtre, je vois que le ciel est bleu, frais, avec d'insignifiants nuages pommelés, poussés par le vent d'ouest. Un temps idéal pour une « inauguration » !

J'emprunte le couloir qui conduit à mon bureau. Les portes sont ouvertes. Philippe Sauzay vient m'y rejoindre. Au moment d'en repartir je lui demande de passer devant moi. Je veux être seul au moment de me retourner sur le pas de la porte et de regarder encore cette grande pièce, absurdement haute, où j'ai vécu des heures si intenses, si heureuses ! J'essaie de m'imprégner les yeux de la couleur de sa soie rouge, à grands dessins Empire, dont j'ai fait recouvrir les murs. Mais je sens que Sauzay s'impatiente. Un dernier regard. Il est temps de partir.

Il est dix heures. Dans le salon ovale où attendent d'habitude les visiteurs, mon directeur de cabinet, Jacques de Larosière, a réuni les membres de mon équipe. Je les remercie, et serre la main de Larosière. Nous descendons par l'ascenseur pour rejoindre ma voiture.

Je prends le volant, Philippe Sauzay s'assied à côté de moi, et le chauffeur, Gabriel Lavaire, s'installe sur la banquette arrière. Nous passons sous la voûte. Des employés du ministère se sont groupés au bas des escaliers pour assister au départ. Ils sont interdits et silencieux devant l'inattendu de l'événement. Ma promotion est un peu pour eux celle d'un des leurs, qu'ils ont côtoyé depuis longtemps. Peut-être l'imagineraient-ils plus solennelle ?...

Quand nous franchissons le seuil, Philippe Sauzay m'entend soupirer : « Ah ! mes chères Finances ! » Et nous sommes entraînés dans le flux des voitures rue de Rivoli et place de la Concorde. Des automobilistes étonnés me reconnaissent au volant. Nous tournons dans les Champs-Élysées et nous nous arrêtons devant le théâtre Marigny.

Mon arrivée a été annoncée. La préfecture de police a

fait disposer des barrières métalliques le long du trottoir de l'avenue de Marigny. Il y a du public qui m'attend, composé surtout, me semble-t-il, de mes jeunes supporters. Ils n'ont pas dû beaucoup dormir. Je reconnais Valérie-Anne, pressée contre la barrière. Elle porte le T-shirt de la campagne, blanc avec le slogan en lettres bleues : « Giscard à la barre. » Je fais un détour pour l'embrasser. Cliquetis des appareils de photo.

J'arrive à l'entrée de l'Élysée. Le Premier ministre, Pierre Messmer, m'attend dans la cour. Nous passons en revue deux escadrons de la garde républicaine. La musique joue le *Chant du Départ*.

Le président Poher m'accueille en haut des marches, sur le perron. Il est souriant et prend ma main dans les deux siennes. Et nous nous rendons ensemble au salon des Ambassadeurs.

J'y retrouve les présidents des assemblées, en compagnie d'André Chamson qui remplace l'amiral Cabanier, alors grand chancelier de la Légion d'honneur, souffrant ce jour-là. André Chamson est un écrivain fin et fragile, à l'accent chantant des Cévennes. Il me remet les insignes de grand-croix de la Légion d'honneur : le lourd collier métallique et la plaque.

C'est là que le chef du protocole, Jean-Paul Anglès, doit venir me chercher cinq minutes avant l'heure prévue pour la cérémonie. Je serai exact, comme je m'efforcerai de l'être par la suite pour toutes les manifestations et les réunions de travail auxquelles je participerai. L'exactitude ne m'est pas naturelle : je suis trop impatient pour qu'il me soit facile d'attendre longtemps ; or, lorsqu'on s'ingénie à réduire le plus possible le temps de son attente, l'expérience enseigne que l'on débouche, hélas ! sur le retard.

J'ai appris l'exactitude auprès du général de Gaulle.

La sienne était de nature militaire et venait du principe selon lequel, sur le champ de bataille, tous les mouvements des unités doivent être exécutés à la minute près. J'en ai retenu que l'exactitude était une commodité universelle, facilitant le travail de chacun et réduisant la déperdition due aux temps morts, aux contretemps et aux délais non respectés.

A 10 heures 35, Anglès me fait signe. S'il a la dignité éminemment nécessaire à sa fonction, rehaussée par sa taille et par sa crinière prématurément blanche, on peut remarquer dans son œil un éclat de malice et d'humour. La porte est ouverte à deux battants.

Anglès nous précède, accompagné de deux huissiers statuesques, dans l'enfilade des salons. Le président Poher marche à mes côtés, puis Edgar Faure et Pierre Messmer. Philippe Sauzay ferme le cortège. Nous nous dirigeons vers la salle des fêtes. J'entends grandir le bruissement des conversations.

Nous tournons sur la gauche, et nous voici arrivés. Soudain le silence. Le spectacle est impressionnant.

La salle des fêtes est éclairée de tous ses lustres. La violence des lumières efface les écailles des peintures et l'usure des lourdes tentures de velours rouge. Les « corps constitués », tout ce qui compte dans l'État et dans la vie officielle, sont disposés en plusieurs rangs autour de la salle. Le président du Conseil constitutionnel, Roger Frey, ami délicat, fidèle et chaleureux, s'apprête à officier. Il me paraît impressionné, comme intimidé, par la solennité de sa charge. Je regarde ses mains, qui tremblent. Nous sommes tous en tenue de ville sombre. J'ai évité le port de la jaquette. De même je n'ai pas voulu porter le grand collier de l'ordre de la Légion d'honneur, dont je viens de devenir le grand maître du fait de mon élection.

J'ai toujours ressenti une réticence devant les signes ostentatoires du pouvoir : les mitres, les crosses, les harnachements de décoration. En optant pour la République, nous avons choisi l'esthétique démocratique. Celle-ci n'est pas facile à gérer : quand elle est relâchée, elle sombre dans la démagogie et côtoie souvent le grotesque ; mais quand elle est emphatique, elle ressemble à une monarchie au rabais et éveille le soupçon de la vanité personnelle. Je crois qu'elle peut réussir à être belle, à condition d'être à la fois vigoureuse et simple. Je m'efforcerai d'y parvenir, avec des succès mitigés.

Aujourd'hui, le collier de la Légion d'honneur est posé sur un coussin de velours noir. Il est mieux là qu'autour de mon cou.

Roger Frey proclame le résultat de l'élection. Un aide lui a remis une plaquette reliée de toile rouge où figurent les chiffres. Il les annonce : « Valéry Giscard d'Estaing : 13 396 203 voix ; François Mitterrand : 12 971 604 voix. Je déclare Monsieur Valéry Giscard d'Estaing élu président de la République française. »

Il me remet la plaquette, que je tends à Jean-Paul Anglès. Je la garderai jusqu'au dernier jour, posée dans mon bureau. Et je me souviendrai toujours du nombre de voix reproduit sur un bout de papier, que je ne ferai pas coudre dans la doublure de mon habit, comme Blaise Pascal, mais que je garderai dans ma poche pour le relire, afin de ne jamais oublier le contrat personnel qui me lie pour sept ans à chacune et à chacun de ces 13 396 203 personnes qui, sans me connaître pour la plupart d'entre elles, mais dans la solitude de l'isoloir, ont fait le geste de me choisir.

Monsieur André Chamson me présente symboliquement le coffret qui contient le collier de l'ordre. Et c'est à mon tour de parler.

Certains d'entre vous s'interrogeront sur l'impression que l'on ressent à ce moment-là. Je ne peux le dire que pour moi : une émotion plus proche d'un rayonnement chaud que d'une timidité, une immense envie de bien faire, une vigueur qui semble jaillir directement de sa jeunesse, en effaçant toutes les étapes intermédiaires, comme pour réaliser la fusion ardente de l'effort et du succès. On a placé un micro, dressé sur une tige noire. Je m'avance vers lui :

« Messieurs les Présidents,
Mesdames, Mesdemoiselles, Messieurs,

De ce jour date une ère nouvelle de la politique française.

Ceci n'est pas seulement dû, monsieur le Président du Conseil constitutionnel, à la proclamation du résultat que vous venez de rappeler et dont, par respect pour la France et pour sa longue histoire, je mesure l'honneur.

Ceci n'est pas seulement dû aux 13 396 203 femmes et hommes qui m'ont fait la confiance de me désigner pour devenir le vingtième président de la République française.

Ceci est dû en réalité à la totalité des suffrages du 19 mai 1974. Ces suffrages égaux selon la règle démocratique, qu'il s'agisse de ceux des femmes et des hommes, des jeunes et des moins jeunes, des travailleurs et des inactifs, et qui se sont prononcés chacun à leur manière et selon leur préférence en témoignant leur volonté de changement.

J'adresse le premier salut du nouveau président de la République à ceux qui, dans cette compétition, aspiraient à le devenir et qui avaient la capacité de le faire, et notamment monsieur François Mitterrand et monsieur Jacques Chaban-Delmas.

Ainsi c'est moi qui conduirai le changement, mais je

ne le conduirai pas seul. Si j'entends assumer pleinement la tâche de président et, si j'accepte, à cet égard, les responsabilités qu'une telle attitude implique, l'action à entreprendre associera le gouvernement dans ses initiatives et le parlement dans son contrôle et dans ses droits. Je ne le conduirai pas seul parce que j'écoute et que j'entends encore l'immense rumeur du peuple français qui nous a demandé le changement. Nous ferons ce changement avec lui, pour lui, tel qu'il est dans son nombre et dans sa diversité, et nous le conduirons en particulier avec sa jeunesse qui porte comme des torches la gaîté et l'avenir.

Messieurs les Présidents, Mesdames, Mesdemoiselles, Messieurs, voici que s'ouvre le livre du temps, avec le vertige de ses pages blanches. Ensemble, comme un grand peuple uni et fraternel, abordons l'ère nouvelle de la politique française. »

Mon texte vient facilement à la mémoire, comme une improvisation. Il est court. Il contient ce que je pense. J'aurais de la peine à exprimer davantage. Ai-je des larmes ou des picotis dans les yeux ? Non ! je les retrouverai plus tard. Je pense à cette page blanche ouverte, scintillante, que j'aimerais remplir le mieux possible. Par la fenêtre, j'aperçois les soldats toujours alignés, qu'on a mis au repos. A cause du soleil éclatant la terrasse paraît un ruissellement de pierres.

On m'applaudit. Malgré la réserve administrative les applaudissements me semblent un peu plus que polis, sans doute à cause de la nouveauté. Puis je fais lentement le tour de la salle des fêtes, en saluant chacun des groupes, dont celui des directeurs du ministère des Finances que j'aperçois, compact, sur ma gauche. Pour élargir la représentation des corps constitués, j'ai demandé qu'on invite pour la première fois des universitaires, les présidents des Conseils régionaux et les élèves d'une école de Courbevoie. Ce sont les derniers que j'aperçois. Partout où la jeunesse est présente elle met des taches de fleurs.

La cérémonie est finie. Je remercie le président Poher, dont l'intérim s'est achevé. Et nous repartons par le même chemin.

***

Je suis ressorti dans le parc pour aller passer en revue les soldats qui m'y attendent.

Ils appartiennent au deuxième escadron du 2e régiment de dragons, dans lequel j'ai servi pendant la campagne 1944-1945. J'ai demandé qu'on le fasse venir à l'Élysée parce que c'est à la fois mon seul et, si je puis dire, mon meilleur souvenir militaire. Or, pour moi, toute grande manifestation nationale doit nécessairement comporter une participation militaire.

En les regardant se mettre au garde-à-vous, eux si jeunes qu'on dirait des gamins, avec leurs visages roses et lisses, et leurs uniformes d'un drap plus épais que le coton américain des nôtres, je me souviens de deux ou trois images, printanières comme celle-ci : l'enivrante descente dans la plaine d'Alsace, piquetée d'arbres fruitiers en pleine floraison, l'arrivée à Constance, ville déserte et terrifiée, et qui s'est remplie tout à coup d'une foule soulagée de ne pas reconnaître en nous les démons africains que la radio lui avait décrits, la vallée de l'Inn, au Tyrol, avec les longs chemins de poussière blanche qui serpentaient entre les pâturages. Tout cela, c'était hier. Comment une telle durée a-t-elle pu se glisser entre hier et aujourd'hui ? Je ne veux pas compter les années !

L'escadron est déployé sur la pelouse, sur quatre rangs de profondeur. Je passe devant leur alignement, accompagné du colonel, sans trop me presser, pour montrer à ces soldats qui m'attendent qu'il ne s'agit pas d'une corvée à expédier. Je cherche à croiser leurs regards, afin de leur dire que ce sont eux — chacun d'eux, reconnu comme une personne distincte — qui participent avec moi à cette cérémonie. Salut à l'étendard, celui que sous l'Occupation on a transporté en sous-marin jusqu'en Algérie, où l'unité a été reconstituée à partir de contingents européens et musulmans, afin de préparer la libération du territoire. A l'extrémité de la rangée je prends congé du colonel et je traverse la terrasse pour regagner le salon.

J'entends dans le lointain la foule des invités qui quitte la salle des fêtes et qui s'écoule lentement en direction de l'entrée.

***

Le deuxième acte se passe dans la rue.

Il s'agit de remonter l'avenue des Champs-Élysées pour aller fleurir la tombe du soldat inconnu et ranimer la flamme sous l'Arc de Triomphe.

Je ferai le trajet à pied. J'ai suivi avec attention, tous les quatre ans, la cérémonie d'intronisation du président des États-Unis. C'est une solennité qui remplit Washington de festivités et de bals, et qui rassemble une foule considérable. En France, sous la IVe République, l'entrée en fonction d'un président était un événement secondaire, peu ou mal vécu. Je me souvenais avoir assisté, par curiosité, à l'arrivée à l'Étoile du président Vincent Auriol : les trottoirs des Champs-Élysées quasi déserts, la chaussée débarrassée des autos par la police, et le président de la République, dans une voiture découverte d'un vieux modèle, debout, en habit, adressant des saluts à une foule absente. Je ne voulais pas recommencer cela.

On pouvait à la rigueur le comprendre quand le président était élu par le parlement. Mais aujourd'hui où il est élu par le peuple tout entier, il faut célébrer — comme l'eût écrit Albert Camus — les « noces de la légitimité », par des solennités publiques et par des fêtes.

J'avais annoncé mon intention de remonter les Champs-Élysées à pied, à partir du carrefour George V jusqu'à l'Étoile.

Avant de quitter l'Élysée, Edgar Faure, qui devait m'accompagner comme président de l'Assemblée nationale, me prend à part :

« Vous savez, Valéry, — vous me permettez encore de vous appeler Valéry — je ne trouve pas bonne votre idée de marche à pied. Je crois que cela choque beaucoup de gens.

— On verra bien, monsieur le Président ; de toute façon, il est trop tard pour changer. »

Nos voitures passent le rond-point des Champs-Élysées. Au dernier étage d'un immeuble, assis dans son fauteuil d'invalide, l'oncle d'Anne-Aymone me fait un geste d'approbation.

Dans le bas des Champs-Élysées, un cordon continu de spectateurs. Ils applaudissent, et le roulement léger de leurs claquements de mains nous accompagne. Nous apercevons dans le lointain le carrefour George V. Y aura-t-il du monde ?

Oui, il y a du monde, beaucoup de monde. La perspective empêche de dénombrer la foule. Mais on la voit remplir les trottoirs, en grappes noires, jusqu'à la place de l'Étoile.

Nous descendons de voiture, et je vais saluer le drapeau de la garde républicaine.

Puis nous formons notre cortège. Poher, Edgar Faure, le Premier ministre, Pierre Messmer, et Galley, ministre des Armées, le général Maurin et, derrière, en serre-file, Anglès, le préfet de police Paolini, et Sauzay. A cause du monde, du bourdonnement des applaudissements qui couvre les éclats de la musique militaire, à cause du succès de l'idée, je me sens rempli d'une soudaine allégresse. Pas de trace de fatigue ou de raideur. Je suggère aux participants que nous n'avancions pas trop vite et que, si possible, nous coordonnions un peu notre démarche. Je pense que pour Messmer et Galley, anciens de la France libre, ce sera facile de marcher au pas.

Et nous partons. Il y a vraiment beaucoup de monde. Les rangs sont serrés, et les cris fusent de place en place, repris par les voisins. L'avenue est trop large pour que, marchant au milieu, nous puissions établir un contact avec la foule. Je fais des gestes de la main et du bras, tantôt d'un côté, tantôt de l'autre. Quand l'approbation est plus chaleureuse, avec des gens qui font le geste de nous tendre les bras, j'essaie de leur montrer que je les ai aperçus.

Les soldats sont alignés, séparés entre eux de quelques mètres. Ils présentent les armes à notre passage, et j'entends les commandements qui se relaient de loin en loin.

Place de l'Étoile, les trottoirs sont bourrés jusqu'aux grilles des hôtels des Maréchaux, des deux côtés de l'avenue. Ainsi, voilà réunies la solennité et la fête ! Nous traversons la place. Elle me paraît plus petite que lorsque je la parcours en voiture, mais plus bombée. Nous nous arrêtons sous l'Arc de Triomphe. Je dépose la gerbe sur le beau mémorial de bronze. Pendant la minute de silence, comme je le ferai chaque fois, je regarde les noms gravés sur les arches de pierre, ces noms curieux et insolites, connus et inconnus, autrichiens, prussiens et russes, ces noms de victoires passées qui me font penser à la table d'un atlas de l'héroïsme français.

Nous revenons sur la place. Les voitures nous ont rejoints. Je vois la foule, sur les trottoirs, qui commence à se disperser. Peut-être les gens sont-ils déçus que je les aie si peu approchés ?

Nous repartons par l'avenue de Friedland, complètement vide, comme si ses passants avaient été happés par les Champs-Élysées voisins. Puis voici Saint-Philippe du Roule et la rue du Faubourg-Saint-Honoré. J'ai une pensée pour l'emplacement situé devant le marchand de jouets, d'où nous avons vu passer, ma sœur et moi, alors âgés d'une dizaine d'années et muets de saisissement, une voiture noire, précédée par les hurlements des sirènes de la police, dans laquelle gisait un homme couleur de cire, renversé sur les coussins, et dont on nous a appris, quand nous sommes rentrés à la maison, que c'était Paul Doumer, le président de la République, qui venait d'être assassiné.

La voiture tourne pour entrer à l'Élysée. Le gravier de la cour crisse sous les pneus. Je retrouve dans l'antichambre mes invités du déjeuner. Nous passons dans le salon des Aides de Camp, où les boissons sont servies.

Edgar Faure est tout joyeux. Il m'interpelle :

« Eh bien, je reconnais que votre idée était bonne ! Je n'y avais pas cru. Il y avait beaucoup de monde, et les gens paraissaient contents. J'ai même entendu des petits groupes qui criaient "Vive Edgar Faure !" ».

Je me dis qu'il a décidément l'oreille fine.

***

Ce désir de m'épargner toute rupture trop brutale,

dans les habitudes et dans les personnes, je l'ai manifesté de la même façon dans l'installation matérielle.

Celle-ci se compose à l'Élysée de deux parties : la partie visible, où l'on reçoit et où l'on travaille, et celle de l'appartement privé.

Quand je suis revenu le lendemain matin pour visiter les locaux, l'Élysée était vide, complètement vide. Quelques huissiers et gardes républicains de sécurité dans l'antichambre du rez-de-chaussée. Des bureaux déserts, des placards ouverts aux rayons dégarnis. J'étais accompagné à nouveau de Philippe Sauzay. L'intendant Guy Hennequin nous montrait le chemin. Nous sommes montés au premier étage. Personne. Je me suis arrêté dans le « salon doré », qui a été le bureau du général de Gaulle, puis du président Pompidou ; je me souvenais intensément de leur présence à l'époque où je venais, chaque semaine, leur rendre compte de mes activités de ministre.

Ma décision a été instinctive et immédiate. Je ne m'installerai pas dans le bureau du général de Gaulle. C'eût été pour moi un acte sacrilège. J'appartiens à une culture en voie d'extinction : la culture admirative. Je me souvenais de l'impression si intense, réduisant à si peu de chose l'importance de ma propre présence, que m'avaient faite mes premières rencontres avec le général de Gaulle dans cette pièce. Il se levait pour m'accueillir, avec sa silhouette pachydermique, et son visage qui, malgré ma propre taille, me regardait de haut, davantage comme un objet appelant la curiosité que comme une personne justifiant l'intérêt.

Non, je me m'assoirai pas dans le fauteuil qui était celui de de Gaulle ! Il restera le sien pendant toute la durée de mon septennat. Nous continuons notre parcours.

Après avoir traversé une pièce sympathique, à la tenture bleue, où j'avais aperçu jadis, par la porte entrebâillée, qu'y travaillaient les secrétaires, nous sommes arrivés dans un salon d'angle éclairé par quatre fenêtres. Deux donnent sur la façade, en direction des Champs-Élysées, et deux sur le côté, vers une roseraie aux arceaux rouillés, dont je ferai plus tard un petit jardin, et qui servira aux interviews télévisées du 14 Juillet.

J'aime tout de suite cette pièce, large et ensoleillée. Mon choix est fait. C'est là que, pendant sept ans, sera mon bureau. Sauzay me fait remarquer que, pour venir me voir, mes visiteurs devront traverser mon secrétariat. Cela ne me choque pas. C'est aussi le cas chez les grands dirigeants auxquels j'ai rendu visite aux États-Unis, en Allemagne et en URSS.

Il reste à le meubler. On utilisera bien entendu les ressources de l'Élysée, notamment deux grandes toiles de Hubert Robert. Le canapé, la table basse et les trois fauteuils, disposés dans l'angle des fenêtres, où je recevrai mes visiteurs, viendront des réserves du Mobilier national. Mais le bureau lui-même, celui sur lequel j'écrirai, et où seront disposés les quatre ou cinq objets de la vie familière, sera mon bureau du ministère des Finances.

C'est un superbe travail d'ébéniste, signé de Riesener. Au ministère, il n'était pas utilisé par mes prédécesseurs et sommeillait dans le grand salon Napoléon III, où il avait échoué par une mystérieuse affectation administrative. Je l'avais repéré, puis fait nettoyer et restaurer par les remarquables artisans qui travaillaient dans les combles du Louvre. Je l'avais ensuite utilisé et j'en avais pris l'habitude.

Il me suivra à l'Élysée, de même qu'un meuble d'appui, en bois fruitier clair, lui aussi arrivé au ministère des Finances, sans doute en provenance du palais des Tuileries après son incendie pendant la Commune, et qui devait servir jadis d'écritoire pour signer debout. Je l'installerai entre les deux fenêtres de la façade, et je poserai sur son lutrin le livre des photos de la présidence de John Kennedy avec son profil sur la couverture, que m'a donné sa sœur Eunice. Il y restera pour la durée de mon séjour.

Le décor est dressé, presque familier. Notre curieuse caravane continue à serpenter dans ce palais désert. Soudain, à cause du ciel allègre du printemps et du vert acide de la longue pelouse, entrevus par les hautes fenêtres, à cause de l'ardeur devant le travail passionnant, nouveau, illimité, qui m'attend, je ressens un frisson impatient de bonheur.

Le secrétariat s'installera dans la pièce à côté. Le bureau du général de Gaulle restera vide, et ne sera utilisé que pour recevoir des hôtes étrangers, ainsi que les ambassadeurs lorsqu'ils viendront présenter leurs lettres de créance. Quant au secrétaire général et à son adjoint, ils s'installeront respectivement dans les deux bureaux de la façade, situés à l'autre extrémité du bâtiment.

Et je repars, avec mon petit cortège, en direction de l'appartement privé.

***

Je n'y ai jusqu'ici pénétré qu'une seule fois. Lorsque le président Pompidou faisait réaménager la salle à manger du rez-de-chaussée et qu'elle était rendue indisponible, il nous avait invités, Anne-Aymone et moi, à un dîner qui réunissait quelques-uns de ses amis personnels. Il avait été servi dans le salon de l'appartement, sur de petites tables. Je me souvenais d'un long couloir pour y accéder, et d'une pièce où s'étalait un grand canapé de velours marron, dans une alcôve aux boiseries fatiguées.

Effectivement, nous traversons d'abord une antichambre, desservie par un escalier de côté, dont la porte reste constamment fermée. En face, une autre porte, celle du couloir de l'appartement. C'est cette porte que le général de Gaulle franchissait et refermait chaque soir, à 8 heures, en interdisant qu'on le dérange, pour dîner tranquillement et regarder la télévision en compagnie de madame de Gaulle.

Les murs du couloir sont tendus de tissu rouge, et décorés de peintures de Hartung. Sur la gauche, deux chambres. Sur la droite, une grande chambre, donnant sur le côté jardin, et une salle de bains. Au bout du couloir, à gauche, une autre salle de bains, recouverte de carreaux vert vif, style *Art nouveau* d'après-guerre, héritage sans doute de Vincent Auriol. Elle garde les traces des soins qu'on donnait au président Pompidou : un lit de massage, quelques appareils d'urgence, des flacons pharmaceutiques. Je détourne la tête et demande à Hennequin de laisser cette pièce fermée.

Au bout du couloir, on tourne à droite, et je retrouve le salon où nous avions été reçus. Il donne d'un côté sur la rue de l'Élysée, dont on aperçoit les façades à très courte distance, et de l'autre sur la roseraie, en face des fenêtres de mon bureau. Puis encore une autre pièce, à fonction imprécise. Elle deviendra la bibliothèque de l'appartement, là où je viendrai travailler quand j'aurai besoin d'être seul.

Enfin, tout au bout du bâtiment, une dernière chambre, avec sa salle de bains. Elle a servi successivement de chambre à coucher au général de Gaulle et au président Pompidou. Elle est calme. Une de ses fenêtres donne sur les arbres du jardin. Quand elle est ouverte, on peut presque en toucher les branches. La vue prend en enfilade la rue de l'Élysée, au bout de laquelle les autos défilent, le long de l'avenue Gabriel. C'est ici que j'habiterai.

Je demande qu'on y installe les meubles auxquels je tiens le plus, mon cocon d'acajou et de bois peint : mon lit du ministère des Finances ; un secrétaire sur les rayons duquel je range les volumes des *Contes* de Maupassant en Livre de Poche, *L'Éducation sentimentale*, et les romans de Tolstoï ; un superbe bureau exécuté pour le château de Choisy-le-Roi, et dont un de mes amis, fouineur et expert, avait réussi à reconstituer l'identité sous les mutilations successives. Le Mobilier national y ajoutera un fauteuil, un tabouret et une commode. Et dans le passage, des rayonnages pour ranger les chemises. Dans la salle de bains voisine, un placard pour les vêtements et les chaussures. Me voilà installé.

Pendant les années suivantes, j'apporterai quelques améliorations. Un portrait représentant un enfant, semblable à Mozart lorsque celui-ci est venu donner ses concerts à Paris, et que le Louvre avait tiré de ses réserves pour l'envoyer à Rambouillet, sera accroché au salon. J'installerai dans la bibliothèque ma stéréo et mes disques.

Mais le fond restera le même. Plutôt qu'une installation, c'est un déménagement ! J'essaie de prolonger ainsi à l'Élysée le souvenir des années heureuses passées rue de Rivoli. L'environnement des meubles familiers, dans leur vernis couleur de miel et le doux scintillement de leurs bronzes, en réveillant ma nostalgie, viendra démentir tous les calculs qui m'ont souvent été prêtés : ceux d'une démarche préméditée, préparée de loin, prête à tout broyer sur son passage, en direction de la présidence de la République.

Non, je me sentais plus heureux auparavant, dans le mélange unique de liberté individuelle et de compétence professionnelle que représentait pour moi le poste de ministre des Finances, à un âge, la quarantaine, où tout vous paraît possible, et où la vie bruisse de désirs et de projets !

La tournée est terminée. Je descends par l'escalier de service, et traverse en sens contraire les salons modernes du rez-de-chaussée, décorés à l'initiative du président et de Claude Pompidou. Je passe devant le studio de Méditation d'Agam, fait de rayures colorées, horizontales et diagonales, qui se composent et se décomposent selon l'angle du regard.

Je me retrouve dans l'entrée. Je prends congé de Philippe Sauzay et d'Hennequin. Un journaliste esseulé erre sur le gravier de la cour. Tout est maintenant prêt pour le travail.

III

CERTAINS VISAGES

Une question m'est souvent posée : quelle est l'importance des relations personnelles entre les dirigeants des États ? Facilitent-elles la solution des problèmes, et permettent-elles parfois d'éviter les crises ?

J'entends aussi s'exprimer la crainte inverse : est-ce qu'en donnant trop d'importance aux relations personnelles, on ne fait pas passer ses propres impressions ou ses préférences avant la considération des intérêts dont on a la charge ? N'accepte-t-on pas trop facilement des compromis pour faire plaisir à tel ou tel de ses interlocuteurs ?

La vie politique, comme la vie tout court, est faite de rencontres. Elle est peuplée de visages, tantôt sympathiques, tantôt déplaisants, parfois chaleureux, parfois répugnants.

Je ne répondrai pas directement à cette question. Mais beaucoup des visages que j'ai croisés et observés, pendant la durée de ma présidence, sont présents dans ma mémoire.

Chacun d'eux détient un élément de la réponse.

LE SHAH D'IRAN

Mon premier invité fut le shah d'Iran.

L'invitation ne venait pas de moi. Elle lui avait été adressée par le président Pompidou.

Leurs rapports avaient été difficiles. Le président Pompidou avait refusé de se rendre aux fêtes de Persépolis que le shah avait organisées, au mois d'octobre 1971, pour célébrer le deux mille cinq centième anniversaire de l'empire perse, par une assimilation audacieuse entre sa propre dynastie, fondée par son père, et celle des Achéménides. Le président avait laissé percer dans des conversations privées les motifs de son refus, qui tenait au caractère de ces festivités qu'il jugeait futiles et déplacées.

Il s'était fait représenter par le Premier ministre, Jacques Chaban-Delmas, alors que le shah comptait sur la présence de chefs d'État. Celui-ci attachait en effet beaucoup d'importance à cette commémoration, dont il voulait faire le point culminant de son règne.

Il avait donné une large priorité aux décorateurs et aux fournisseurs français qui avaient aménagé les tentes de Persépolis. Aussi avait-il été blessé par le refus du président Pompidou.

C'était un homme entier, au caractère intransigeant, susceptible pour tout ce qui touchait à son rang et à celui de son pays. Bien qu'il fût de culture française, et que les relations politiques des deux pays n'aient rencontré aucune difficulté, la normalisation des rapports avait été compliquée. La récente invitation du président Pompidou et l'acceptation du shah marquaient le terme de leur réconciliation.

Dès mon élection la question me fut posée par le chef du protocole, Jean-Paul Anglès.

Est-ce que je maintenais l'invitation prévue pour la fin juin, dans moins de six semaines, ce qui rendrait difficile la préparation des manifestations, ou est-ce que je préférais la renvoyer à plus tard ?

Me souvenant du contexte récent des relations franco-iraniennes, j'ai répondu qu'il fallait maintenir l'invitation à Paris et la confirmer.

La réponse du shah a été rapide. Il viendrait avec plaisir. J'ai su par la suite qu'il s'était attendu à une demande de renvoi, et qu'il avait été sensible au maintien de la date initiale.

J'étais heureux de l'accueillir, car cela réveillait pour moi un souvenir.

***

Pendant l'hiver 1944-1945, la Première Armée française reconstituait ses forces avant l'offensive de printemps au-delà du Rhin.

Les opérations étaient pratiquement arrêtées depuis le mois de décembre où le mauvais temps, la neige et la résistance acharnée des unités allemandes avaient empêché la reconquête complète de l'Alsace. Il subsistait la « poche de Colmar », le long du Rhin, où elles étaient retranchées.

En attendant la venue des beaux jours, le général de Lattre de Tassigny réorganisait son armée. Il avait imaginé d'en regrouper les jeunes cadres dans les bâtiments d'un asile psychiatrique, à Rouffach, au sud de Colmar. Là, toutes unités confondues, on nous faisait pratiquer un entraînement accéléré qui allait du maniement d'armes à l'entraînement au combat. Les plus anciens grognaient devant le goût de la parade et le retour aux disciplines élémentaires. Les plus jeunes, dont j'étais, s'en amusaient, tout en ironisant sur les innovations dont de Lattre était friand. Telles les trois cadences du maniement d'armes : normale, lente et très lente. Pour la cadence très lente, on ne faisait un geste que tous les trois temps, pendant que les instructeurs s'égosillaient : « Présenteeeez armes ! u-u-un ! deu-eu-eux ! troi-oi-ois ! »

En dépit de l'originalité de l'exercice, effectué à quinze kilomètres des positions allemandes, il avait grande allure le soir, lorsque nous accueillions à la lumière des phares un général américain, qu'accompagnait de Lattre, les yeux brillants, appuyé sur sa canne brune.

L'après-midi servait à l'instruction. Certains exercices se faisaient « à balles réelles ». Nous devions avancer le long des murs des maisons d'un petit village dévasté, pendant qu'une mitrailleuse tirait dans l'axe de la rue, pour nous habituer au ronronnement sifflant et tiède des projectiles.

J'ai été convoqué un matin chez mon commandant de compagnie.

« Le roi d'Iran, me dit-il, vient assister à notre entraînement. Vous avez été désigné pour l'accompagner. »

Le roi d'Iran, qui est-ce ? Je voyais revenir dans ma mémoire des images confuses de guerriers barbus et frisés, aux longs bonnets, aperçus de profil dans les salles du Louvre, et la photo récente de la rencontre de Téhéran, où le président Roosevelt portait une cape noire fermée par une chaîne devant le cou et un bonnet d'astrakan, et où Staline était coiffé d'une casquette militaire plate, ceinturée d'une bande rouge.

Je l'ai vu arriver, l'après-midi, avec sa suite. Un tout jeune homme, aux membres fins, au teint mat, avec des traits réguliers, les tempes resserrées et un nez un peu disproportionné pesant sur le bas du visage, des sourcils épais et noirs, des yeux étrangement doux. Il était accompagné d'un aide de camp, d'allure britannique, et d'officiers supérieurs français, dont je dénombrais mal les « ficelles ».

Mon rôle était modeste. Je me contentais de suivre le cortège. L'après-midi, nous nous sommes rendus dans le village des exercices de tir. Une voiture de commandement découverte avait été préparée pour le shah.

On me donne un ordre :

« Montez à côté du roi pour lui expliquer la manœuvre. »

Je grimpe et je m'assieds. Nous partons nous installer à l'entrée de la petite rue. Je regarde le profil du shah, tranquille et appliqué. La mitrailleuse est installée, avec ses servants. Les soldats attendent, regroupés de chaque côté, en treillis de combat. La mitrailleuse commence à crépiter. Les soldats avancent en file, le dos courbé, en se coulant le long des murs. Quand ils arrivent au bout de la rue, ils doivent être à une distance de deux ou trois mètres de la trajectoire des balles. Il n'y a pas de danger.

Le shah se tourne vers moi :

« Vous aussi, vous avez fait cela ? »

Je lui réponds :

« Oui, Sire. »

Je n'ai pas encore entendu parler de Léon Zitrone, mais le mot « sire » me paraît adapté à la circonstance.

« Avez-vous eu peur ? »

Il a la voix bien articulée, sans trace d'accent. Juste une lenteur, qui marque un rythme différent, comme une chanson sans tonalité.

« Oui, la première fois. Non, ensuite. »

C'est vrai, la première fois, j'avais eu peur. Le matin, avant l'exercice, une appréhension, à cause de l'expression « balles réelles ». La deuxième fois, c'était déjà une habitude, plutôt excitante, en raison de la domination prise sur soi. Mais est-ce que je ne craquerai pas le jour où on me tirera vraiment dessus, d'en face ? Est-ce que je ne me coucherai pas dans le premier fossé venu, en grattant le sol de mes ongles pour essayer de m'enterrer ?

Notre conversation s'est poursuivie. Je lui ai décrit les phases successives de l'entraînement. Il m'a écouté avec attention. Était-ce seulement par politesse, car je sentais chez lui un certain détachement ? Je croisais ses yeux sans les fixer, à cause de la différence de rang entre nous. Son regard m'a paru blessé et intérieur. Tel que je le retrouverai en d'autres circonstances, si différent de l'image que l'opinion s'est forgée de lui et de sa fonction.

Il est parti le lendemain et m'a remercié parmi les autres.

Je l'ai revu seize ans plus tard, quand il est venu voir le général de Gaulle, et que je lui ai rendu visite pour un entretien sur les relations économiques franco-iraniennes. Avait-il gardé réellement un souvenir de son passage en Alsace ou était-il seulement bien informé par ses collaborateurs ? Toujours est-il qu'il a fait une allusion devant moi à cette rencontre, et que chaque fois, depuis, il me l'a rappelée.

***

L'accueil des souverains iraniens par la France fut éclatant.

Il y avait dans l'air, à cause de la saison, à cause de la nouveauté, comme une rumeur de fête. Les Français adorent les changements de régime et les changements de personnes. Ils ont un préjugé favorable pour ce qui commence et qu'ils ne connaissent pas encore. Ainsi en allait-il de ma présidence. Beaucoup d'entre eux aussi étaient soulagés d'avoir échappé, malgré les pronostics défavorables, aux menaces et aux rigueurs du Programme commun.

***

Pendant la durée de mon septennat l'arrivée des visiteurs étrangers se déroulait suivant un rituel quasi immuable. Accueil à Orly, puis trajet en hélicoptère jusqu'aux Invalides. Il n'est guère possible de converser à cause du bruit. Je montre du doigt, par le hublot, les halles de Rungis puis les quartiers de la banlieue sud que les constructions nouvelles hachurent de bâtiments blancs, et la Seine, près des usines Renault, au-dessus de laquelle l'hélicoptère s'incline et tourne, pour descendre en glissade vers l'esplanade des Invalides.

Nous passons à hauteur du deuxième étage de la tour Eiffel où des touristes agitent leurs mouchoirs, puis nous nous posons, dans un tourbillon de poussière qui fait voler les képis des officiers de police, sur le macadam du parvis, devant les grilles. Le ballet des voitures officielles emprunte l'esplanade des Invalides. Le trajet est court jusqu'à l'Élysée. J'aperçois devant moi les larges croupes des chevaux de la garde républicaine, avec leur poil brossé en damier, et, de temps à autre, un jaillissement de crottin.

L'installation a lieu à l'hôtel Marigny. C'est une belle demeure que le président Pompidou a eu l'heureuse idée de faire acheter par l'État à Alain de Rothschild pour y installer les invités officiels de la France. Jusque-là ceux-ci étaient logés au Quai d'Orsay, ce qui entraînait des allées et venues incessantes de cortèges officiels, génératrices d'embouteillages irritants et impopulaires. A Marigny il n'y a que l'avenue à traverser pour se rendre à l'Élysée. L'hôtel a été confortablement aménagé par le Mobilier national dans le goût des anciens propriétaires, moins, il est vrai, leurs magnifiques collections.

L'arrivée se déroule un peu dans une atmosphère

d'hôtel : des personnages affairés passent dans les coulisses, et on entend remuer des bagages. Sur la table du grand salon sont disposés les décorations et les présents officiels.

On gagne la pièce voisine où le thé est servi. En m'asseyant, je sens gémir les sangles du canapé. Au-dessus des portes, il y a des panneaux dont on m'a dit qu'ils avaient été peints par le professeur de dessin d'une demoiselle Rothschild. Une jeune Diane, assise après la chasse, avec des sandales athéniennes dont les courroies se croisent sur les chevilles et remontent sur les jambes, attend qu'une servante lui retire ses vêtements.

Le premier entretien, prévu pour durer une heure, est généralement languissant. Nos épouses se retirent. Nous définissons les principaux sujets qui seront traités au cours du séjour et nous commentons le déroulement du programme. Le tête-à-tête, surtout lorsqu'il n'y a pas d'interprète, permet néanmoins de détendre le ton. A la fin, au moment de se quitter, les choses paraissent soudain plus naturelles, et le souffle passe d'un léger bien-être.

***

Au moment de la visite du shah d'Iran, les aménagements de l'hôtel Marigny n'étaient pas encore achevés. Aussi décidai-je qu'ils seraient, lui et la shabanou, installés à Trianon.

Nous sommes allés les attendre à Orly, puis l'hélicoptère nous a transportés dans la cour d'entrée du Trianon. Le survol de Versailles était superbe. La lumière de la Saint-Jean donnait un relief extraordinairement détaillé aux moulures des façades, et les arbres portaient des couronnes compactes de feuilles d'un vert intense.

Nous avons procédé à l'échange rituel des décorations

et des cadeaux. Pour le shah, deux vases de la manufacture de Sèvres, et, pour la shabanou, un paravent décoré par Bernard Buffet. Leurs enfants recevaient des jeux, des livres en français et un globe terrestre. Le shah m'avait apporté des bronzes du Louristan et, à Anne-Aymone, des dessins de fleurs. Après le thé rituel, nous nous séparons.

Nous nous retrouverons pour le dîner.

***

J'avais préparé avec soin la réception à Versailles. Je gardais le souvenir de celle que le général de Gaulle avait donnée en l'honneur du jeune couple Kennedy. La rencontre entre l'homme d'État à dimension historique, éléphantesque, et l'éclat juvénile du président américain, avec son teint bronzé, son sourire ouvert sur des dents étincelantes faites pour le flash des photographes, était impressionnante pour tous les invités qui avaient le sentiment d'être les témoins d'un signe rare fait par le destin.

Quand le général de Gaulle avait traversé la galerie des Glaces pour gagner sa place à table, avec Jacqueline Kennedy à son bras, un murmure les avait accompagnés, comme pour une représentation exceptionnelle dont on sait que les acteurs ne la joueront qu'une seule fois.

Il n'était pas question de reproduire cette scène. Mais mon rêve était d'offrir l'image d'une France brillante, moderne, réconciliée avec elle-même, c'est-à-dire fière de son long passé, sans que celui-ci soit confisqué par personne, au profit de quiconque ou de quelque parti.

Les listes d'invités avaient été faites en oubliant au mieux les classifications partisanes. Peu d'hommes politiques, en dehors de ceux que leurs fonctions désignaient, mais des représentants de la vie culturelle, peintres et écrivains, des chefs d'entreprises, des académiciens, des universitaires. Ils défilaient devant nous, au premier étage, pour la présentation traditionnelle. Je les voyais tourner sur le seuil de la porte après que l'huissier, M. Fürling, les eut annoncés. Je ressentais leur timidité et leur plaisir. Soudain, en passant devant les fenêtres, ils paraissaient rajeunir, comme si la splendeur calme de l'endroit détendait leurs muscles et adoucissait leurs rides.

Le dîner fut servi dans la galerie des Glaces. Le musée de Malmaison avait prêté le surtout de table en « grand vermeil » que la ville de Paris avait commandé à l'orfèvre Henri Auguste pour l'offrir à Napoléon à l'occasion de son sacre. Nous étions placés face au jardin, dans l'axe du Grand Canal. Comme c'était un des jours les plus longs de l'année, la lumière était encore éclatante et le soleil, à l'ouest, achevait sa descente sur les têtes serrées des arbres du parc.

Un feu d'artifice était prévu. Il devait être tiré du bassin d'Apollon, au bout du parterre, là où, d'habitude, entre le public. J'avais été choqué par l'idée de ce feu d'artifice réservé aux seuls invités de la soirée, et j'avais demandé si le public pouvait être admis dans le parc. On m'avait répondu par la négative, pour des raisons de sécurité. J'avais tenu bon. Je voulais que cette fête soit accessible à tous. J'imaginais les haussements d'épaules des responsables devant cette fantaisie inutile : « Mais enfin, si le président de la République insiste... » Et les Versaillais avaient pu entrer.

Quand les premières fusées furent tirées, à notre retour de la représentation au Petit Théâtre, nous nous sommes rapprochés des fenêtres qui ont été ouvertes. En entendant les clameurs de plaisir qui accompagnaient l'ascension des soleils de couleur et leur retombée en pluie d'étoiles, j'avais le sentiment d'une fête enfin partagée, et je goûtais un moment de bonheur rare.

***

Le lendemain j'ai emmené le shah d'Iran visiter le Centre d'études nucléaires de Saclay. Je savais qu'il était intéressé par l'achat de centrales électronucléaires. Bien que son pays ruisselât de pétrole, il imaginait le moment où cette manne s'épuiserait et où il faudrait la remplacer par une autre source d'énergie.

Nous avons revêtu la blouse blanche des visiteurs et épinglé le petit compteur sensible aux radiations. J'étais conscient de ce que le milieu des chercheurs et des travailleurs de Saclay n'était pas politiquement favorable au régime du shah. Mais la curiosité les rassemblait en petits groupes au pied des installations. Peut-être aussi étaient-ils flattés que l'importance de leur travail soit reconnue.

L'administrateur général, André Giraud, conduisait la visite. Ses explications étaient précises et faciles à suivre. Nous avons regardé les cœurs nucléaires, enfoncés dans leurs cylindres de protection, à l'abri des parois de verre. Mes souvenirs de Polytechnique me donnaient un arrière-fond de compétence. J'étais frappé de voir combien les problèmes technologiques — les matériaux, les températures, les instruments de contrôle — prenaient le pas sur les données scientifiques.

Le shah écoutait les explications, posait de rares questions. Il gardait son attitude méditative et absorbée. Je l'ai raccompagné à l'hélicoptère qui devait le reconduire à Trianon, en compagnie du ministre de l'Industrie, Michel d'Ornano.

En me quittant, il m'a dit :

« Nous aurons besoin de plusieurs centrales. Je ferai appel à différents pays. Mais je suis impressionné par la technique française. Et surtout vous êtes indépendants. Il faudra me garantir les approvisionnements. Mais je suis prêt à prendre une part dans votre usine d'enrichissement. Mon intention serait que le plus grand nombre de nos centrales nous soit fourni par la France. A mon retour à Téhéran, je donnerai des ordres pour faire avancer la négociation. »

***

Pendant l'hiver 1975 j'ai appris que le shah effectuait son séjour habituel dans sa villa de Saint-Moritz et qu'il s'attendait à ce que nous nous rencontrions. C'était à mon tour de faire le voyage.

J'avais décidé que nous maintiendrions notre habitude de passer en famille une semaine de sports d'hiver en février à Courchevel, dans le chalet qu'y possédait ma mère. C'était le moment que le shah suggérait pour ma visite. Nous prendrions donc un hélicoptère pour faire, d'une Alpe à l'autre, l'aller et retour dans la journée du lundi 17 février.

Quelques curieux assistent au départ du terrain de Courchevel. Nous piquons directement sur la Suisse. En arrivant sur la vallée du Rhône le spectacle est magnifique : d'un côté le Cervin et le mont Rose ; de l'autre, les Alpes bernoises avec le rocher glacé de la Jungfrau. Le temps est éclatant. Je n'avais jamais compris jusque-là à quel point la Suisse est un refuge de haute montagne.

Me souvenant de l'usage selon lequel on adresse un message de courtoisie au chef de l'État du pays que l'on survole, je rédige quelques amabilités que je confie à mon aide de camp, pour qu'il les transmette par radio. J'adresse mon texte à M. Nello Celio, président de la Confédération helvétique. Je me souvenais de lui parce qu'il avait été mon collègue comme ministre des Finances. J'ai appris à mon retour que ce message insignifiant avait déclenché l'ironie amusée de la presse helvétique, car M. Nello Celio avait quitté sa fonction deux ans auparavant. Gaffe malheureuse. Mais l'intention restait louable !

Nous arrivons sur la haute Engadine. Nous devons nous poser à l'aéroport de Saint-Moritz, situé quelques kilomètres à l'est de la ville. Nous amorçons la descente entre deux falaises montagneuses. Le shah nous attend sur le terrain. Il prend le volant de sa Mercedes. Je m'assieds à côté de lui. Anne-Aymone nous suit dans une autre voiture. Autour du terrain d'aviation, des skieurs de fond, coiffés de bonnets à pompon, parcourent une piste avec de longs mouvements étirés.

Nous traversons la petite ville, indifférente à notre cortège, et nous prenons un chemin qui grimpe derrière l'hôtel Suvretta. Quelques policiers suisses gardent l'entrée de la villa, située dans un tournant de la route. Nous descendons de voiture. Des gardes du corps nous entourent. Cette enclave iranienne est une maison bourgeoise, en pierres grises, avec un relent d'architecture germanique. La shabanou nous attend sur le seuil. Je suis impressionné par son naturel extraordinairement souriant, comme si elle avait rejeté toutes les haines et toutes les adversités. Nous déjeunons tous les quatre. Puis le shah me conduit dans son bureau, pour notre entretien. C'est une pièce en longueur, avec des boiseries faites à la machine, semblables à celles qui ornent les villas des barons de la Ruhr.

Depuis sa visite en France la situation économique s'est dégradée dans le monde. Or le shah reste partisan d'augmenter le prix du pétrole et fait soutenir cette thèse par ses représentants dans les réunions de l'OPEP. Je le mets en garde :

« Le prix du pétrole est déjà trop élevé. Il provoque une crise dans tous les pays industriels. Ces pays sont vos partenaires, et certains vos alliés. Une correction était nécessaire, et je ne le conteste pas. Mais on me dit que vous souhaitez aller encore plus loin. La crise créera des secousses politiques dans nos pays. Est-ce l'intérêt véritable de l'Iran ?

— On nous a volé nos ressources pendant des années, en nous achetant notre pétrole pour presque rien. Nous avons pu renverser cette situation. Ce n'est que justice. Mais si vous regardez le prix du pétrole sur une longue période et si vous le comparez au taux d'inflation, vous verrez que vous payez encore votre pétrole moins cher qu'en 1960. »

Et il se lance dans une analyse chiffrée. Je lui réponds :

« C'est possible, mais le rattrapage s'est fait en une seule fois. Cela déséquilibre la balance des échanges des pays importateurs et cela accumule chez vous des ressources qui déclencheront l'inflation.

— Nous avons besoin de cet argent. Notre plus longue frontière est avec l'Union soviétique. Je ne peux compter sur personne pour assurer notre défense. Les Américains me disent bien qu'ils viendront à notre secours. Mais je ne crois pas qu'ils risqueront la guerre atomique pour nous. Je veux faire de l'Iran la troisième puissance militaire du monde. »

J'ai peine à croire ce que j'ai entendu. Son visage s'est crispé. Il poursuit sa démonstration.

« Cela a l'air de vous étonner. Mais l'Iran peut devenir la troisième puissance militaire du monde ! Nous achetons les meilleurs avions américains — il m'énumère les numéros des modèles — très supérieurs aux soviétiques.

Pour l'armée de terre nous achèterons nos chars et notre artillerie là où ils sont les meilleurs. Je suis prêt à en acheter chez vous. Et puis il nous faut de l'argent pour notre industrie. Vous connaissez notre programme : l'industrie pétrolière, évidemment, mais aussi les engrais, la sidérurgie, et l'industrie nucléaire pour prendre la suite du pétrole. »

L'irritation me gagne. Je me souviens des montagnes pelées par le soleil qui entourent Téhéran, des boutiques d'une seule pièce, ouvertes sur des rues sans trottoirs, de la foule bigarrée et rurale, avec ses turbans, ses houppelandes rayées et ses jeunes en jeans, qui regardent passer le temps. La crise de nos pays lui est indifférente. Il est plongé dans son rêve de puissance militaire et sa chimère d'industrialisation forcenée.

J'explose :

« Mais, Sire, vous êtes en train de fabriquer une révolution ! L'Iran est encore un pays à prédominance rurale. Il est impossible de faire passer sa population, en une seule génération, de sa condition paysanne à celle d'ouvriers spécialisés de l'industrie ou de sous-officiers d'une armée sophistiquée. Il y faut du temps, au moins deux ou trois générations. Si vous essayez de précipiter le mouvement, vous fabriquerez une révolution ! »

J'ai employé deux fois la même expression de « révolution ». Il est choqué. Par le mot lui-même et par la violence potentielle qu'il contient, mais aussi par mon attitude. Qu'est-ce donc que ce visiteur d'un pays ami, moins expérimenté que lui, qui vient juger son action, sans mesurer les efforts qu'il a dû accomplir pour reprendre le pouvoir après Mossadegh, pour lutter contre les grands féodaux, contre le fanatisme religieux ? Je devine son combat intérieur, entre l'hostilité et l'acceptation de la critique qu'il reçoit comme insolente et injuste.

Quelque chose se déclenche en lui. Il me parle plus doucement.

« Mon problème, c'est que je n'ai pas le temps. Je ne resterai plus longtemps au pouvoir. Mon intention est de partir dans sept ou huit ans. J'aurai largement dépassé soixante ans. Je préférerais partir plus tôt, mais mon fils est encore trop jeune. J'attendrai qu'il soit prêt. Mais je veux que l'essentiel ait été réalisé avant qu'il accède au pouvoir. Il aura beaucoup de difficultés au début. C'est à moi de réaliser la transformation de l'Iran. Je suis décidé à le faire. »

Il n'y a pas grand-chose à ajouter. Je comprends sa lutte contre le temps, mais l'évolution d'un peuple ne se soumet pas aux exigences d'un calendrier individuel. Ce qu'il veut faire est irréalisable. Et dans le ton, dans l'atmosphère, la dangereuse irréalité a déjà pris le pas sur le réel.

J'y penserai en fin d'après-midi, au long du trajet de retour, pendant que nous survolons les mêmes Alpes à rebrousse-crête, et que le soir fait couler dans les vallées creuses des ombres qui s'épaississent.

***

Nous nous sommes rendus en visite officielle à Téhéran en octobre 1976. Le shah et la shabanou sont venus nous attendre à l'aéroport. Nous en sommes repartis dans des carrosses dorés, tirés par quatre chevaux blancs, en direction de la capitale.

L'accueil a eu lieu avant l'entrée de la ville. Une petite foule nous attendait : des enfants habillés en scouts, des notables, des curieux soigneusement triés sans doute, et le maire de Téhéran. On avait déployé les tapis rouges, la musique exécutait des hymnes. Après cinq heures d'avion, cela m'a paru sympathique, mais le soir, dans notre palais du centre de la ville, Anne-Aymone m'a fait remarquer combien c'était artificiel : « C'était un décor, et des figurants. J'ai trouvé cela sinistre. La population n'était pas là. »

Nous avons accompli la plupart de nos trajets en hélicoptère, entre notre résidence et la colline du nord de la ville où résidait le shah. Au début j'y ai vu une preuve de modernité. Puis j'ai compris que, pour des raisons de sécurité, le shah ne traversait plus la capitale en voiture, et qu'on m'imposait la même règle.

Pendant le déjeuner que m'a offert le Premier ministre Hoveida, au Palais de Marbre rose, je me serais cru transporté, en raison de l'ambiance qui y régnait, à Montparnasse, près de la *Coupole*. C'est un homme politique de tempérament radical, enjoué et légèrement cynique, avec un esprit vif et gouailleur et un désir visible de faire évoluer le pays. Je sens chez lui une grande loyauté pour le shah. S'il y a une situation politique à gérer, il est l'homme de cette situation. Mais cette situation politique existe-t-elle encore, devant les tensions qui montent et les forces antagonistes qui s'organisent dans le pays : l'armée et le clergé fanatique ? Je lui parle des abus de la police politique. Il me répond, comme le font tous les Créon du monde :

« Je m'efforce de contenir ces abus. Il y en a beaucoup moins qu'on ne le raconte. Mais il faut aussi comprendre les réactions de la police. Il y a des attentats, où certains de leurs camarades sont tués, et des représailles contre des membres de leurs familles. Ils réagissent violemment. C'est compréhensible.

— Mais nous avons aussi des informations concernant des tortures. Des interrogatoires accompagnés de tortures.

— J'ai fait faire une enquête à ce sujet, car je lis les

articles dans la presse. Je lis tous les jours les journaux français, du *Figaro* au *Monde* ! On en a trouvé très peu d'exemples. J'ai déjà pris des sanctions. En tout cas, ce sont des situations isolées. Ce n'est jamais systématique. »

Il est sûrement sincère, de la sincérité politique. C'est-à-dire qu'au moment où il s'exprime, il croit ce qu'il dit. D'où vient le scepticisme que je ressens ? Des souvenirs laissés par l'Occupation, où personne n'entendait parler des tortures perpétrées dans l'immeuble d'à côté ? Des conversations que j'imagine avec le chef de la police politique, venu décrire une menace imminente, que l'on écoute sans lui donner d'ordre précis ?

Nous parlons des chances d'ouverture politique. Il est optimiste. Il veut les saisir. Il pense pouvoir organiser des élections, en commençant par des élections locales. Nous nous sommes installés dans le jardin, pour le café, sous des arbres au tronc lisse, sans doute des platanes, et dont les feuilles restent immobiles par absence d'un souffle de vent.

C'est un déjeuner d'hommes. Il y a là une vingtaine de personnes : plusieurs ministres et les conseillers du Premier ministre. Tout le monde parle français, presque sans accent, avec un léger roulement des « r ». Chacun des présents est passé par Paris — le Plaza-Athénée ou le George V — dans les deux mois précédents. On analyse les problèmes calmement, avec une recherche d'objectivité. Mais où se trouve le véritable Iran, les yeux cernés de noir sous les voiles ? les chiens, la queue en trompette, qui farfouillent sous les tas de cailloux ? les échoppes aux enseignes arabes délavées par le soleil ? Et pourquoi ne peut-on pas traverser la ville autrement qu'en hélicoptère ?

⁂

Le jour de notre départ pour la France, le jeudi 7 octobre, nous dînons au palais du shah.

Lorsqu'il était venu en France, nous avions voulu marquer, par un geste, que nous souhaitions aller dans nos relations au-delà des seules manifestations protocolaires. Et, après la fin du voyage officiel, nous avions organisé un déjeuner à quatre, avec Anne-Aymone et la shabanou, sans honneurs et sans apparat, dans une petite pièce de l'aile de Trianon qu'on appelle Trianon-sous-Bois. Nous avions évité les sujets politiques pour parler de nos voyages en préparation, de projets personnels, des études des enfants.

Sans doute par réciprocité, le shah et l'impératrice — car son titre vient d'être modifié — nous reçoivent seuls, avec nos deux filles et leurs quatre enfants.

Le palais est situé sur une hauteur. La vue est belle vers la ville, étalée dans le lointain. Au premier plan, à droite, un groupe de bâtiments en hauteur, genre buildings, et des hôtels internationaux. L'architecture est impersonnelle mais soignée. Des tapis somptueux, avec une dominante de soie rouge, qu'on imagine douce au toucher.

Nous buvons du champagne avant de nous mettre à table.

La conversation est sympathique et languissante. Les enfants s'ennuient visiblement. L'impératrice raconte ses activités : elle crée des ateliers pour donner du travail aux femmes dans le centre et l'est du pays. Elle voyage beaucoup. Une fois par semaine elle se rend sur place. A l'entendre, j'ai l'impression que les contacts sont plus faciles qu'à Téhéran et la tension moins violente. Le shah intervient peu. Il suit la conversation. Je le sens détendu et las. Cette lassitude est-elle due à la pression politique qu'il subit ? Ou est-il réellement malade, comme des rapports venus des États-Unis me le disent ?

Nous nous isolons pour le café. J'ai scrupule à poser ma question. Je cherche la forme la moins offensante pour le faire :

« Je vois bien les efforts que vous accomplissez pour faire évoluer la situation politique de l'Iran. Beaucoup de vos amis, et même des milieux qui ne vous sont pas favorables, le reconnaissent dans le monde. Mais il y a une chose qui donne de vous une image négative et qui est exploitée par vos adversaires. C'est l'action et les méthodes de votre police politique. Ne pensez-vous pas qu'il vaut mieux prendre le risque de la supprimer et de confier ses tâches à la police et aux tribunaux ordinaires ? »

Il n'est pas offensé. Il doit être déjà au-delà du découragement. Il pose sa tasse, et me regarde :

« Est-ce que vous connaissez bien le programme de mes adversaires ? Est-ce que vous avez lu leurs tracts ? Leur programme est simple : il faut tuer le shah ! »

Il s'arrête. Il reprend :

« Ils ne disent pas seulement : Nous voulons tuer le shah ! Ils s'adressent aux autres pour leur dire : “Vous devez agir ! La première chose est de tuer le shah.” Comment voulez-vous répondre ? Il y a beaucoup de gens qui me sont fidèles. Toute l'armée m'est fidèle. Faut-il que je me laisse tuer ? Puisqu'ils veulent me tuer, il faut bien que je me défende ! »

J'insiste :

« Pensez-vous vraiment que la police politique soit efficace ? Elle fait monter le niveau de la haine. Elle fournit à vos adversaires des appuis extérieurs. La police ordinaire, quand elle fait bien son travail, aboutit à des résultats aussi efficaces. »

Il ne répond pas. Pour lui cette conversation est inutile. Pour moi, elle le devient. Il vit dans un autre système. Je sais qu'il n'est ni violent, ni cruel. Mais il est pris dans l'engrenage. Comment réagirais-je vis-à-vis d'adversaires dont le seul objectif serait de m'abattre ? Que ressent-on quand on trouve, glissé dans le rapport qu'on vous communique, un tract qui proclame : « Abattez-le ! Il faut le tuer ! » Je pense que je m'en tiendrais à mes règles, à mes principes. Je le pense, mais je ne suis pas à sa place.

Nous sortons sur la terrasse pour prendre congé. Le shah, l'impératrice, leurs enfants nous disent au revoir. Ils sont comme alignés. Le jour commence à baisser. Il est encore chaud, enveloppant, bienfaisant.

Quand notre voiture démarre du palais, pour rejoindre la plate-forme d'envol de l'hélicoptère, je lui fais un signe de la main derrière la vitre blindée.

Je ne le reverrai plus qu'une fois, un an plus tard, le 17 novembre 1977, lorsqu'il s'arrêtera pour un entretien à Marigny, en route vers les États-Unis d'Amérique.

***

Pendant le déroulement de la crise iranienne, à l'automne 1978, j'ai été remarquablement informé par notre ambassadeur, Raoul Delaye, qui avait été nommé à Téhéran en octobre 1977.

J'avais déjà remarqué son talent comme porte-parole du ministère des Affaires étrangères, lorsque Michel Jobert était au Quai d'Orsay. Il envoyait presque chaque jour des télégrammes précis et détaillés. Il avait un accès direct auprès des Premiers ministres successifs et des contacts dans la haute administration iranienne. Par contre, j'avais noté qu'il était moins renseigné sur le shah et sur son entourage.

Son pronostic était pessimiste. Le départ du shah était

inévitable, malgré le soutien de l'armée. Il n'y avait pas de formule politique de remplacement. Dans la confusion qui s'ensuivrait, les communistes — le parti Toudeh —, seule structure organisée et assurée de l'appui des voisins soviétiques, finiraient sans doute par prendre le dessus.

Je souhaitais connaître directement l'avis du shah avant la rencontre au sommet de la Guadeloupe, qui était fixée au début de janvier. Manifestement notre ambassadeur ne pouvait pas avoir accès à un tête-à-tête. Je décidai d'envoyer Michel Poniatowski à Téhéran. A son départ du gouvernement, je l'avais chargé d'une mission d'ambassadeur, représentant personnel du président de la République. Il connaissait bien le shah auquel il avait rendu visite deux fois. Il pouvait le mettre en confiance.

Il se rendit à Téhéran du 26 au 28 décembre 1978, et passa l'après-midi du 27 décembre avec le shah. Il vint me voir le 3 janvier, pour me raconter sa conversation. Du compte rendu oral de cet entretien*, je retins ces deux conclusions :

« Le shah est malade. Il n'a plus la force de réagir. Il m'a confié qu'il passait des nuits entières sans sommeil. Visiblement son mal a empiré. Il s'agit d'un cancer, relativement contrôlé jusque-là. Mais, au lieu du calme nécessaire, il vit dans une usure nerveuse incessante.

"Je suis presque seul sur le plan intérieur, m'a-t-il dit, et déjà abandonné par beaucoup. Nombre de mes amis sont déjà partis pour l'Europe et, a-t-il ajouté avec un demi-sourire, pour Nice.

"Comment agir lorsqu'il n'y a plus de pétrole, nécessaire au fonctionnement quotidien ? lorsqu'il n'y a plus ni gaz, ni électricité ? La production de pétrole est tombée à 350 000 barils par jour, c'est-à-dire la moitié de ce qui est nécessaire pour faire fonctionner le pays !"

* Le texte intégral du rapport rédigé au retour d'Iran figure en annexe.

« A ce moment-là, l'électricité s'est éteinte et le shah a poursuivi : "Voyez, tout s'éteint, c'est un symbole..."

« Il m'a dit aussi que, quoi qu'il arrive, il ne donnerait pas à l'armée l'ordre de tirer sur la foule. S'il le faisait, l'armée lui obéirait, et peut-être pourrait-il reprendre la situation en main, au moins pour quelque temps. La solution de force passe par l'exécution d'un nombre élevé de gens, par 30 000 arrestations, par un bain de sang et un risque réel de guerre civile et d'interventions étrangères.

"Mais j'ai repris le pouvoir sans verser le sang, a-t-il poursuivi. Pendant près de vingt ans j'ai gouverné mon pays sans affrontement violent. Ce n'est pas maintenant que je ferai tirer sur le peuple iranien. La solution de force c'est l'aventure absolue. Après avoir tant fait pour ce pays, ai-je le droit de lui faire courir un tel risque, et de lui porter de tels coups ? »

Pour le bien ou pour le mal, il était clair que le sort en était jeté.

***

Au sommet de la Guadeloupe, auquel j'avais invité nos trois grands partenaires occidentaux, Jimmy Carter, Helmut Schmidt et Jim Callaghan, il avait été convenu que nous évoquerions la situation en Iran.

L'attitude américaine était difficilement compréhensible. En raison de leurs liens étroits avec l'Iran, notamment dans le domaine militaire, les Américains se considéraient comme directement concernés et faisaient peu de cas des préoccupations européennes. Jimmy Carter, à l'issue de son voyage officiel en Chine, avait décidé de faire escale à Téhéran. Le shah avait donné un dîner en son honneur. Ils avaient échangé les congratulations habituelles.

Et pourtant on me rapportait l'action de l'ambassade et des services américains, qui prenaient visiblement leurs distances avec le shah et prônaient une solution « politique ». On savait qu'ils cherchaient, sans le trouver, l'homme de cette solution.

Nous nous sommes assis en fin d'après-midi sous une paillotte où l'on avait placé une table ronde et quatre chaises. Cette paillotte, entourée d'un espace vide, nous donnait la certitude de n'être ni dérangés, ni écoutés. De là on apercevait la mer.

Je demande à Jim Callaghan s'il peut introduire le sujet. Il analyse la situation avec réalisme, à partir des éléments rassemblés par la minutieuse diplomatie britannique. Sa conclusion est pessimiste : le shah est perdu, il ne contrôle plus la situation. Il n'y a pas de véritable solution de remplacement. Les hommes politiques en place n'ont qu'une autorité limitée. D'ailleurs la plupart sont compromis avec le régime. L'armée peut-elle assurer la transition ? Elle n'a pas d'expérience politique et est dirigée par des professionnels qui sont loyaux au shah.

Helmut Schmidt suit avec attention la démonstration, sans intervenir.

J'expose le point de vue de la France, à partir des informations de notre ambassadeur, et de l'entretien de Michel Poniatowski. J'indique les deux risques extrêmes, en partie liés, auxquels nous devons nous préparer : la décomposition politique de l'Iran, et l'intervention soviétique. J'informe mes partenaires de la demande que m'a transmise le shah d'agir collectivement auprès de l'URSS pour atténuer la pression soviétique. De toute manière, cette mise en garde sera utile car elle montrera que nous nous sentons directement concernés. Dans l'immédiat, il faut soutenir le shah car, même s'il est isolé et affaibli, il a une vue réaliste des choses et garde en main la seule force qui existe en dehors des religieux, c'est-à-dire l'armée. Il peut arriver que des difficultés économiques grandissantes modifient l'attitude de la classe moyenne, nombreuse et influente à Téhéran, et rendent possible une initiative politique.

Jimmy Carter prend la parole :

« La situation a beaucoup évolué. Et le shah ne peut pas rester. Le peuple iranien n'en veut plus. Et il n'y a pas de gouvernement qui accepte désormais de travailler avec lui. Mais nous n'avons pas à nous inquiéter : il y a les militaires. Ce sont eux qui vont prendre la situation en main. La plupart des chefs militaires ont fait leurs études dans nos Écoles, et ils connaissent très bien les chefs de notre armée. Ils les appellent par leurs prénoms ! »

J'ai du mal à en croire mes oreilles. La crise de l'Iran va-t-elle être résolue par une semblable familiarité ? Le tutoiement des chefs militaires suffit-il à nous rassurer et à constituer une garantie inébranlable pour l'avenir ? Jimmy Carter s'aperçoit de ma surprise. Il se trompe sur sa nature :

« Mais si ! Je vous assure qu'ils se connaissent intimement. Je l'ai vérifié auprès de nos généraux. Ils s'appellent par leurs petits noms ! »

***

L'arrivée en France de l'ayatollah Khomeiny est passée inaperçue. Il s'est présenté aux services de police de l'aéroport d'Orly, le 5 octobre 1978, en provenance de Bagdad par le vol d'Iraqi Airways, muni d'un passeport iranien en règle. Il arrivait d'Irak, où il s'était réfugié en 1964. Le gouvernement de Saddam Hussein l'avait expulsé dans le cadre de sa politique de normalisation des rapports avec l'Iran. Il avait hésité, m'a-t-on dit par la suite, entre un avion pour Alger et un avion pour Paris. L'avion pour Paris était le premier en partance. Il était monté à bord.

Le ministre de l'Intérieur, Christian Bonnet, m'adressait pratiquement chaque jour un rapport, dicté par lui, sur les événements et les informations qu'il jugeait utile de me signaler. Il y joignait, périodiquement, une analyse de la situation politique et de l'état de l'opinion, rédigée par le directeur général de la Police, Robert Pandraud. J'ai déposé l'ensemble de ces rapports aux Archives nationales. Classés chronologiquement, ces documents seront offerts à la curiosité des historiens et des chercheurs.

Le vendredi 6 octobre 1978, et le jour suivant, la note quotidienne du ministre de l'Intérieur ne mentionne pas l'arrivée de l'ayatollah.

Le lundi, conformément à notre règle, qui consiste à offrir un asile politique très large à ceux qui fuient leur pays en raison des persécutions qu'ils subissent ou des risques qu'ils courent — ce que la France a démontré pendant mon septennat pour les réfugiés politiques du Chili, dont elle a été le premier pays d'accueil, et pour ceux du Viêt-nam et du Cambodge — mais à ne pas accepter le séjour de ceux qui sont décidés à poursuivre un combat militant, le préfet des Yvelines prend un arrêté refusant à l'ayatollah Khomeiny l'autorisation de séjourner en France et indiquant « qu'il devra, en conséquence, quitter le territoire français le lendemain 10 octobre ».

Le lendemain matin, l'ambassade impériale d'Iran fait une démarche auprès du ministère des Affaires étrangères pour « l'informer officiellement que le gouvernement iranien n'exigeait aucune limitation quant au séjour en France de l'ayatollah Khomeiny ».

La décision d'expulsion du préfet des Yvelines n'est donc pas notifiée.

Le 15 octobre, notre ambassadeur à Téhéran me rend compte par télégramme qu'il s'est entretenu avec le Premier ministre et que celui-ci « lui a confirmé qu'il n'avait aucune objection à la présence de Khomeiny en France, aux conditions que nous y mettrions nous-mêmes ». Il demande seulement que nous lui communiquions tout renseignement dont nous pourrions avoir connaissance sur les activités de l'ayatollah. J'annote le télégramme de ma main : « Oui - le faire. » Et je donne pour instruction que l'on m'en tienne informé.

***

Jusque-là l'existence de l'ayatollah n'évoque rien de précis pour moi. Les télégrammes de notre ambassadeur font fréquemment allusion au rôle des mollahs, mais sans leur donner une importance décisive, et sans mentionner le rôle particulier de l'ayatollah Khomeiny.

J'apprends successivement qu'il voue une haine inexpiable au shah, dont il accuse la police politique d'avoir tué son fils ; qu'il joue un rôle très actif dans l'opposition ; et enfin qu'il fait parvenir en Iran des cassettes enregistrées qui appellent à la révolution.

Le ministre de l'Intérieur vient me confirmer les faits. Il m'indique qu'il est en rapport avec un des proches de l'ayatollah. Je lui demande de lui rappeler les règles de l'asile politique en France : si les réfugiés sont libres de leur opinion, ils doivent s'abstenir de conduire toute action violente à partir de notre territoire national.

Le lendemain, le ministre de l'Intérieur me rappelle pour me dire qu'il a fait la communication prescrite, que son interlocuteur s'est confondu en regrets, qu'il lui a dit mal connaître les règles en vigueur dans notre pays, et que, bien entendu, l'ayatollah s'y conformerait désormais.

Dans la deuxième quinzaine de novembre je tiens, dans la salle des fêtes de l'Élysée, la conférence de presse rituelle. Les journalistes me posent des questions sur le séjour de l'ayatollah en France et sur ses activités politiques. J'indique dans ma réponse que deux démarches ont été faites auprès de lui, en octobre et en novembre, pour lui rappeler que le sol français n'était pas un territoire d'où pouvaient être lancés des appels à la violence.

Dans la semaine suivante, l'ambassade d'Iran nous informe que des cassettes ont encore été expédiées en Iran. Je prescris à M. Chayet, direction des conventions administratives au Quai, de se rendre à Neauphle-le-Château, pour une mise en garde solennelle, soulignant le devoir de réserve : nous n'accepterons pas une telle situation. La notification est faite le 4 décembre. Mêmes excuses de son correspondant.

Or, le lundi suivant, de nouvelles cassettes enregistrées par l'ayatollah lui-même ont été diffusées à Téhéran, et elles appellent au meurtre du shah. C'en est assez ! Cela ne concerne plus l'Iran, mais nous-mêmes, et le respect dû à nos règles d'asile et à la parole donnée.

Je fais venir à l'Élysée le ministre de l'Intérieur. Je lui demande de se faire confirmer les faits et, en cas d'affirmative, de procéder à l'expulsion de l'ayatollah de notre territoire. Je lui demande de préparer cette expulsion pour la fin de la semaine. Il me dépeint les risques de l'opération, le déclenchement possible à Téhéran d'un soulèvement provoqué par l'annonce de notre décision, les conséquences possibles pour nos compatriotes et pour nos intérêts. Je vois qu'il n'est pas l'homme des situations extrêmes, mais je lui dis que ma décision est prise, que nous ne pouvons pas laisser la France devenir un repaire officiel de la subversion et que, dans l'exécution, il faudra agir de manière à atténuer les risques : effet de surprise, et choix du pays d'accueil, notamment.

Le mercredi, il vient me décrire ses préparatifs. L'expulsion est prévue pour le vendredi matin, à l'aube. L'ayatollah sera acheminé vers l'Algérie puisque c'est un pays où il avait envisagé lui-même de se rendre. Les conditions matérielles de l'opération seront correctes. J'approuve le dispositif.

Une dernière précaution me paraît indispensable : prévenir le shah. Je demande qu'on prescrive à notre ambassadeur de faire une démarche personnelle auprès du shah le jeudi — afin d'éviter tout risque de fuite — pour lui faire part de ma décision.

La démarche a lieu. Il m'en est rendu compte le soir même par téléphone à l'Élysée, en raison de l'urgence. Le shah me remercie de l'avoir informé. Il précise « que l'expulsion de l'ayatollah est une décision française, dans laquelle l'Iran ne veut avoir aucune part de responsabilité. S'il est interrogé après l'expulsion, il fera savoir qu'il n'a pas donné son accord à cette opération ».

Quel est le motif de l'attitude du shah ? Redoute-t-il une explosion à Téhéran et veut-il dégager sa responsabilité ? Cherche-t-il à me dissuader d'agir ? Quoi qu'il en soit, ce n'est pas à la France d'assumer seule ce risque. Une initiative de la France, qui ne répondrait pas à une demande du gouvernement de Téhéran, et qui ne serait même pas assurée de sa solidarité, serait impossible à justifier devant l'opinion internationale.

Lorsqu'il recevra Michel Poniatowski, trois semaines plus tard, le shah reviendra sur le sujet : « Je laisse ce problème à la sagesse de la France. Je pense qu'il vaut mieux finalement ne rien faire. Soyez, en tout cas, bien conscient que toute action à son égard est de grande portée. Je confirme donc la démarche de notre ambassade début octobre, et elle demeure la même. Une expulsion me serait imputée, et elle aurait les conséquences les plus graves... Cela pourrait être l'étincelle finale. Agissez comme vous l'estimerez pour le mieux, mais sachez que pour moi, comme pour vous, les répercussions peuvent être très graves. »

J'appelle au téléphone le ministre de l'Intérieur :

« J'ai eu la réponse du shah. Il ne veut pas prendre de responsabilité dans cette affaire. Il dira qu'il n'a pas donné son accord à l'expulsion de l'ayatollah. Il faut annuler l'opération.

— Tout est prêt pour demain matin.

— Je le sais. Décommandez-la. »

Au son de sa voix je sens qu'il est soulagé.

***

L'exil du shah est une page peu glorieuse pour les démocraties. Il errait de pays en pays, d'île en île, repoussé par ses amis d'hier qui le jugeaient compromettant. Les nouvelles autorités de Téhéran poursuivaient de leurs menaces ceux qui se risqueraient à l'accueillir. Je lui ai fait dire, lorsqu'il était en Égypte, qu'il pouvait, s'il le souhaitait, faire étape en France.

L'attitude d'Henry Kissinger m'a impressionné par sa dignité. L'estime affectueuse que je lui porte tient largement à son comportement dans cette débâcle. Il a été le seul à chercher un lieu convenable d'asile et, par deux fois, il a échoué. Finalement le président Sadate, avec sa désinvolture élégante de vieux baroudeur, a accueilli l'agonisant devenu nomade.

Quand j'ai appris la mort du shah, avec une crispation

de peine, et ses prochaines obsèques au Caire, je me suis interrogé sur la représentation de la France. Il avait été l'ami de notre pays. Nos relations avaient toujours été correctes et il avait, quand il le fallait, tranché en faveur de nos intérêts. Je souhaitais m'y rendre personnellement. Le ministre des Affaires étrangères cherchait à m'en dissuader : ce n'était plus un chef d'État en exercice, aucune personnalité internationale n'assisterait à ses obsèques. J'ai demandé l'avis du Premier ministre, pendant notre entretien hebdomadaire. Il a été négatif.

J'ai pensé, un moment, demander à Anne-Aymone de m'y représenter. Je savais qu'elle le ferait volontiers. Elle a beaucoup de sympathie pour l'impératrice. Mais ce serait un faux-semblant. Si quelqu'un doit se poser la question d'y aller, et la résoudre, c'est moi. Toute autre formule est une dérobade.

Finalement je prends la décision : l'ambassadeur de France en Égypte, Jacques Andréani, me représentera aux obsèques. Je lui confierai un message pour l'impératrice.

J'ai regardé dans *Paris-Match* les images de la cérémonie : le président Sadate, avec sa longue silhouette de paysan nubien, conduisant le cortège, et l'absence des autres. Mon absence aussi.

Je ne me suis jamais pardonné cette décision. Intellectuellement, je n'ai pas mis en doute qu'elle fût justifiée mais, même si elle était nécessaire, au fond de moi-même, là où se fait et se défait l'estime qu'on a pour soi, je ne me la pardonne pas encore.

JEAN MONNET

La chance veut que les deux personnages rencontrés dans la vie publique nationale et internationale qui m'aient fait la plus forte impression soient deux Français : le général de Gaulle et Jean Monnet.

Ils ne se ressemblaient pas, et ils n'éprouvaient aucune sympathie l'un pour l'autre. Ils représentaient deux aspects, deux versants, de notre tempérament. Mais ils avaient pourtant certains traits communs.

Le premier était le professionnalisme dans l'exercice de leurs fonctions. Ce qu'ils faisaient était bien fait, avec application et soin : les discours appris par cœur du général de Gaulle, les voyages en province où il traitait les petites foules des chefs-lieux de canton avec les mêmes égards que l'auditoire d'une conférence internationale ; et, lorsque Jean Monnet prenait des initiatives, la recherche minutieuse du sujet, du moment, et les négociations interminables afin de s'assurer des concours nécessaires pour vaincre les résistances.

L'autre caractère était celui de l'aspect stratégique de leur démarche : ils se fixaient un objectif, généralement placé à une certaine distance dans le temps. Ensuite ils mettaient en œuvre les moyens, tous les moyens, pour l'atteindre. Il n'y avait jamais confusion ni chez l'un, ni chez l'autre, entre le but de l'action et l'analyse de ses modalités. Quant aux circonstances du moment, elles pouvaient compliquer ou ralentir la démarche, à la limite imposer un détour, mais jamais remettre en question l'enjeu final.

Jean Monnet est venu me voir à plusieurs reprises à l'Élysée. J'étais heureux de m'entretenir avec lui, et je goûtais la simplicité et la vigueur synthétique de sa réflexion. Il ne se perdait jamais dans les détails, et rien n'était petit dans sa démarche intellectuelle. Il apercevait d'une manière naturelle la dimension exacte des choses, qu'elle soit continentale ou mondiale.

Je souhaitais lui demander des conseils sur la manière

d'accélérer l'union de l'Europe. Il était déjà âgé et fragilisé. J'ai trouvé auprès de lui davantage d'encouragements que de suggestions. Il approuvait mon initiative de création du Conseil européen. La méthode ressemblait à la sienne : empirique en apparence, mais déterminée quant au fond. Mon objectif était d'obtenir la régularité des réunions des chefs de gouvernement européens. A partir du moment où cette régularité serait acquise, l'étendue des pouvoirs des chefs de gouvernement ferait le reste et consoliderait d'elle-même l'institution : l'exécutif européen commencerait à naître ; la coopération politique prolongerait d'une manière naturelle la conclusion de leurs entretiens. Plus tard, quand le Conseil européen serait assuré de son existence, il faudrait songer à la structurer davantage.

Tout s'est déroulé dans le salon du rez-de-chaussée de l'Élysée, celui que, dans le vocabulaire local, nous appelions le Grand Salon.

J'avais invité mes partenaires de la Communauté, alors au nombre de neuf, pour une rencontre « informelle », les 9 et 10 décembre 1974, avant les entretiens que je devais avoir à la Martinique avec Gerald Ford et Henry Kissinger. Parmi les participants, Aldo Moro représentait l'Italie, Harold Wilson la Grande-Bretagne et Léo Tindemans la Belgique.

J'avais convaincu au préalable Helmut Schmidt de l'utilité qu'il y avait à fixer désormais un calendrier régulier à ces rencontres : je proposais de les tenir tous les trimestres. Il m'avait donné son accord.

Il restait à en convaincre nos autres partenaires. Pour y parvenir, j'avais attendu l'après-midi du deuxième jour avant de soulever la question. Nous nous étions assis sur les fauteuils du salon, délibérément en désordre, pour éviter de nous réunir autour d'une table, ce qui aurait automatiquement évoqué chez mes invités l'image mentale d'une conférence, avec ses délégations, ses contraintes, son ordre du jour. De même j'avais demandé qu'on leur propose du café ou du thé, pour briser la raideur de l'atmosphère.

Le premier à m'apporter son soutien fut Aldo Moro, le président du Conseil italien. Il y voyait sans doute l'occasion d'assurer à l'Italie une place permanente dans la concertation politique européenne, et d'interrompre la dérive vers un directoire des « Grands », où les premiers rôles seraient tenus par les Allemands, les Britanniques et les Français. Harold Wilson restait sur la réserve, et attendait son moment pour se décider. Il n'éprouvait visiblement pas de foi européenne mais il voulait éviter que rien ne se produise en l'absence de la Grande-Bretagne.

Les représentants du Benelux étaient plus hésitants. Ils étaient encore très attachés aux prérogatives de la Commission européenne, dans laquelle ils voyaient l'embryon de l'exécutif européen, et ils craignaient que la régularité des réunions au sommet ne risque de remettre en cause cette vocation, et de déplacer vers le Conseil européen la responsabilité de fixer les grandes orientations.

Sans doute pour gagner du temps, le Premier ministre belge, Léo Tindemans, a soulevé le problème du lieu des rencontres. Il voulait qu'un nombre suffisant de celles-ci se tienne à Bruxelles, pour assurer, disait-il, « la cohésion des institutions européennes ».

J'ai salué intérieurement ce virage du débat comme inespéré. A partir du moment où nous discutions du lieu des rencontres, la partie était gagnée ! Il suffisait de lâcher du lest. C'est ainsi qu'après de longues discussions — que je suivais désormais avec un sentiment délicieux, puisque l'enjeu me semblait acquis — on décidait de tenir trois réunions par an, et de fixer obligatoirement à Bruxelles ou à Luxembourg une des deux réunions du premier semestre. Le Conseil européen était né.

Le calendrier de ces réunions, y compris le passage obligatoire à Bruxelles comme à Luxembourg, a été scrupuleusement respecté depuis.

En venant me rencontrer à l'Élysée, au début de l'année suivante, le 9 janvier 1975, Jean Monnet m'a dit :

« La création du Conseil européen, qui vous est due, est la décision la plus importante en faveur de l'union de l'Europe depuis la signature du traité de Rome ! »

Ce satisfecit, venant de lui, m'est allé droit au cœur.

***

Je l'ai invité à déjeuner le 22 mars 1977. Il m'avait envoyé le livre de ses *Mémoires*, paru à l'automne précédent, et je souhaitais l'interroger sur ses souvenirs. On le disait malade. J'ai vu en effet que la vie se retirait de lui. Il m'a commenté son livre d'une voix fluette, si faible qu'elle déclenchait à peine la vibration de l'air. Je lui ai posé des questions sur son action aux États-Unis pendant la guerre, sur ses rapports avec Harry Hopkins, le confident de Roosevelt dont je venais de lire les Mémoires, et enfin sur le général de Gaulle. Il était réticent à s'exprimer sur ce dernier.

« De Gaulle a manqué une occasion, m'a-t-il répondu, la plus grande occasion pour lui, en 1962, quand il est allé en Allemagne. Les Allemands étaient prêts à lui confier la direction de l'Europe, et nous aurions eu une Europe à direction française. Tout aurait changé ! Mais il n'a pas vu la situation. Il était encore trop préoccupé par les événements et les situations qu'il avait connus avant la guerre. Et il a laissé passer l'occasion. »

En l'écoutant, je me souviens d'une remarque que m'avait faite Helmut Schmidt, sans arrière-pensée, à propos de ce même voyage du général de Gaulle en Allemagne, et qui contenait en elle toute l'ironie de l'Histoire : « Quand il est venu à Hambourg, de Gaulle a connu un succès extraordinaire. Il y avait sur la grand-place, pour entendre son discours, plus de monde qu'on n'y avait jamais vu, même pour Hitler ! »

Jean Monnet prend congé. J'appelle l'huissier pour le reconduire. Je le raccompagne jusqu'à la porte. Il est parti.

Quelques instants plus tard, j'entends quelqu'un frapper à la porte. J'ouvre. C'était Jean Monnet qui était de retour.

« Je suis revenu parce qu'il y a une chose que j'avais oubliée, et que je tenais à vous dire : j'ai vu, à votre façon d'agir, que vous avez compris l'essentiel ! »

Il se tait un moment, comme pour concentrer sa pensée. Je suis surpris. J'attends.

« Oui, j'ai vu que vous aviez compris que la France était désormais trop petite pour pouvoir résoudre toute seule ses problèmes ! »

Il se retourne, ouvre lui-même la porte. Et s'en va.

***

Sa faiblesse ne m'avait pas trompé. Sa maladie s'est aggravée. En mars 1979, Mme Jean Monnet me fait part de son décès. L'enterrement aura lieu à Montfort-l'Amaury.

Helmut Schmidt m'appelle au téléphone :

« Je viens d'apprendre la mort de Jean Monnet. Il a beaucoup fait pour l'Europe. Est-ce que cela ne vous pose pas de problème si je viens assister à ses obsèques ?

— Pas du tout ! Vous avez raison de venir. J'y assisterai aussi. »

Étrangement, c'est sans doute la première manifestation de la nouvelle Europe dont j'ai été le témoin. La plupart des dirigeants en place dans les gouvernements, mais aussi ses anciens collègues de la Communauté du Charbon et de l'Acier, les membres de son Comité d'action pour les États-Unis d'Europe, étaient venus des quatre coins de la Communauté. Les Mercedes noires se succédaient devant l'église.

Les « Européens » se reconnaissaient entre eux, comme s'il s'agissait de conduire en terre l'un des leurs. Ils remplissaient tout l'espace. J'en étais presque irrité : à la limite les Français auraient dû se sentir de trop, et marcher sur la pointe des pieds ! Je pensais à l'origine charentaise de Jean Monnet, à son physique de paysan français raffiné, et à la ville de Cognac, dans sa campagne paisible, protégée de haies.

Pendant la messe la musique a exécuté l'*Hymne à la joie*.

Je connaissais la magnifique église de Montfort-l'Amaury pour y être venu adolescent, et aussi parce que je l'avais retrouvée dans le film d'Henri Georges-Clouzot, devenu classique, *Le Corbeau*, consacré aux activités d'un auteur de lettres anonymes, et tourné à Montfort-l'Amaury. On y voit, pendant qu'on célèbre la messe, une enveloppe voltiger dans l'air, après s'être détachée du haut de la voûte de l'église. Toutes les têtes se relèvent pour suivre, d'un mouvement cadencé, les glissades de cet oiseau blanc, qu'on pressent chargé de révélations menaçantes.

Le cortège des Européens s'est dispersé vers Paris, et les lourdes voitures ont pris le chemin des aéroports. Je sors avec Helmut sur le porche de l'église. La garde républicaine est présente. Je l'ai fait venir pour qu'elle rende les honneurs au corps de Jean Monnet. Des amis proches restent dans le voisinage de l'église ou dans le cimetière attenant, par petits groupes, à échanger des souvenirs. Je vois de loin les taches de couleurs que posent les fleurs sur les murs de pierre.

L'œuvre de Jean Monnet, par sa justesse historique, par son admirable utilité, par son intuition du sens du mouvement profond de notre époque, m'impressionnait à tel point que je n'arrivais pas à accepter le fait que sa vie venait de s'interrompre et que sa pensée, si nette, si précise, n'aurait plus pour interlocuteurs que ces graviers et ces racines.

***

HELMUT SCHMIDT

L'intimité, naturelle et confiante, qui a existé entre Helmut Schmidt et moi, est sans doute un cas unique dans les rapports entre les responsables des grands États contemporains. Elle a permis de faire avancer l'union de l'Europe. Et je crois qu'elle a assuré aux relations franco-allemandes une solidité et une sécurité qui pouvaient donner l'élan aux avancées de notre continent.

L'origine de cette intimité tenait au fait que nous avions déjà pris l'habitude de travailler ensemble dans nos fonctions antérieures.

Helmut Schmidt avait remplacé le flamboyant Karl Schiller comme responsable de l'économie allemande, dans le gouvernement de Willy Brandt. J'exerçais le même rôle en France. Nous avions participé ensemble à la réunion monétaire du Smithsonian Institute, à Washington, le 18 décembre 1971, où avait été âprement discutée la nouvelle grille des taux de change, avec un dollar dévalué pour la première fois depuis la guerre, et un yen réévalué sous la pression brutale des Américains, peu soucieux alors de ménager la sensibilité des Japonais dont la défense se réduisait à un silence obstiné et humilié.

Puis, à l'initiative de George Shultz, secrétaire du Trésor des États-Unis, nous nous étions réunis dans la bibliothèque de la Maison-Blanche, en compagnie des ministres britannique et japonais. Nous décidions de nous retrouver périodiquement, sans publicité et sans bruit, pour surveiller l'évolution du système monétaire international. Ainsi naissait le groupe des « bibliothécaires », qui a survécu depuis sous le nom de « groupe des cinq ».

Nous avions réussi à lui conserver un caractère confidentiel, pour éviter de provoquer des remous sur les marchés des changes.

Je me souviens d'une de ses réunions qui s'est tenue à Paris. Pour garantir sa discrétion, j'avais invité mes collègues à dîner à mon domicile de la rue Bénouville, pensant qu'il serait moins surveillé que mon bureau du ministère. Chacun des participants était arrivé anonymement de son côté. Mes enfants assuraient le service : Valérie-Anne et Jacinte passaient les plats, Henri et Louis servaient les vins. On les entendait glousser d'amusement aussitôt la porte refermée. J'avais choisi à l'intention de mes collègues les meilleures bouteilles de la cave. Absorbés par leurs discussions, ils ne leur ont pas accordé l'attention qu'elles méritaient. Les enfants m'avouèrent le lendemain qu'ils n'avaient pas pu se résoudre à jeter les bouteilles à demi vides et qu'ils les avaient achevées à leur place. La presse n'a pas eu vent de cette rencontre.

Puis nous sommes arrivés l'un et l'autre au pouvoir au même moment. L'affaire de l'espion Guillaume avait entraîné la chute de Willy Brandt et le parti social-démocrate, pour éviter tout flottement, installait aussitôt Helmut Schmidt à la chancellerie fédérale. Il y est entré le 16 mai 1974. Il y restera tout le temps qu'a duré mon septennat.

Helmut Schmidt avait acquis deux compétences, qu'il appelait ses « expertises » : la Défense et l'Économie. Nous partagions la seconde, mais je sentais qu'il estimait m'être supérieur dans la première. Il avait été ministre de la Défense et connaissait bien les problèmes stratégiques. Ses relations avec les dirigeants américains, étroites à l'époque, s'étaient nouées autour des questions militaires. Ce n'est que progressivement que j'ai pu acquérir la connaissance détaillée des dossiers de Défense. Je ne me suis senti équipé pour participer efficacement à des discussions qu'à partir du printemps de 1977 : il m'a fallu trois ans de documentation et de réflexion.

Nos conversations, de vive voix ou téléphoniques, se déroulaient en anglais. Le grand avantage était d'éviter le recours aux interprètes et de garder ainsi le ton du dialogue direct : sa connaissance du français était limitée à quelques mots, du niveau des plaisanteries habituelles aux touristes. Et ma pratique de l'allemand, acquise à l'étude de la *Lorelei* et de *Die Jungfrau von Orleans*, me permettait de suivre une discussion, mais me rendait incapable d'y participer.

Nous nous téléphonions souvent. Je reconnaissais sa voix grave et son accent plus proche de l'américain que de l'anglais.

Aussitôt ma prise de fonction, je l'ai appelé pour l'inviter, en lui disant que je tenais à ce qu'il soit mon premier visiteur à Paris.

A la fin de notre conversation à l'Élysée, il a pris l'air embarrassé, comme s'il avait une chose désagréable à me dire :

« Lorsque la voiture de commandement s'est arrêtée place de la Bastille, au matin du 14 juillet 1974, je me suis demandé comment j'allais en descendre. J'ai aperçu le vide, la grande place bombée sous le soleil et, très loin, les rangs du public, au milieu desquels s'élevait la tribune officielle. »

« En octobre 1975, je me rendais à mon tour en visite officielle à Moscou. Je ne croyais guère à l'utilité des grandes manifestations populaires. Ce qui comptait désormais davantage était le contenu des conversations. Au cours de ce voyage, j'eus deux entretiens en tête-à-tête avec Brejnev, dans son bureau du Kremlin. »

« Brejnev prononce quelques toasts, le verre à la main. Sa cordialité et sa bonne humeur sont revenues. Nous nous levons, et soudain il me prend par la main, comme un collégien, pour quitter la salle. »

« Dès que Brejnev se lève et commence à marcher, la présence des autres personnes cesse d'exister pour lui. Seul compte le contrôle de sa direction. »

« A la sortie de l'église de Bormes, où nous nous rendions lors de nos séjours à Brégançon, les gendarmes nous frayaient une piste ondoyante vers la voiture dont je gardais la fenêtre ouverte, pour ne pas insérer un écran de glace entre les visages bienveillants et curieux et le personnage que j'étais devenu pour eux, rendu mystérieux et comme inaccessible par sa fonction. »

« Déjeuner chez Lipp, le 7 septembre 1965, avec Georges Pompidou, Premier ministre du gouvernement dans lequel j'assumais les fonctions de ministre des Finances. »

« Contrairement à ce dont est convaincue la plus grande partie de l'opinion, les ministres n'étaient pas informés de la gravité de la maladie du président Pompidou. C'est en mars 1974, au cours d'un Conseil des ministres, que la gravité de son état nous est apparue. »

« J'ai attendu les résultats de l'élection dans une pièce de l'appartement du ministère des Finances où avait été installé un poste de télévision. »

« Le lundi 27 mai au matin, j'ai quitté mon cher ministère des Finances pour l'Élysée. J'ai garé ma voiture devant le théâtre Marigny. La Préfecture de Police avait prévu mon arrivée et disposé barrières et gardiens de la paix. Je pense que ceux de mes supporters qui se pressent contre les barrières n'ont pas dû beaucoup dormir. »

« J'avais insisté pour remonter les Champs-Elysées à pied. A cause du monde, du bourdonnement des applaudissements qui couvre les éclats de la musique militaire, à cause du succès de mon initiative, je me sens rempli d'une soudaine allégresse. »

« Le bureau sur lequel j'écrirai, et où seront disposés les quatre ou cinq objets de ma vie familière sera mon bureau du ministère des Finances. Il me suivra à l'Élysée. »

« Pendant l'hiver 1944-1945, je servais comme brigadier dans la 1re armée de de Lattre. C'est là que j'ai vu arriver, un après-midi, le shah d'Iran. »

« J'avais voulu marquer par un geste que je souhaitais aller au-delà des seules manifestations protocolaires. Après la fin du voyage officiel, nous avions organisé avec Anne-Aymone, un déjeuner à quatre. Nous avons évité les sujets politiques pour parler de voyages en préparation, de projets personnels, des études des enfants. »

RÉFECTURE DES YVELINES

CABINET

SERVICE DES ETRANGERS

RÉPUBLIQUE FRANÇAISE

Versailles, le 09 OCTOBRE 1978

R E F U S DE S E J O U R

Mr QHOMAINI HAJ SERJED ROOHALLAH SAM SAYED MOSTAFA
NE EN 1900 A GOM (QHOMAIN) THEOLOGIEN DOMICILIE
A NAJAS (IRAN) TITULAIRE D UN PASSEPORT IRAKIEN
DELIVRE LE 07.09.74

N EST PAS AUTORISE A RESIDER EN FRANCE ET DEVRA ,
EN CONSEQUENCE , QUITTER LE TERRITOIRE FRANCAIS
LE 10 OCTOBRE 1978

LE PREFET

« Conformément à notre règle qui consiste à offrir un asile politique très large aux réfugiés, mais à ne pas accepter ceux qui sont décidés à poursuivre un combat militant, le préfet des Yvelines prépara un arrêté de refus de séjour. Le lendemain, l'ambassade d'Iran faisait une démarche officielle pour indiquer que le gouvernement iranien n'exigeait " aucune limitation quant au séjour en France " de l'ayatollah Khomeiny. »

« Au sommet de la Guadeloupe, où j'avais invité nos trois grands partenaires occidentaux, Jimmy Carter, Helmut Schmidt et Jim Callaghan, il avait été convenu que nous évoquerions la situation en Iran. Nous nous sommes assis en fin d'après-midi sous une paillote. De là, on apercevait la mer. »

« Nous poursuivions des conversations plus détendues avant et après les réunions de travail. »

« Étrangement, l'enterrement de Jean Monnet a sans doute été la première manifestation de la nouvelle Europe dont j'ai été le témoin. Les "Européens" se reconnaissaient entre eux, comme s'il s'agissait de conduire en terre l'un des leurs. »

« Helmut Schmidt avait insisté pour que je me rende en visite officielle en Allemagne. Il m'avait demandé d'éviter Munich, craignant que son rival Strauss ne tente d'en tirer un avantage politique. Pour la Bavière fut donc retenue la ville de Wurzbourg. Nos hélicoptères se posèrent sur le grand terre-plein pavé qui borde le Palais. »

« Avant toutes les réunions importantes, nous nous étions fixés, Helmut et moi, pour règle de nous rencontrer. Nous voulions absolument éviter qu'une éventuelle divergence franco-allemande puisse être arbitrée de l'extérieur. »

« J'avais repéré dans le Guide Michelin l'étoile gastronomique du restaurant "Le Bœuf", à Blaesheim, en Alsace. Je regrettais de ne pas le connaître. J'ai suggéré à Helmut de nous y rencontrer, en 1975. Nous y sommes retournés en 1981. »

« Helmut m'a reçu chez lui, à Hambourg. Notre amitié, forgée au cours des années, vivra aussi longtemps que nous-mêmes et, sans doute, sous une autre forme au-delà, puisque nous avons eu le privilège de servir ensemble des causes qui nous dépassaient. »

« Valéry, j'ai hésité avant de vous en parler, mais je pense qu'il vaut mieux vous le dire. C'est au sujet de vos forces en Allemagne, les forces françaises. J'ai été ministre de la Défense et j'ai connu leur situation réelle. Vous ne devriez pas admettre cela ! Vos soldats sont de bons soldats. Ils sont courageux et disciplinés. Leur situation matérielle n'est pas digne. Elle est même choquante pour la population allemande qui les entoure. Leurs casernements sont mal entretenus. Il est visible qu'ils n'ont pas d'argent. Ils utilisent de vieux matériels, hors d'usage. »

Il me scrute du regard pour déceler ma réaction. Puis il insiste, comme souvent :

« J'espère que vous n'êtes pas choqué de ce que je vous ai dit. Je pensais que cela pouvait vous être utile de le savoir. Vous ne pouvez pas accepter une telle situation. »

Il ne me choque pas. Au contraire. Je sens qu'il me dit la vérité. Dans ce qui est, malgré tout, un reproche, je retrouve, implicite, son jugement sur la France : « Vous ne faites pas ce qu'il faut ! En Europe, vous avez la meilleure position géographique. Vous ne souffrez pas d'un handicap politique, comme nous, puisque vous étiez du côté des vainqueurs de la guerre. (Il ne dit pas : puisque vous avez gagné la guerre...) Vous gardez une influence internationale supérieure à votre puissance réelle, dont vous savez habilement vous servir lorsque vous avez des marchés à obtenir. Vous avez toutes les chances pour être la première puissance en Europe. » Généralement sa confidence s'arrête là et il me laisse deviner le reste. Mais quelquefois aussi, quand il est fatigué et que la lassitude pousse à la sincérité, il va plus loin :

« Vous devriez être la première puissance en Europe, mais vous ne l'êtes pas. Vous ne faites pas ce qu'il faut. »

Et il énumère nos complications administratives qui paralysent le développement de nos entreprises, le sectarisme de nos débats politiques, avec le refus de prendre en compte les réalités internationales, les excès de l'idéologie socialiste. « Ne m'appelez pas socialiste, Valéry ! Je ne suis pas socialiste ! Je suis social-démocrate. »

Je tiendrai compte de la remarque qu'il m'a faite. Il faut sûrement agir pour améliorer la situation de nos forces en Allemagne et les doter d'équipements plus modernes. Le budget militaire a été trop réduit au cours des dernières années. La priorité a été maintenue pour le nucléaire, et les abattements de crédit ont été concentrés sur les forces conventionnelles, surtout sur l'armée de terre. La France prive souvent des moyens nécessaires ceux qui la servent le mieux, puisqu'ils sont désintéressés et n'assiègent pas les caisses publiques. Je choisirai comme chef d'état-major un général de l'armée de terre. Il faudra que je trouve le meilleur.

***

Pour sa première visite, le 31 mai 1974, Helmut Schmidt était descendu à l'hôtel Bristol, favori des Allemands. Cet hôtel est situé rue du Faubourg-Saint-Honoré, à quelques centaines de mètres de l'Élysée, de l'autre côté de la place Beauvau.

J'avais décidé de le raccompagner à pied jusque chez lui, mais j'avais préféré ne pas l'annoncer à l'avance pour ne pas créer un événement dans la rue. Après le dîner, nous sommes revenus dans l'antichambre. Les journalistes étaient rassemblés de l'autre côté des grandes portes vitrées, et sa Mercedes noire attendait au bas des marches. Je lui ai proposé :

« Si vous voulez, je vais vous raccompagner à votre hôtel. Nous marcherons. C'est tout près.

— C'est une bonne idée. J'ai envie de prendre l'air. »

Et nous sommes partis. La petite foule des journalistes, prise par surprise, a été lente à se décider. Elle a traversé la cour derrière nous. Puis, quand nous sommes arrivés sur le trottoir, les journalistes ont pris de l'avance, avec leurs caméras et leurs flashes. Ils marchaient à reculons et nous avions devant nous un alvéole de lumière blanche, percé de gros yeux aveuglants. Au-delà, le noir s'épaississait, mais nous réussissions à apercevoir les façades ravalées des maisons, avec leurs fenêtres éclairées ; les agents de police, surpris, saluaient à la traversée de l'avenue Marigny, et quelques promeneurs se haussaient sur la pointe des pieds, pour découvrir, par-dessus l'écran des épaules et des têtes, qui pouvait bien se trouver au centre de ce cortège.

Je l'ai quitté sur le seuil de l'hôtel, devant la porte tournante. Il m'a serré la main en me disant bonsoir, d'un geste naturel, comme si nous étions seuls dans la rue et que nos fonctions n'avaient pas changé. Non, me suis-je dit, rien n'a changé.

Je suis reparti à pied. En me retournant, juste en face de moi, entre la pharmacie et l'ancien magasin de *La Peau de Porc*, j'ai regardé le porche de la maison où j'ai passé mon enfance. Derrière la porte de bois jaune, bien cirée, avec ses poignées de cuivre, je devinais la voûte, la loge de la concierge et, à gauche, la cage de l'escalier, avec le cliquetis de l'ascenseur en marche, et le bruit de nos pas quand, avec mes frères et sœurs, nous dégringolions les marches, deux à deux, pressés de gagner la rue pour retrouver nos camarades de jeux, dans les jardins des Champs-Élysées.

Aucun de ceux qui m'accompagnaient ne pouvait deviner mes pensées. Ils étaient absorbés par la curiosité et la passion de l'instant présent. Allais-je leur révéler quelque chose sur le contenu de ma conversation avec le chancelier ? Ils voyaient en moi un personnage entièrement pris par sa fonction, identifié à elle, à la manière de quelqu'un dont l'uniforme se serait retourné vers l'intérieur pour devenir sa peau, sa chair et son sang.

C'est dans des instants comme ceux-ci, répétés au fil des années, bien plus qu'au moment de prendre des décisions, que j'ai ressenti ce qu'il est convenu d'appeler la « solitude du pouvoir ».

***

Avant toutes les réunions importantes, et notamment les sommets économiques annuels, nous nous étions fixé pour règle, Helmut et moi, de nous rencontrer. Nous jugions nécessaire de définir une attitude commune franco-allemande. Si la question posée était d'importance secondaire, nous décidions de conserver une marge de flexibilité. Mais, si nous la jugions essentielle, nous étions décidés à aboutir à une position commune, car nous voulions éviter de jamais nous trouver placés dans une position où une éventuelle divergence franco-allemande serait arbitrée de l'extérieur, soit par les États-Unis, soit par nos partenaires européens. Durant sept années cela ne s'est, je crois, jamais produit.

Pour en créer l'habitude, j'ai proposé à Helmut Schmidt une première rencontre en Alsace. Plutôt qu'à la préfecture ou un bâtiment officiel, j'ai pensé à un restaurant de village où nous serions tranquilles. Lorsque j'allais chasser en Alsace, à l'automne, pour les longues marches dans les plaines gelées où l'on voyait courir en zigzag des lièvres au poil hérissé, ou pour les moments d'attente anxieuse où l'on guettait devant un champ de topinambours le jaillissement d'un bouquet de faisans s'envolant vers le ciel avec un claquement de plumes sauvages, je prenais l'avion pour Strasbourg. De là j'empruntais les petites routes en direction de Diebolsheim. J'avais repéré dans le guide Michelin l'étoile gastronomique du restaurant *Le Bœuf*, à Blaesheim. J'avais eu plusieurs fois l'idée de m'y arrêter et je regrettais de ne pas le connaître. Je l'ai suggéré à Helmut, qui a accepté avec plaisir.

Je suis arrivé le premier pour l'accueillir. Tout le village était dans la rue. Beaucoup d'habitants portaient le costume traditionnel. La fanfare était alignée et attendait le signal pour attaquer une marche. Les télévisions étaient venues au complet, toutes les chaînes françaises et allemandes. Je suis entré dans l'auberge pour voir la pièce où se tiendrait notre repas, silencieuse, avec des carreaux de verre coloré aux fenêtres. Une rumeur a commencé de grossir. Helmut a débarqué de sa voiture, coiffé de sa casquette de marin hambourgeois. Nous avons écouté la fanfare, serré des mains. Je ne pouvais pas oublier la guerre, les affrontements, les cruautés. Je me demandais si nous nous retrouvions dans un décor, planté pour cacher le reste, les ruines, les décombres, les cadavres. Mais non ! La vie était là ; c'était elle qui s'était imposée, comme la végétation qui reconquiert les fossés. Tout ce qui avait rempli notre passé, justifié nos efforts, mobilisé nos enthousiasmes, tout cela avait perdu de sa réalité ; un avenir différent nous attendait. Il fallait apprendre à mieux nous connaître, à vivre ensemble, à nous parler calmement, comme après les excès d'une violente dispute.

Je pouvais lire sur les visages les signes visibles d'un soulagement, celui de ne plus être contraints de choisir, de pouvoir s'affirmer soi-même sans être obligé de s'opposer à ses voisins. La rue était bariolée de tricolore, mais le chancelier germanique y était le bienvenu !

Nous avons franchi la porte de l'auberge. Quelques échanges de politesses avec nos hôtes, sympathiques et discrets. Puis nous avons dîné et travaillé.

***

Beaucoup de nos entretiens portaient sur la politique américaine. Sur les dirigeants et nos rapports personnels avec eux. Sur les relations de l'Europe et des États-Unis. Nous y consacrions près de la moitié de notre temps.

Helmut Schmidt connaissait bien le milieu politique américain. Chaque fois que nous nous rencontrions, nous nous racontions le détail des entretiens que nous avions pu avoir avec les présidents, Ford, puis Carter, et avec les secrétaires d'État successifs, Henry Kissinger et Cyrus Vance.

Au cours de mon septennat, j'ai assisté à la dégradation progressive de la confiance entre Helmut et les dirigeants américains. Ses rapports avec l'administration Ford étaient excellents. Helmut Schmidt, comme moi-même, souhaitions la réélection de Gerald Ford — ou plutôt son élection, car il avait pris ses fonctions à la suite de la démission de Richard Nixon, en août 1974.

Après la victoire de Jimmy Carter, Helmut a commencé à adopter une position d'attente. Je l'ai senti irrité lors du premier sommet des pays industrialisés auquel ait assisté Carter, à Londres en mai 1977, où celui-ci accaparait la vedette des médias et de l'opinion publique, par sa prétention à la compétence nucléaire.

« Parce qu'il a servi comme officier à bord d'un sous-marin nucléaire, il croit qu'il connaît la technique atomique », me confiait Helmut. « Mais il n'a aucune notion de stratégie, et c'est cela qui compte. »

C'est précisément dans le domaine stratégique que s'est

produit l'événement qui a altéré pour toujours la confiance du chancelier Schmidt dans les dirigeants américains.

Il m'a rappelé cette circonstance à plusieurs reprises, non qu'il ait pensé que je l'avais oubliée, mais parce que le traumatisme qu'elle avait créé avait atteint chez lui une dimension obsessionnelle.

Le président Carter avait annoncé son intention de doter les forces américaines en Europe de la bombe à neutrons. Pour cela il avait besoin de l'accord du gouvernement allemand.

Helmut Schmidt n'était pas favorable au déploiement en Europe de la bombe à neutrons. Il pensait que cette proposition déchaînerait la campagne pacifiste de l'aile gauche de son parti, et il ne considérait pas que l'avantage stratégique qu'elle apportait contrebalançait cet inconvénient. Les dommages causés à l'environnement par ce type d'arme seraient réduits, mais l'effet dissuasif sur l'agresseur ne serait pas supérieur à celui des armes nucléaires tactiques ou celles du modèle classique. Il avait cherché à obtenir que les Américains renoncent à leur plan. Quand il a constaté qu'il n'y réussirait pas, il n'a pas voulu prendre le risque de créer une dissension grave entre les États-Unis et l'Allemagne fédérale. C'est pourquoi il s'est résigné à défendre le projet :

« Je ne sais pas si vous réalisez, Valéry, ce que cela a représenté d'effort pour moi. Il fallait convaincre mon parti. Et au début, tout le monde y était hostile, y compris mon ami Wehner, qui est un peu la conscience du SPD pour la Défense. Willy Brandt manœuvrait, comme toujours, contre moi. J'ai d'abord convaincu Wehner. Puis il m'a fallu tenir d'innombrables réunions. »

Connaissant Helmut et sa détermination, j'imaginais sans peine ces réunions se prolongeant pendant des heures, durant lesquelles il répondait aux objections tantôt avec patience, tantôt avec colère, et qu'il concluait sans doute par un de ces interminables monologues, où il reprenait la question depuis l'origine. Il finissait par l'emporter, moins par la conversion de ses interlocuteurs que par leur épuisement, et surtout par leur respect pour sa capacité professionnelle de chancelier.

« Pendant l'automne dernier, je suis allé soutenir des discussions dans les *Länder*. Puis nous avons eu le congrès du parti. J'ai fini par gagner mais, jusqu'au dernier moment, j'ai rencontré de l'opposition et, si je l'ai emporté, c'est à cause de mon autorité personnelle. Après le vote, j'ai prévenu Carter qu'il pouvait faire prendre la décision par l'OTAN et que l'Allemagne adopterait une attitude positive.

« On a préparé le communiqué. Il devait être rendu public le samedi 7 mai. De mon côté, j'avais préparé le commentaire que je ferais. Et la veille au soir, le vendredi, j'ai appris que Carter me dépêchait un envoyé spécial. Et savez-vous ce qu'il était chargé de me dire ? "J'ai changé d'avis. Je ne veux pas apparaître en Europe comme un ogre ! Nous n'allons pas déployer la bombe à neutrons. Le communiqué ne sera pas publié. Je vous rappellerai la semaine prochaine."

« Il ne s'est pas excusé. Il ne m'a donné aucune autre explication. Il n'a pas réalisé la position dans laquelle il me mettait, en tant que chancelier, après toute la campagne que j'avais faite. Et il ne m'a pas rappelé. »

Il y avait dans sa voix, pendant son récit, un mélange d'amertume et de colère grondante. J'ai senti que la confiance était rompue pour toujours. La répétition du récit est un signe qui ne trompe pas. Comme avait été répété trois fois, au printemps de 1969, le récit que Georges Pompidou m'avait fait, en respectant le mot à mot, des conditions dans lesquelles le général de Gaulle, après la victoire électorale de juin 1968, l'avait d'abord pressé d'accepter de rester Premier ministre, malgré sa réticence initiale, avait insisté une nouvelle fois, puis lui avait demandé de revenir le lendemain, jeudi, pour lui rapporter sa réponse.

Et, lorsque Georges Pompidou, enfin convaincu, avait rappelé le secrétaire général de l'Élysée, Bernard Tricot, pour connaître l'heure à laquelle il viendrait apporter à de Gaulle sa réponse positive, il avait été stupéfait de s'entendre dire que sa venue n'était pas nécessaire, et de découvrir que le poste de Premier ministre avait été offert la veille à Maurice Couve de Murville, qui l'avait accepté. Et Georges Pompidou ajoutait :

« Ce qui m'a le plus marqué, c'est d'apprendre que cette proposition avait été faite à Couve avant mon dernier entretien avec le général. Ainsi, pendant que celui-ci insistait auprès de moi pour que j'accepte, il savait que la proposition avait été faite en son nom à un autre. Si c'était une précaution qu'il devait prendre, il devait me le dire ! Cela faisait plus de vingt ans que je lui témoignais une confiance absolue. » Et il concluait : « Depuis, entre nous, cela n'a plus jamais été pareil ! »

La perte de confiance d'Helmut Schmidt dans l'administration Carter a été définitive. D'autres incidents l'ont aggravée par la suite. Sans doute allait-elle même au-delà de ce qui était justifié. J'ai évité d'utiliser cette situation en encourageant sa méfiance, car j'étais persuadé que sa frustration vis-à-vis des responsables de la politique américaine ne correspondait pas à l'attitude majoritaire de l'opinion publique allemande. Et je pensais que si nous cherchions à fonder le progrès de l'Europe sur une méfiance accrue vis-à-vis des États-Unis, le convoi risquerait d'être abandonné par les voyageurs qui sauteraient du train en marche.

Mais il était déjà visible que le climat des relations germano-américaines n'était plus ce qu'il avait été depuis 1948. Je le percevais nettement, mais je n'en trouvais pas l'explication. Un jour où je le questionnais, Helmut Schmidt me l'a fournie :

« Toutes ces dernières années, les Américains étaient habitués à ce que, dès qu'ils sifflent, les Allemands arrivent. Ils savaient que nous ne pouvions pas nous passer d'eux. Mais maintenant l'Allemagne a changé. Elle s'est reconstruite. Elle a retrouvé sa vigueur économique et, avec elle, sa dignité. Il faut que les Américains cessent de croire qu'il suffit de nous siffler pour nous faire obéir ! »

Même s'il faut y faire la part de l'exaspération, cette attitude psychologique créait une disponibilité nouvelle pour les deux prochaines étapes de l'union européenne que nous devions aborder ensemble : la monnaie et la Défense.

La monnaie était surtout mon idée. La Défense était celle du chancelier Schmidt.

***

La création du système monétaire européen, décidée au sommet de Brême, le 7 juillet 1978, est le fruit d'une longue histoire, qui débute avant mon septennat et qui se prolonge encore aujourd'hui.

La décision de laisser flotter le dollar prise par les autorités monétaires américaines en mars 1973, a mis fin aux accords de Bretton Woods, qui avaient établi la fixité des taux de change et la convertibilité illimitée du dollar en or pour les banques centrales. Depuis cette date, le système monétaire international a vécu sans règles. Le flottement généralisé des monnaies a d'abord été interprété comme une mesure transitoire, permettant à l'ajustement des taux de change de s'effectuer en souplesse. Dès le début de cette nouvelle période, on a commencé à s'interroger sur la remise en ordre du système. Le « Groupe des Vingt », réuni sous l'égide du Fonds monétaire international, et auquel la France participait activement, cherchait à définir un nouveau système fondé sur « des parités stables mais ajustables ». Le choc pétrolier de 1973 allait faire voler en éclats cette fragile tentative. Et, bien que j'aie été alors un actif partisan des « parités stables mais ajustables », je dois reconnaître aujourd'hui que l'économie mondiale n'aurait pas pu traverser la crise de 1974-1981 avec des taux de change fixes, et que le système aurait inévitablement explosé. Pour cette période exceptionnelle le flottement des monnaies a constitué le moindre mal.

Dans l'univers des monnaies flottantes, les Européens ont cherché à réduire les fluctuations entre leurs propres devises. L'intérêt de cet effort était évident : on ne pouvait espérer maintenir des courants d'échanges stables à l'intérieur du Marché commun avec des prix qui auraient flotté autant que les monnaies. Il fallait donc limiter les variations de taux de change à l'intérieur de l'Europe, et, pour cela, flotter en commun vis-à-vis de l'extérieur. Ce n'était pas facile. La spéculation tirait les monnaies fortes — deutsche mark et florin — vers le haut, et enfonçait vers le bas les monnaies plus faibles — franc belge, lire, et parfois le franc français. La livre sterling n'était pas concernée, car la Grande-Bretagne venait seulement d'adhérer à la Communauté européenne.

Nous en avions longuement discuté à Bruxelles, au niveau des ministres des Finances qui se réunissaient alors tous les trimestres pour une rencontre officieuse, en faisant le point des progrès à réaliser sur la voie de l'union monétaire. Dès 1970, nous avions chargé l'un d'entre nous, Pierre Werner, qui cumulait les fonctions de président du Conseil et de ministre des Finances du Luxembourg, de préparer un plan par étapes d'union économique et monétaire. Ses propositions, aussitôt nommées plan Werner, ont servi de support aux réflexions ultérieures sur le sujet, et contiennent en germe la plupart des propositions.

Ce plan aboutissait à trois conclusions : premièrement, pour éliminer les causes de divergences entre leurs monnaies, les pays européens devaient pratiquer des politiques économiques et monétaires convergentes ; deuxièmement, pour éviter que la pression des marchés ne pousse à une évolution désordonnée, les banques centrales devaient agir sur ces marchés par des interventions coordonnées ; enfin, ceci supposait que ces banques se consentent entre elles des facilités de crédit. Ces trois thèmes — convergence des politiques, intervention sur les marchés et facilités de crédit — ont alimenté pendant des années les recherches des compositeurs qui voulaient écrire la symphonie monétaire européenne.

En mai 1971, la Bundesbank décidait de laisser flotter le deutsche mark.

Notre première tentative pour réagir à cette situation nouvelle a été celle du « serpent », décidée au printemps de 1972. Puisque les monnaies européennes devaient maintenir entre elles un écart constant, leur mouvement ressemblait à celui de la peau d'un serpent, d'une largeur fixe, qui ondule dans l'environnement monétaire international. Pour éviter qu'une monnaie européenne ne sorte de la peau du serpent, la banque centrale de la monnaie menacée devait intervenir pour ramener celle-ci à l'intérieur de la « bande ». Malheureusement, cette disposition n'était applicable qu'aux monnaies faibles, celles qui sortaient du serpent vers le bas. Pour les monnaies fortes, réputées « vertueuses », et qui tiraient le serpent vers le haut, rien ne leur était imposé.

Ce dispositif était très technique et peu compréhensible pour l'opinion. Il a commencé à fonctionner de manière satisfaisante à partir du 21 mars 1972.

Un an plus tard, en mars 1973, la décision de laisser flotter le dollar changeait l'environnement international du serpent. Celui-ci n'avait plus à se maintenir à l'intérieur de limites fixes par rapport au dollar. Il flottait librement dans le vide.

La guerre du Kippour déclenchait, à l'automne de 1973, l'embargo arabe sur les livraisons de pétrole. La hausse des prix des produits pétroliers, puis celle des produits chimiques et des matières premières, lançait une vague d'inflation mondiale. Le franc, à l'écart des grands mouvements, résistait assez bien. Mais le deutsche mark, en raison du fort excédent commercial de l'Allemagne fédérale, était demandé par les spéculateurs et s'appréciait fortement. Il entraînait le serpent vers le haut. Pour l'accompagner, il fallait faire monter le cours du franc et donc vendre des dollars contre des francs, pour raréfier l'offre de ceux-ci sur les marchés. La Banque de France puisait dans ses réserves en devises. Nous n'avions ni les moyens, ni à vrai dire de justifications véritables, pour suivre la hausse du mark. Il fallait arrêter cette hémorragie.

Une décision devait être prise à bref délai. En raison de son importance diplomatique, elle méritait d'obtenir l'accord du président de la République. Celui-ci a proposé de me recevoir dans sa maison de campagne d'Ile-de-France, à Orvilliers, où il passait le week-end. Je ne m'y étais encore jamais rendu. Malgré l'exiguïté du village, nous avons tourné dans ses ruelles, avant de réussir à trouver le porche blanc d'entrée. Le président Pompidou m'a reçu dans son bureau, enfoncé dans un fauteuil, vêtu d'un pull-over bleu marine et d'une chemise ouverte. La maison était très confortable, sans prétention, et bourrée des derniers livres parus. Des magazines jonchaient les tables. Par les petits carreaux des fenêtres, on apercevait les silhouettes hivernales des arbres fruitiers, et des barrières de bois peint.

Je lui ai décrit la situation et les choix possibles : continuer d'intervenir sur les marchés, en faisant appel au crédit international pour reconstituer nos ressources, ou sortir du serpent et laisser le franc flotter librement.

« Si on laisse flotter le franc, me demande le président Pompidou, que se passera-t-il ?

— Sans doute pas grand-chose. Nous maintiendrons notre parité vis-à-vis de l'ensemble des monnaies, mais l'écart s'accroîtra vis-à-vis du deutsche mark. Cela augmentera les tensions inflationnistes en raison de la hausse des prix des produits allemands sur notre marché.

— Pouvons-nous l'éviter ? interroge le président.

— Nous le pouvons pendant un certain temps, mais cela nous coûtera très cher. Et finalement, nous n'empêcherons pas un écart de change entre le franc et le deutsche mark.

— Alors, il n'y a pas le choix, me dit le président Pompidou. Nous n'allons pas gaspiller nos ressources pour retarder un événement qui paraît inévitable. Il faut sortir du serpent monétaire. Mais ce n'est pas une bonne mesure, car il faut arriver à coordonner notre politique monétaire avec celle des Allemands. J'ai vu, au dernier sommet, qu'ils ne tenaient pas grand compte de notre situation. Dès qu'on parle de monnaie, ils sont totalement égoïstes. Ils aiment faire sentir leur supériorité. D'ailleurs, à leur point de vue, ils n'ont pas tort. Comment allez-vous annoncer la décision ?

— Je dirai qu'en raison des mouvements spéculatifs, la France suspend sa participation au système du serpent, mais qu'elle souhaite la reprendre dès que les circonstances seront redevenues favorables.

— Oui, dites-le, me recommande le président Pompidou, et insistez là-dessus. Présentez notre décision comme une mesure temporaire, rendue inévitable par la pression des circonstances. Mais soulignez notre volonté de revenir le plus tôt possible à l'accord européen. »

Je repars pour Paris. J'annonce notre décision. Le serpent monétaire gît désormais sur le sol, la peau trouée.

***

Après mon élection à la présidence, j'ai demandé au ministre des Finances, Jean-Pierre Fourcade, d'agir pour que le franc puisse reprendre progressivement sa place dans le serpent.

Effectivement le franc revenait *de facto* dans le serpent, au mois de mai 1975, et nous pouvions annoncer, le 10 juillet 1975, la rentrée officielle du franc dans le système, au même cours-pivot vis-à-vis du deutsche mark qu'au printemps de 1973.

Malheureusement, la situation économique était loin d'être stabilisée. Alors que le commerce extérieur était redevenu excédentaire au premier semestre de 1975, il commençait à se détériorer au second semestre. Sous l'effet d'un plan de relance, bénéfique pour l'emploi, mais dont l'impact était excessif sur la demande intérieure et qui entraînait une brusque flambée des importations de biens d'équipement, le déficit se creusait à nouveau, notamment vis-à-vis de l'Allemagne. Le faible taux de hausse des prix en Allemagne, dont l'économie réagissait mieux que la nôtre au choc pétrolier, poussait le deutsche mark vers le haut. La Banque de France devait intervenir pour limiter l'écart. La spéculation jouait sur une réévaluation du deutsche mark. Nos sorties de devises étaient excessives et les perspectives de redressement du commerce extérieur restaient défavorables pour l'année 1976.

Il ne s'agissait plus, cette fois, des effets du plan de relance, mais du retournement de la conjoncture mondiale. Les prix de nos importations, en particulier ceux des matières premières, augmentaient plus vite que ceux de nos exportations.

Je me trouvais placé devant le même choix que celui que j'étais allé exposer au président Pompidou et j'aboutissais à la même conclusion. Nous ne devions pas épuiser nos réserves pour nous maintenir à l'intérieur de la marge fixée : le 15 mars 1976, le franc quittait définitivement le serpent monétaire.

***

Le même serpent ne renaît pas deux fois ! L'expérience était concluante : nous ne réussirions pas à faire fonctionner un système monétaire européen aussi longtemps que les monnaies les plus faibles devraient supporter seules le poids du maintien de l'écart, pendant que les monnaies fortes continueraient de caracoler en tête, sans souci de savoir si elles étaient suivies par le reste du cortège. Il faut imaginer une autre formule.

Nous en parlons avec le chancelier Schmidt. Je le sens réticent. Il ne croit pas à la possibilité de réussir. Il suggère que nous demandions à des experts d'y réfléchir. Je lui propose le nom du gouverneur de la Banque de France, Bernard Clappier. Il m'en fait l'éloge et accepte.

Il m'indique que l'expert allemand sera son secrétaire d'État, le Dr Schulmann. Et nous convenons de demander à James Callaghan de désigner un représentant. Les réunions et les travaux des experts devront rester confidentiels.

Les propositions qu'ils nous présentent concluent à la nécessité d'un système plus contraignant : lorsque l'écart s'accroîtra entre les deux monnaies du système placées en positions extrêmes, l'une en hausse, l'autre en baisse, les deux banques centrales devront intervenir de manière conjointe pour maintenir entre elles l'écart prévu et empêcher l'éclatement du système.

Le gouverneur de la Bundesbank, Otto Emminger, est hostile au projet. Il ne veut pas se trouver placé devant l'obligation d'agir pour soutenir des monnaies faibles en vendant des deutsche marks, ce qui risque d'alimenter l'inflation en Allemagne. Son point de vue est partagé par la quasi-totalité des banquiers allemands.

Nous décidons avec Helmut Schmidt d'un partage des tâches entre nous. Bien que je sois davantage convaincu que lui de l'utilité du projet, je lui demande de s'en faire l'avocat à l'extérieur, en particulier aux deux prochains Conseils européens prévus à Copenhague et à Brême.

« Comme l'essentiel est de convaincre la communauté financière allemande, vous êtes mieux placé que moi pour le faire, lui dis-je. De mon côté, je travaillerai avec Bernard Clappier et vos experts à la mise au point du projet. »

Il marque une hésitation :

« On m'a rapporté, me dit-il, que les services de la Banque de France ne sont pas non plus très favorables au projet et que vous avez dû exercer un effort de persuasion pour les convaincre. J'ai l'impression qu'en réalité nous sommes tous les deux seuls à nous engager pour ce projet ! »

Je lui réponds :

« Je crois aussi que nous sommes seuls tous les deux ! Mais les autorités monétaires françaises se laisseront plus facilement persuader que les vôtres. D'ailleurs, c'est finalement notre intérêt. La vraie difficulté se pose pour l'Allemagne. »

Il me donne son accord, mais il ajoute une question qui le préoccupe :

« Comment faire pour que les Britanniques se joignent à l'accord ? »

Le nouveau président de la Commission, Roy Jenkins, est un ardent supporter de l'Europe monétaire. Il vient d'entreprendre un tour d'Europe pour en rencontrer les dirigeants et la question monétaire figure à l'ordre du jour de ses entretiens. Je l'ai reçu à l'Élysée et il m'en a longuement entretenu.

Quant à James Callaghan, c'est un Européen modéré, mais un homme politique prudent. Il sait que l'aile gauche de son parti est hostile à l'Europe, et réclame à cor et à cri le retrait britannique du Marché commun. Il redoute qu'une initiative trop hardie relance ce mouvement de rejet. D'autant que les experts financiers de la City sont sceptiques et hostiles au projet. Ils considèrent la livre sterling comme une « pétro-devise », fluctuant avec les cours du pétrole, et appelée à connaître un sort différent, et sans doute plus brillant, que les monnaies continentales, étranglées par le déficit pétrolier.

Avant et pendant le sommet de Brême, Helmut Schmidt doit agir sur deux fronts. Les milieux financiers allemands ont assisté deux fois déjà aux mésaventures du serpent monétaire. Ils imaginent qu'une nouvelle expérience est sans doute inévitable du point de vue politique, mais qu'elle ne sera sans doute ni plus durable, ni plus contraignante pour la politique monétaire allemande que les tentatives précédentes. Cette résignation laisse à Helmut la voie libre.

Vis-à-vis des Britanniques, sa position est plus difficile à déchiffrer pour moi.

En tant qu'Allemand du Nord, il est sensible à l'influence de la Grande-Bretagne et à son prestige financier. Il a souhaité son entrée dans le Marché commun et critiqué l'obstruction française. En sens inverse, il est irrité par le dogmatisme des Travaillistes et surtout de leur aile gauche. Il éprouvait une véritable aversion pour l'attitude ondoyante d'Harold Wilson et pour l'impossibilité de compter sur quelque engagement que ce soit de sa part. Et il laisse paraître sa commisération devant le déclin économique et financier de la Grande-Bretagne, très marqué à l'époque.

Depuis l'arrivée au pouvoir de James Callaghan, qui a succédé à Harold Wilson en mars 1976, les choses se sont améliorées. Il estime Callaghan et a confiance en lui. Il m'en parle au téléphone en termes favorables. Ils se rencontrent en tête-à-tête.

***

L'une de ces rencontres a donné lieu à un événement cocasse, que je n'ai pas révélé à l'époque, bien qu'il eût fait la joie des médias ! Mais j'étais tenu par notre solidarité et nos règles de discrétion.

Le soir du 19 mars 1978, j'étais à Rambouillet où j'attendais de connaître le résultat du deuxième tour des élections législatives. Tous les sondages des six derniers mois donnaient gagnante la coalition des socialistes et des communistes du Programme commun. Après avoir voté à Chanonat, j'avais repris avec Anne-Aymone un avion pour Villacoublay. Nous étions allés directement à

Rambouillet, où nous avions invité un couple d'amis, venus de Dampierre pour dîner. Henri, qui votait dans le Loir-et-Cher, nous avait rejoints. Nous étions installés tous les cinq autour d'une table, dressée dans le salon aux belles boiseries de chêne foncé, et nous regardions l'annonce des résultats à la télévision. Très vite, après les premières estimations, et à partir des résultats qui montaient des circonscriptions, il était clair que les électeurs avaient fait « le bon choix », et rejeté, pour cette fois, l'application du Programme commun ! Je respirais de contentement pour la France : elle avait compris qu'il fallait continuer à avancer, malgré les difficultés, malgré les fausses promesses de la démagogie, sur la voie de la modernité libérale. J'en étais heureux et fier pour elle !

Personne ne savait que nous étions à Rambouillet, à l'exception du secrétaire général de l'Élysée Jean François-Poncet qui m'appelait de demi-heure en demi-heure pour me donner les derniers chiffres. Soudain, à 10 heures du soir, le téléphone sonne. C'est le standard de l'Élysée. Le standardiste m'indique qu'il a en ligne le chancelier Schmidt qui insiste pour me parler. Je demande qu'on me passe la communication.

J'entends la voix d'Helmut. Il me parle, comme d'habitude, en anglais :

« Je viens d'entendre les résultats à la télévision. Ils paraissent très bons. Vous avez gagné. Je voulais vous féliciter tout de suite, parce que je crois que c'est important pour la France et pour l'Europe. Je vous dis bravo ! Mais j'ai aussi près de moi un ami qui voudrait vous féliciter. »

Il tend l'appareil à quelqu'un. Un murmure de voix. Et puis : « Monsieur le Président, ici Jim Callaghan. Helmut Schmidt est venu me voir à Chequers et nous sommes en train de dîner ensemble. Dès qu'il a entendu les résultats, il a voulu vous appeler. Je joins mes félicitations aux siennes. Bien sûr, je ne veux pas me prononcer sur les affaires intérieures françaises... »

Je sens l'embarras, légitime, du Premier ministre travailliste. Et il poursuit :

« Mais je crois que, dans les circonstances actuelles, la décision du peuple français est la meilleure pour nous tous ! Et je suis heureux pour vous ! »

Nouvel échange de propos au bout de la ligne. Et James Callaghan reprend l'appareil :

« Notre appel a un caractère personnel. Je suis sûr que vous le comprenez ! »

Je l'avais compris. Mais le fait est là ! Les premières félicitations qui me soient parvenues pour le succès électoral de mars 1978 et l'échec du Programme commun, ont été celles du chancelier social-démocrate d'Allemagne et du Premier ministre travailliste de Grande-Bretagne !

***

Helmut Schmidt souhaite obtenir la participation des Britanniques au nouveau système monétaire européen. La croit-il vraiment possible ? Il dépense pour cela des trésors de persuasion, dont il m'entretient longuement. Ou s'agit-il seulement pour lui de démontrer qu'il a fait tout son possible pour couper court aux reproches qui lui seraient faits par certains milieux économiques allemands et par ses propres amis politiques ?

Pour ma part, je juge la participation anglaise irréaliste. Des propos tenus par James Callaghan, je retiens que ce qu'il souhaite faire est d'aller aussi loin que possible dans la négociation pour que le système adopté ne soit pas contraire, à court terme, aux intérêts britanniques et puisse même se prêter, plus tard, à une éventuelle adhésion. Mais une participation immédiate ne peut pas être envisagée.

A mon tour, je suis sensible aux qualités personnelles de James Callaghan. Ma première impression date de son entrée dans la salle de réunions de l'OCDE, comme chancelier de l'Échiquier du gouvernement travailliste, le premier gouvernement d'Harold Wilson, qui venait de chasser les Conservateurs du pouvoir. C'était en 1964. Le changement de majorité et la nouvelle politique travailliste de socialisation et de nationalisation avaient été mal accueillis par les marchés financiers. Jim Callaghan arrivait dans un environnement hostile. Il avait été superbe. La qualité oratoire, l'excellente présentation d'un dossier difficile à plaider, avaient fait une forte impression sur son auditoire. Je m'en suis souvenu.

Comme Premier ministre, il s'était éloigné des incertitudes wilsoniennes. Je le sentais plutôt européen, mais à la manière britannique, c'est-à-dire dans la mesure où la participation aux affaires européennes servait et, en tout cas, ne contredisait pas les intérêts de la Grande-Bretagne. Bien qu'il se soit éloigné du dogmatisme socialiste, il restait très attaché à son parti et à l'unité de celui-ci. Or, il le savait encore très réservé, sinon négatif, sur l'adhésion de la Grande-Bretagne à la Communauté.

J'assistais sans conviction aux efforts d'Helmut, mais je ne voulais pas le décourager, par crainte de faire renaître l'ancienne réputation selon laquelle la France s'opposait, par principe, à toute possibilité de participation britannique. Cela aurait entraîné un mouvement de recul de nos autres partenaires.

La décision a été prise à Brême, port hanséatique voisin de Hambourg, à l'occasion du Conseil européen des 6 et 7 juillet 1978, où Helmut Schmidt nous avait invités. Nous tenions nos séances à l'hôtel de ville, le *Rathaus*, une superbe construction médiévale qui paraissait avoir échappé par miracle aux bombardements aériens de 1944. Mais la dernière réunion se déroulait dans le salon d'une villa prêtée par le gouvernement local, où nous venions de prendre notre déjeuner. Nous nous sommes installés pour le café dans des fauteuils capitonnés, devant une table basse. Un soleil joyeux, rafraîchi par la mer du Nord, rendait accueillant et familier ce décor typique de la bourgoisie allemande. Nous devions nous séparer dans l'après-midi après avoir rendu publiques nos conclusions sur l'accord monétaire. C'est à ce moment-là que la partie décisive s'est jouée.

Helmut l'a engagée directement vis-à-vis de Jim Callaghan. Il voulait forcer son accord. C'est un lutteur qui croit à l'efficacité de ses moyens de conviction. Deux de nos partenaires du Benelux, le Premier ministre de Belgique, Léo Tindemans, et le Luxembourgeois Gaston Thorn, soutenaient ses efforts. Pour moi, le problème était de ne pas les laisser pousser leurs arguments au point de déclarer que, sans participation britannique, le système ne pourrait pas fonctionner et qu'il vaudrait mieux y renoncer.

Le président du Conseil italien évoquait la situation particulière de son pays et demandait à bénéficier d'une marge élargie, 6 % de part et d'autre du taux moyen, contre les 2,25 % qui figuraient dans notre projet.

Le chancelier Schmidt aperçoit la balle, et pense la saisir au bond. Il suggère que les Britanniques pourraient bénéficier, eux aussi, d'une marge élargie, au moins dans un premier temps.

Cette proposition irrite Jim Callaghan au lieu de l'apaiser. Il indique que si la Grande-Bretagne décide de participer au système monétaire, ce sera dans son intégralité et qu'il ne peut pas accepter qu'il lui soit fait une situation particulière.

Le ministre irlandais crée une diversion en annonçant que son pays est prêt à participer à l'accord, même si la Grande-Bretagne ne s'y associe pas. Jusque-là, la livre irlandaise a toujours été étroitement dépendante de la livre britannique. L'hypothèse d'un détachement de la livre irlandaise paraît invraisemblable à Jim Callaghan, qui nous le fait comprendre.

Le bateau commence à faire eau. Nous nous enfonçons lentement. Pris par ses propres arguments, Helmut Schmidt pense encore arracher l'accord des Britanniques. Jim Callaghan, heurté par le déroulement de la conversation et de plus en plus sensible à son isolement après la défection irlandaise, s'enfonce dans son obstination galloise. Je sens qu'il ne cédera pas.

C'est alors que me vient l'idée de diviser la difficulté en deux : d'une part un accord général auquel la Grande-Bretagne participerait, et d'autre part un mécanisme de fixation des marges de fluctuation et d'intervention sur les marchés, dont la Grande-Bretagne serait absente.

Au point de blocage où nous sommes arrivés, cette solution paraît la seule issue possible. Je la présente. Les Premiers ministres du Benelux la soutiennent. Le président du Conseil italien l'approuve, tout en se réservant le droit d'en faire également application à l'Italie. Il suggère qu'en cas d'accord nous reprenions ce débat avec lui.

Helmut Schmidt ressent cette formule comme un échec. Je le sens irrité et psychologiquement buté. Il reprend une dernière fois son argumentation pour convaincre Callaghan. Mais le courant ne passe plus. Puis, comme il arrive souvent dans ces réunions internationales, après de longues discussions où les arguments paraissent inconciliables, une fente s'ouvre brusquement dans la muraille, l'atmosphère se détend et on passe sans transition à la négociation des détails d'un accord, dont l'éventualité même semblait, il y a quelques heures, invraisemblable. C'est ce qui se produit, grâce au concours de nos autres partenaires qui redoutent les conséquences de l'échec sur l'opinion publique de leur pays, et sur la tenue de leurs monnaies. On en arrive aux congratulations. Helmut ronchonne. Jim Callaghan est soulagé : il a évité l'engagement britannique, mais réservé pour l'avenir la possibilité d'une participation. Il en deviendra plus tard un ardent partisan. L'Irlande confirme courageusement son accord. Et le ministre des Finances italien accepte finalement le projet, en se réservant des modalités d'application plus souples.

L'après-midi, autour de la table du Conseil, nous discutons les termes du communiqué. L'accord monétaire européen suppose l'existence d'une unité, d'une monnaie de compte, qui sera l'embryon, le gène de la future monnaie européenne. Comment la nommer ?

Embarras autour de la table. Donner à cette unité une appellation en langue anglaise paraît difficile, compte tenu de la non-participation des Britanniques. A l'exception du français, les autres langues de la Communauté sont peu envisageables. Et je devine, aux quelques réflexions échangées, les réticences de nos partenaires vis-à-vis d'un nom français, ressenti comme une manifestation nouvelle de l'impérialisme intellectuel de notre pays.

Je demande à Helmut Schmidt, qui préside, de me donner la parole. Le malaise s'épaissit.

« Je vous propose de ne pas donner à la nouvelle unité de compte un nom spécial, mais plutôt de la désigner tout simplement par sa fonction : *European Currency Unit.* »

Et je prononce la formule en anglais.

Surprise et soulagement général. Le visage de Jim Callaghan s'illumine. Il chuchote sa satisfaction à l'oreille de son ministre des Affaires étrangères, David Owen. Il n'y a pas besoin d'un tour de table pour constater l'unanimité. Helmut Schmidt, qui a tout de suite compris le jeu de mots, paraît s'en amuser. Il doit penser que cela permettra de mieux « vendre » le système à l'opinion publique française, ce qui répond à son souhait. Il prend acte de l'accord sur ma proposition.

« Dans la pratique, ajoutai-je, toujours en anglais, nous serons conduits à utiliser les initiales, comme pour les Droits de Tirages Spéciaux (DTS). Il vaut mieux les faire figurer entre parenthèses dans les textes : European Currency Unit (ECU). »

Pas d'objection. Un peu d'étonnement. On se demande s'il n'y a pas là quelque tour de passe-passe caché. Le Premier ministre belge est le premier à sourire. Puis les autres.

Car la monnaie européenne vient ainsi d'être baptisée « écu », du nom que les Français donnaient à la plus précieuse de leurs unités monétaires au temps de la dynastie des Valois.

Le 13 mars 1979, le nouveau système monétaire européen entrait en vigueur, sur la base d'une parité du mark de 2,30 par rapport au franc. Celle-ci ne devait pas varier jusqu'en mai 1981.

***

Il y a dans le caractère d'Helmut Schmidt quelque chose de difficile à définir et qui m'a toujours ému. Une forme de pugnacité que rien ne décourage, même quand elle lasse visiblement ses interlocuteurs, et qui l'amène à développer ses arguments en ignorant l'heure et la fatigue.

Je le constatais souvent à l'occasion des soirées qui concluaient rituellement les premières journées de nos Conseils européens. Alors qu'il était resté silencieux pendant le dîner, levant de temps à autre les yeux vers le plafond, la tête de côté, pour souligner son indifférence aux propos futiles qu'il entendait, à partir du moment où nous nous déplacions dans une pièce voisine, le repas fini, pour aborder nos conversations, en absorbant le mauvais café et le verre de cognac des réunions internationales, Helmut Schmidt entrait dans le combat.

Il s'étirait alors en arrière dans son fauteuil, l'estomac libéré pesant sur son gilet dont les plis tiraient sur les boutonnières. Il fumait, selon la permission que lui donnait son médecin, tantôt des cigarettes, en chaîne ininterrompue, qui lui avaient bruni la peau le long de l'index, tantôt des cigares, avant d'en être réduit à priser. Il ne buvait pas, sauf du café, et parfois un fond de verre de cognac. Et la lutte commençait.

Il la menait tard dans la nuit, longtemps après que les autres combattants avaient abandonné. Il tenait à marquer le point final. Peu à peu, le poil apparaissait sur la peau de son visage, qui se hérissait d'une écume grise et pointue. J'avais vu monter sur Aristote Onassis, au fil des heures tardives, cette même marque de virilité qui, parce qu'elle défraîchit les vêtements et assouplit le maintien, vous entraîne, quel que soit votre rang, vers un retour à une humanité plus simple et plus chaleureuse.

Cette ardeur au combat me touchait, même si elle finissait par me lasser prodigieusement, passé une heure du matin, ayant toujours appartenu à cette catégorie — j'aimerais écrire cette élite — qui considère que la nuit est faite pour dormir. Je redoutais aussi la reprise des travaux de la matinée, toujours retardée par la fatigue, et qui débouche généralement sur des discussions languissantes et sans conclusion. Si bien que les heures qu'on a cru gagner le soir sont largement reperdues le lendemain !

Mais l'impression qui m'a marqué le plus dans nos relations est une confidence qu'il m'a faite un jour pour souligner l'amitié qu'il me portait.

***

Il avait insisté pour que je me rende en visite officielle en Allemagne.

« Vous êtes très connu en Allemagne, me disait-il. Vous y serez très bien reçu, presque aussi bien que de Gaulle. »

Je ne le croyais pas. Les voyages officiels en Europe me paraissaient être devenus emphatiques et inutiles. Chacun de nous était connu par la télévision. A quoi servait-il de parcourir le pays, encadré par la police ? de déranger les habitudes ? de prononcer des banalités sur les « liens historiques » ou les « amitiés indéfectibles » ? J'avais essayé de retarder l'échéance. Mais ce voyage était devenu inévitable. Helmut souhaitait que ma visite ait lieu avant les prochaines élections générales en Allemagne, fixées au 5 octobre 1980.

Nous avons passé une semaine entre Bonn et différents Länder, du lundi 7 au vendredi 11 juillet 1980.

Les résultats de ce voyage furent voisins de mes prévisions — un accueil sympathique, mais sans enthousiasme ni signification particulière —, mais il me permit de découvrir, du nord au sud, une Allemagne qui m'était devenue, du fait de son développement récent, largement inconnue. Anne-Aymone, qui avait toujours refusé jusque-là de se rendre en Allemagne où son père est mort, ou plutôt a disparu en déportation, avait accepté de m'y accompagner, en raison de la nature officielle de ce déplacement. Je me rendais compte de l'effort qu'elle avait dû faire pour le décider.

Un savant dosage avait été établi entre les Länder, suivant leur couleur politique.

Le mardi, à Baden-Baden, où je n'étais pas retourné depuis que je l'avais traversé en Jeep, pendant la guerre, nous trouvons une atmosphère balnéaire, car les cures avaient commencé. On sentait les effluves de la frontière française, toute proche. Entre une réception et un banquet, nous avons fait halte dans un appartement de l'hôtel Brenner, un des plus accueillants d'Europe. Je me suis dit que si j'étais réélu l'an prochain, j'offrirais comme présent à mon père et à ma mère de venir y faire un séjour pour qu'ils retrouvent l'Allemagne qu'ils avaient connue pendant l'occupation française de l'autre après-guerre.

Le soir, nous avons fait étape à Cassel, dans la Hesse, fief social-démocrate alors tenu par la tendance fidèle à Helmut. Dîner sympathique dans le château des Hesse-Cassel, miraculeusement épargné, puis restauré et aménagé en musée.

Helmut Schmidt m'avait demandé d'éviter Munich. Il craignait que son rival — et ennemi — dans les élections qui se rapprochaient, Franz Joseph Strauss, ne m'y organise un accueil triomphal, dont il tirerait un avantage politique. Je n'avais pu qu'accéder à sa demande, mais avec regret. Je pensais en effet que Munich marquerait une étape importante, et je souhaitais qu'elle puisse être le lieu d'une manifestation populaire. Finalement la solution retenue fut celle d'un déjeuner à Wurzbourg, où Strauss était venu me recevoir dans le palais du prince-évêque. Le mercredi, nos hélicoptères s'étaient posés sur le grand terre-plein pavé qui borde le palais. Par mesure de sécurité, en raison de la vague de terrorisme qui sévissait alors en Allemagne, on avait évacué la place, et un cordon de police maintenait les curieux à distance.

A la réception, où il me présente le gouvernement du Land de Bavière, Strauss avait eu l'heureuse idée d'inviter tous les maires dont les communes étaient jumelées avec des communes françaises ainsi que tous leurs homologues français. Strauss s'exprime parfaitement dans notre langue. Il possède une villa près du Lavandou où il passe ses vacances d'été. Il commence par me lire un discours préparé pour l'accueil puis, lâchant son papier, il improvise. Le début est amical, raisonnable, mais je sens que le moteur s'échauffe. Et je le vois entrer dans le cycle qui a fait son succès, et parfois son malheur. Entraîné par son tempérament, par son éloquence, il martèle les phrases. La sueur colle sa chemise. J'éprouve des difficultés à suivre sa démonstration, où les « r » commencent à rouler dans le parler bavarois, mais je la devine : il dénonce la faiblesse des dirigeants, la complaisance idéologique, le refus de prendre en compte la menace qui vient de l'Est. Les notables l'approuvent. Ils pensent comme lui, mais ils sont embarrassés par sa véhémence, et par son retour à un style électoral devant un hôte qui prend refuge dans son ignorance apparente de la langue. Je me souviens, une fois de plus, du mot d'Eschyle : « le caractère, c'est la destinée », comme je m'en souviendrai pour Jimmy Carter, Jacques Chirac et Indira Gandhi.

Déjeuner par petites tables, où figurent les personnalités de Bavière. Parmi elles, le duc de Bavière, élégant et réservé. Madame Strauss est ma voisine. C'est une femme intelligente, réfléchie, dont la conversation, dans un français facile, est agréable à suivre. Elle ferait, me dis-je, une parfaite épouse pour un chancelier.

Des hélicoptères nous transportent à Lübeck. Je sommeille à moitié pendant le vol, apercevant à peine le damier de forêts, bordées de miradors à chevreuils, et de prairies, qui constitue le paysage allemand.

A Lübeck, sur la mer Baltique, nous sommes reçus par Gerhard Stoltenberg, ministre-président de Hanovre. J'y ai vérifié qu'en Europe l'eau et le climat s'incorporent à la chair des visages. Les Allemands du Nord portent sur leurs traits la densité froide de la mer et les reflets d'un ciel qui mêle la force du vent et la course des nuages. De la fenêtre de notre hôtel, nous apercevons les grillages du « rideau de fer » avec, de loin en loin, des sentinelles en vigie en haut des miradors. Je ne les imaginais pas si proches de la ville. J'ai demandé à quelles unités ces hommes appartenaient, pensant à des régiments soviétiques. Stoltenberg m'a répondu : « Ce sont des Allemands de l'Est, qui font partie des unités de gardes frontières. » Quelle étrange situation me fait-il toucher du doigt : le long du rideau de fer, ce sont des Allemands qui tirent sur les Allemands !

Le lendemain matin, nous sommes revenus de Lūbeck à Bonn. Après une escale à l'aéroport de Cologne, les hélicoptères m'ont déposé pour une rapide étape à l'Office franco-allemand pour la Jeunesse. Et de là, nous sommes repartis pour la capitale fédérale.

Helmut Schmidt est venu nous attendre à l'arrivée, avec le chef du protocole, l'ambassadeur Franz-Joachim Schoeller. Nous nous posons à l'intérieur de la ville, sur un talus, au bord d'un parc. Je descends du talus pour rejoindre Helmut. Nous montons dans sa voiture. La vitre de séparation avec le chauffeur est fermée. Pas d'interprètes, comme toujours.

Et là, l'habitude d'être ensemble, la lassitude et sans doute aussi l'amitié, lui font prendre un ton différent, de soudaine intimité !

« J'ai vu que cela s'est très bien passé, me dit-il. On vous a bien accueilli. J'espère que vous ne m'en voulez pas de ne pas vous avoir accompagné. Je sais bien que j'aurais dû le faire. Mais j'avais mes obligations pour le début de la campagne électorale. D'ailleurs, je suis allé hier soir à une réunion de notre parti. Cela a duré des heures. Toutes les questions ont porté sur le nucléaire et sur le déploiement des missiles américains. Il a fallu que je me batte. Et je suis très fatigué. J'espère que pour vous ce voyage n'est pas trop fatigant ? »

Je lui réponds :

« Non, pas trop. Tout était parfaitement organisé. Et je n'ai pas eu grand-chose à faire. Juste quelques discours à lire. »

Il reprend :

« Tant mieux. Mais moi, je suis très fatigué. Souvent je me sens las. Cela ne m'arrivait jamais auparavant. Je crois que je deviens vieux. Vous avez quel âge ? Cinquante ans, je crois ? — il se trompe. Vous êtes plus jeune que moi. Vous avez de la chance ! »

Un silence. Il s'absorbe, dans l'angle de la voiture. Puis, à nouveau, il me parle :

« Il y a une chose que j'ai décidé de vous dire. Il y a longtemps que je pense le faire. J'ai attendu ce voyage. Vous serez le seul à le savoir, avec ma femme, et X***, qui est mon plus ancien collaborateur. Vous l'avez, je crois, rencontré chez moi. » Un silence, puis : « Mon père est juif. »

La stupéfaction me saisit. Je m'attendais à tout mais, à vrai dire, à rien d'important : une révélation sur sa santé, sur un souvenir de guerre, sur une tractation avec ses partenaires libéraux de la coalition. Mais ceci : Helmut, le chancelier de cette Allemagne fédérale qui expiait encore les crimes de la guerre et de l'holocauste, l'homme politique allemand le plus connu dans le monde, né d'un père juif ! Rien ne me l'avait fait pressentir !

« Mon père a vécu dans la terreur que cela soit découvert, pendant le nazisme. Son père, qui est donc mon grand-père, était un banquier juif, assez riche je crois, du Nord de l'Allemagne. Il appartenait à la bourgeoisie juive. Il a eu un enfant illégitime avec une jeune femme, dont je ne sais rien. Il n'a pas voulu que cela soit connu. Aussi, après la naissance, il a fait adopter l'enfant par un couple nommé Schmidt, dont j'ai cru longtemps qu'il s'agissait de mes grands-parents. Mon père était au courant et il connaissait le nom de son propre père, qui avait d'ailleurs largement assuré l'avenir financier du bébé. C'est pourquoi, lors de la montée du nazisme, il a vécu dans la crainte, car si on faisait des recherches, on finirait par le retrouver et le fait d'avoir un père juif aurait pu le faire envoyer dans un camp de concentration. »

Je l'interroge :

« Mais la judéité se transmet par les femmes ! Que pouvait-il redouter ? »

Il me répond :

« La loi nazie était différente. Comme fils d'un père juif, il aurait été déclaré juif. Au début de la guerre, quand les persécutions anti-juives se sont renforcées, il était enseignant et, moi-même, j'étais dans l'armée. On risquait à tout moment de nous demander de prouver que nous avions bien une origine cent pour cent aryenne. Nous avons décidé tous les deux de falsifier nos papiers, ce qui a été facilité par le fait que, dans les archives de Hambourg, mon père figurait comme "né de père inconnu". En principe, mon père ne risquait plus rien. Mais il a continué de vivre dans la terreur. Moi-même, avec un seul grand-parent juif, je pense que je ne serais pas tombé sous l'application de la loi. Mais la question ne s'est pas posée. Après la guerre, tout cela a été effacé et personne ne l'a su. J'ai recherché la trace de mon véritable grand-père, mais il était apparemment parti pour l'Est avant la guerre et je n'ai rien pu retrouver. Quant à ma grand-mère, je n'ai jamais pu en découvrir la moindre trace. Maintenant, vous êtes trois à le savoir : mon secrétaire X***, ma femme Locki, et vous. »

Le cortège roule rapidement en direction de la chancellerie, où nous devons avoir un entretien. Comme dans toutes les capitales occidentales, le public ne prête plus d'attention aux cortèges officiels. Seuls les policiers, en uniforme vert, saluent sur le passage. Les troncs des arbres rythment notre trajet d'un halètement visuel, comme dans les trains les soudures des rails.

Helmut Schmidt s'est enfoncé dans le siège de sa voiture. Il n'a rien à ajouter. Moi non plus. Quoi dire, qui ne soit pas d'une banalité indigne ? Le sens de ce qu'il vient de me raconter ne se situe pas dans les rapports entre lui et moi. Qu'il ait ou non un père juif n'a aucune importance, aucun effet, sur la nature de nos relations. De ce point de vue, la nouvelle est insignifiante. Le sens de cette révélation est ailleurs, plus étrange, plus dramatique. Il débouche de plain-pied sur l'histoire allemande, sur la hideuse convulsion du nazisme, sur la lente et méritoire réhabilitation de l'après-guerre. Ainsi, trente ans après l'holocauste, le hasard ou la prédétermination a placé à la tête des deux États germaniques, l'Allemagne et l'Autriche, deux dirigeants d'ascendance juive, Helmut Schmidt et Bruno Kreisky ! Brusque remontée d'un étage enfoui de la conscience collective, ou manifestation d'une capacité supérieure, lancée comme une revanche des morts ? Mon cerveau bourdonne encore des chocs de cette révélation. Nous arrivons à la chancellerie, où je reprends le fil de mon voyage.

Dans les conseils européens suivants, puis au sommet mondial de Venise, nous avons eu souvent à débattre de la situation au Proche-Orient. Nous recherchions la formulation d'une position commune aux douze pays de la Communauté sur le processus de paix dans le conflit israélo-arabe. Nous évoquions la situation, la sécurité, les menaces sur l'avenir de l'État d'Israël. Jamais, à aucun moment, la relation biologique intime qui liait Helmut Schmidt à son ascendance juive n'a déterminé chez lui une réaction qui différât, si peu que ce soit, de l'attitude que je lui avais toujours connue.

Jamais, quand nos yeux se croisent au milieu d'une phrase qu'il prononce sur ce sujet sensible et difficile, je ne détecte dans son regard le moindre signal, je n'aperçois la moindre lueur, à la limite la plus fugitive de la perception, qui témoigne de la confidence échangée.

Ce n'est qu'avec l'accord d'Helmut que je publie aujourd'hui cette confidence, dans les termes mêmes où il me l'a faite. Mon premier instinct a été de la protéger contre les risques d'exploitation ou de déformation. J'y ai vu une manifestation très rare, presque unique, qui consiste, pour prouver son amitié à quelqu'un, à lui offrir soudainement ce qu'on a de plus précieux ou de mieux caché.

De là vient sans doute que notre amitié ait survécu à tous les avatars de la politique. Il a eu la délicatesse de faire le voyage d'Authon, avec sa femme, après mon départ de l'Élysée. Cette amitié vivra aussi longtemps que nous, et même, sous une autre forme, au-delà, puisque nous avons eu le privilège de servir ensemble des causes qui nous dépassaient.

[illegible]

[illegible]

[illegible]

[illegible]

IV

LES SECRETS D'ÉTAT

La confidence que m'avait faite Helmut Schmidt était par sa nature un secret privé mais, en raison de la fonction qu'exerçait le chancelier, elle devenait un secret d'État.

L'opinion publique est convaincue que les dirigeants du monde détiennent un nombre considérable d'informations confidentielles et qu'ils sont constamment alimentés par leurs services de renseignements en secrets explosifs qui leur permettent de « tenir » les uns, et de contrecarrer l'action des autres.

L'expérience que j'ai vécue me conduit à des conclusions plus modestes.

***

J'avais été frappé, lors de mes entretiens hebdomadaires avec le général de Gaulle, par la manière dont il était parfaitement informé. Lorsque j'avais une information à lui donner ou une nouvelle à lui annoncer, il était rare que je ne découvre pas qu'il était déjà au courant. Quand il s'agissait d'une nomination à proposer, il connaissait le plus souvent le détail des activités et les attitudes personnelles de l'intéressé.

Cette situation, dont j'ai bénéficié moi-même par la

suite, n'a rien de mystérieux. Elle tient au fait que tous ceux qui viennent vous voir, visiteurs ou collaborateurs, pensent qu'ils n'ont pas de meilleure manière de se faire valoir à vos yeux que de vous faire bénéficier de la connaissance de nouvelles qu'ils ont acquises ou surprises.

Il se forme ainsi un réseau d'informations non structuré qui permet au président de la République d'être, sans doute, la personne la mieux renseignée du pays.

Cette information doit peu aux sources clandestines d'information. Les rapports que m'ont adressés les deux ministres de l'Intérieur de mon septennat, Michel Poniatowski et Christian Bonnet — déposés, comme je l'ai dit, aux Archives nationales — ne m'ont pratiquement pas apporté de « révélations », c'est-à-dire d'éléments propres à bouleverser mon jugement sur une personne ou à me conduire à traiter un problème à partir d'une approche différente. Quant aux écoutes téléphoniques, j'éprouvais pour elles une véritable aversion. Je savais qu'elles avaient été pratiquées dans la période précédente, où l'un des anciens Premiers ministres m'en avait, presque naïvement, apporté la preuve. Je décidai de les interdire.

L'opinion publique, et avec elle une grande partie de la presse, était parfaitement sceptique. Elle ne croyait pas à l'authenticité, ni même à la sincérité, de cette volonté d'interdiction. De temps à autre, des rumeurs provenant de personnalités politiques, ou de leurs défenseurs, qui croyaient découvrir des indices démontrant qu'ils étaient placés sous surveillance téléphonique, refaisaient surface. De mon côté, je me méfiais du zèle — à double tranchant — des services qui géraient ces écoutes, comme de leur intérêt inévitable de survie, qui les poussait à prolonger leurs activités. Les écoutes étaient en effet maintenues dans deux cas strictement réglementés : la sécurité nationale, dans le domaine de l'espionnage et des tentatives de pénétrations extérieures, et les procédures judiciaires, à la demande formelle d'un magistrat instructeur, lorsque celui-ci estimait qu'une surveillance téléphonique lui était nécessaire pour la conduite de son enquête.

Mais je redoutais également l'attitude de ces personnes qui prétendent agir pour votre bien, à votre insu, et qui sont décidées à faire ce que vous venez de leur interdire, en s'abritant derrière le raisonnement selon lequel « vous ne pouviez pas faire autrement que de l'interdire, mais c'est leur devoir de passer outre à vos ordres et de servir ainsi votre véritable intérêt ».

La riposte pratique tenait dans l'organisation du service et dans sa surveillance.

Pour limiter les risques, tous les moyens d'écoute étaient réunis dans un seul service, avenue de Latour-Maubourg et, afin d'assurer un strict respect des ordres et de la discipline, ce service dépendait d'une hiérarchie militaire.

Quant à la surveillance, j'ai prescrit que des visites surprises soient effectuées périodiquement sur place. Étant donné la nature militaire du service en cause, ces visites étaient assurées par un membre de rang élevé de mon état-major particulier et par un collaborateur du Premier ministre, puisque celui-ci exerçait la tutelle du secrétariat général de la Défense nationale.

J'ai eu du mal à déclencher la première visite. La gêne était visible autour de moi. A quoi tenait-elle ? Au refus d'aller se salir les mains dans un domaine d'activités jugé trouble et périlleux ? Au sentiment qu'il serait plus réaliste de ne pas chercher à intervenir en une matière où, en France comme à l'étranger, c'est la nécessité qui définissait la loi ? Toujours est-il qu'il m'a fallu insister par trois fois pour que le contrôle soit entrepris. La visite a finalement eu lieu. On m'a rendu compte de ses résultats.

Elle n'avait pas détecté d'anomalies, si ce n'est celle de l'importance excessive des moyens du service, et du nombre de personnes employées à des tâches qui devaient rester exceptionnelles. Le dispositif a donc été réduit et les visites de contrôle se sont succédé, à intervalles irréguliers, pour maintenir chaque fois l'effet de surprise.

Peu à peu, dans l'opinion publique, dont le scepticisme est pourtant tenace en la matière et qui est décidée à ne pas se laisser convaincre, la croyance à la réalité des écoutes politiques s'est estompée. Si un institut de sondage avait posé la question « Pensez-vous qu'il existe, oui ou non, des écoutes téléphoniques de caractère politique en France ? », je suis persuadé qu'une majorité aurait sans doute encore répondu par l'affirmative. Mais la réalité était devenue différente : les écoutes politiques avaient cessé d'exister. Elles n'ont plus joué de rôle dans les débats de la presse ou de l'opinion jusqu'à la fin de mon septennat.

Aujourd'hui, alors que bien des années ont passé, qu'on ne peut plus imaginer que je sois protégé par l'exercice du pouvoir et que chacun est libre de s'exprimer, je défie cordialement qui que ce soit de venir dire que je lui ai ordonné de faire procéder à une écoute téléphonique politique, ou que je lui ai demandé de me communiquer les résultats d'une telle écoute, si elle avait été réalisée à mon insu.

Qui que ce soit !

⁂

Au printemps de 1977, les producteurs de « Radioscopie » sur Antenne 2, Jean-Pierre Elkabbach et Pierre

Sabbagh, ont eu l'idée de monter une émission qui s'intitulait « Vingt-cinq lycéens chez le président de la République ». Je leur ai donné mon accord. Cette émission a eu lieu le 8 juin 1977, avec la participation de Jacques Chancel et de Jean-Pierre Elkabbach. Les producteurs avaient sélectionné un échantillon de lycéens, garçons et filles, représentant les différentes origines, parisiennes ou provinciales, et la diversité des conditions sociales de leurs parents. Chacun posait librement sa question. J'essayais d'y répondre.

Après qu'un lycéen m'eut interrogé : « Vous, chef d'État, pouvez-vous gouverner sans mentir ? Est-ce qu'à votre avis, morale et politique ont quelque chose à faire ensemble ? », je lui ai répondu qu'on pouvait gouverner sans mentir et que je croyais l'avoir fait depuis trois ans, mais qu'il existait un certain nombre de secrets, de choses qu'on ne peut pas dire. Et j'ajoutais :

« Il y a moins de secrets qu'on ne croit ! A l'heure actuelle, je dois être détenteur de trois ou quatre secrets importants, mais pas plus. »

A Jean-Pierre Elkabbach, qui m'avait demandé des précisions, j'avais répliqué :

« Parmi ceux auxquels je pense, il y a des secrets intéressant l'Intérieur, des découvertes possibles. Le moment venu, ils seront connus. Concernant l'extérieur, ce sont des événements qui se produiront et sur lesquels nous sommes renseignés à l'avance. »

A quoi faisais-je allusion ?

Je me souviens que j'ai cherché à faire défiler rapidement dans ma mémoire les secrets d'État qui me paraissaient importants : j'y ai trouvé le nom du successeur choisi par Brejnev, une relation spéciale que nous entretenions avec les États-Unis en matière de défense, la mise au point par ELF-ERAP d'une découverte possible révolutionnant la recherche pétrolière et les confidences de Sadate sur ses intentions concernant l'élimination du régime du colonel Khadafi. Cela faisait quatre.

Une lycéenne m'avait interpellé, d'une voix claire, à la sonorité sympathique :

« Pouvez-vous nous les dire ?

— Non ! je ne peux pas ! Malgré votre discrétion, ils cesseraient d'être des secrets d'État ! »

Éclats de rire. On passe à une autre question.

La veille du jour où j'ai transmis mes pouvoirs au nouveau président de la République, François Mitterrand, le jeudi 21 mai 1981, j'ai réfléchi aux quelques informations que j'avais à lui communiquer et qui, du fait qu'elles n'étaient connues que de moi, ne pourraient pas lui parvenir par le canal de nos collaborateurs. En faisant le tour des problèmes, j'en ai dénombré quatre. Je les ai notées sur une feuille de papier que j'ai glissée dans ma poche, pour l'avoir à portée de la main pendant notre entretien : il n'était pas prudent de me fier à la seule mémoire qui pouvait connaître un instant de défaillance ou de distraction.

Quatre secrets importants en 1977 ; quatre autres secrets en 1981.

***

Le premier auquel j'ai pensé en répondant à Jean-Pierre Elkabbach était celui du nom du successeur de Brejnev. Ce nom m'avait été confié par Edward Gierek, premier secrétaire du parti communiste polonais.

J'avais périodiquement avec Gierek des conversations d'un ton assez libre, en raison du caractère particulier de son origine et de sa formation. Il était le fils d'un couple de mineurs polonais, qui avait émigré vers la France au moment des grandes pénuries polonaises des années vingt. Son père avait été embauché comme mineur à Messeix, dans le Puy-de-Dôme. Il avait été élevé à l'école communale de Bourg-Lastic. Puis, son père étant mort, sa mère s'était remariée avec un autre mineur polonais qui travaillait dans les charbonnages du nord de la France. Ainsi toute sa formation jusqu'à la guerre avait été faite en français et il parlait couramment notre langue. Il avait commencé par adhérer aux jeunesses communistes françaises, avant de poursuivre en Belgique, sous l'Occupation, son action militante au sein du parti communiste local.

Son séjour en France et en Auvergne, son patriotisme polonais intransigeant, qui faisait revenir les termes de « Pologne » et de « polonais » tous les dix mots dans sa conversation, fournissait le décor planté pour nos entretiens. Nous nous connaissions suffisamment pour situer nos convictions et nos cultures respectives, sans avoir l'illusion de chercher à les influencer l'un chez l'autre, mais nous avions la possibilité de parler de système à système, de puissance à puissance, sans procès d'intention et sans agression verbale, ce qui nous permettait d'acquérir une meilleure connaissance du point de vue adverse et de l'apercevoir, en quelque sorte, de l'intérieur.

Je lui posais des questions directes : « Qu'est-ce qui vous a décidé à devenir communiste ? » ; « Croyez-vous vraiment que le régime communiste puisse réussir à développer l'économie polonaise ? » ; « Comment votre mère, qui est catholique, réagit-elle devant le fait de vous voir à la tête de l'État communiste polonais ? »

Il me répondait sans détour, en se lançant souvent dans de longues explications qui le ramenaient à son point de départ, parfois aussi avec émotion, en évoquant ses souvenirs personnels et les dures conditions de son enfance, avec une certaine dose d'humour triste.

Quand les intérêts de nos deux pays convergeaient, ce qui s'est produit dans plusieurs dossiers de coopération économique et financière, c'était un interlocuteur correct et fiable.

Helmut Schmidt ne le connaissait pas personnellement. Il souhaitait aborder avec lui le problème des habitants de souche allemande qui résidaient encore dans les territoires annexés par la Pologne en 1946, et qui aspiraient à rejoindre l'Allemagne fédérale. Il m'avait demandé si je pouvais le lui faire rencontrer. J'ai saisi l'occasion du sommet d'Helsinki, réuni du 30 juillet au 1er août 1975, pour organiser leur rendez-vous, en fin de journée, à l'ambassade de France. Après les avoir installés en plein air, sur la terrasse, je les ai laissés en tête-à-tête. Helmut m'a indiqué par la suite qu'ils avaient fini par aboutir à un accord, permettant le retour en Allemagne de 120 000 rapatriés.

Edward Gierek était un ami personnel de Brejnev. Il m'a raconté, sans que je puisse le vérifier, car notre service de renseignements ne disposait pas d'un seul agent civil en Union soviétique, que la mère de Brejnev était polonaise.

Celui-ci le cachait, en raison du mépris sarcastique dans lequel les Russes tiennent les Polonais. Pourtant le polonais était, au sens propre, sa langue maternelle et, lorsque Gierek et lui-même s'appelaient au téléphone, ce qui arrivait souvent, ils s'entretenaient en polonais.

Gierek passait ses vacances d'été en Crimée, dans une villa voisine de celle de Brejnev. Ils se rencontraient souvent et échangeaient, semble-t-il, des confidences.

Je suis allé voir Gierek, en octobre 1976, dans une résidence mise à sa disposition au sud de la Pologne, dans la forêt des Carpates, tout près de la frontière de l'Union soviétique. J'ai eu l'occasion d'y voir fondre brusquement sur le pays la tornade de l'hiver russe et j'ai réalisé l'épreuve insoutenable qu'avaient connue les soldats de la Grande Armée en retraite. La veille de mon arrivée, c'était encore, paraît-il, l'été, verdoyant et ensoleillé. La violence de la tempête qui s'est déchaînée a eu une conséquence tragi-cocasse : l'hélicoptère qui nous transportait de Jejzow a été pris dans de tels remous que notre interprète, terrorisé, s'est évanoui. Il a fallu l'étendre sur le sol et pratiquer des exercices de réanimation, ce qui a ralenti le rythme des conversations, rendues de toute façon inutiles par le fracas qui nous assourdissait.

Le lendemain soir, dans un tête-à-tête, Edward Gierek m'a confié :

« Brejnev m'a parlé de sa succession. Sa santé est encore solide mais il commence à préparer, comme c'est normal, sa suite. Je pense que cela peut vous être utile de savoir qui il a choisi. Naturellement, cela doit rester strictement confidentiel entre nous. Il s'agit de Gregori Romanov, qui a actuellement la responsabilité du parti communiste dans la région de Leningrad. Il est encore jeune, mais Brejnev pense qu'il a le temps de se former et qu'il est le plus capable. »

Curieusement, cette information a réveillé en moi une impression que j'avais eue en juillet 1973, lorsque je suis allé pour la dernière fois à Moscou, comme ministre des Finances, présider la délégation française à la Grande Commission franco-soviétique. Le président de la partie soviétique, Kirilline, avait organisé le déjeuner rituel en l'honneur de notre délégation et il y avait convié un certain nombre de hauts dirigeants soviétiques. L'un d'entre eux m'avait frappé par une allure différente, une sorte de désinvolture, une intelligence visiblement aiguisée. Il tranchait sur la grisaille des autres. J'avais demandé son nom et, de retour à l'ambassade, je l'avais noté :

Gregori Romanov. Puis j'avais prié notre ambassadeur de se renseigner sur lui. On m'avait communiqué un bref *curriculum vitae*, en m'indiquant qu'il figurait parmi les hommes d'avenir du Parti.

A la suite de l'information donnée par Gierek, je me suis tenu informé des activités de Romanov et j'ai veillé à ce qu'il soit invité lors de mes visites à Moscou.

Edward Gierek n'avait pas oublié son propos. Lorsque je l'ai revu à Varsovie, en mai 1980, pour une rencontre destinée à mettre en garde Leonid Brejnev sur les conséquences mortelles pour la détente de la périlleuse aventure afghane — rencontre qui a fait l'objet d'une exploitation électorale, et dont je publierai ultérieurement le récit détaillé —, il est revenu sur ce sujet :

« Vous vous souvenez de ce que je vous ai dit à propos de Romanov. Ce n'est plus exact. Brejnev a changé son intention. Ce n'est plus sur lui qu'il compte pour assurer sa succession, mais sur Tchernenko. Le connaissez-vous ? »

Je le connaissais en effet pour l'avoir aperçu à des réceptions officielles. Il m'avait paru âgé, terne, et complaisant pour Brejnev. Ainsi le régime choisissait de se refermer sur lui-même.

De ce fait, lorsque Andropov a succédé à Brejnev, j'ai pu savoir qu'une convulsion s'était produite à l'intérieur du système et que la ligne normale de succession avait été détournée. Celle-ci a repris le cours initialement prévu pendant le bref intérim de Tchernenko.

Et lorsque, quatre ans plus tard, Mikhaïl Gorbatchev, arrivé au pouvoir, a mis fin aux fonctions déjà réduites de Romanov, je me suis dit qu'il agissait pour éliminer un de ceux qui aurait pu devenir son rival dans l'opération, difficile à conduire et risquée dans ses résultats, de la modernisation de l'Union soviétique.

***

La relation que nous entretenions avec les États-Unis, dans un domaine important concernant la Défense, avait un caractère confidentiel. Je ne suis pas à même de savoir si elle s'est poursuivie. Je n'en parlerai donc pas.

***

C'est une démarche du président Antoine Pinay qui m'a permis d'avoir connaissance de l'expérimentation d'un mode nouveau d'exploration pétrolière par l'ERAP.

Ces éléments ont fait l'objet d'une exploitation pernicieuse, à la fin de l'année 1983, sur le thème et sous l'appellation des « avions renifleurs ». Les mises au point nécessaires ont été faites alors et ont tué cette campagne dans l'œuf. Mais s'agissant d'un secret d'État (qui a cessé de l'être), je raconterai comment j'en ai été informé et comment j'ai contribué à y mettre un terme.

En mai 1976, le président Pinay s'est adressé à mon secrétariat pour me demander un rendez-vous, en indiquant qu'il souhaitait m'entretenir d'un sujet confidentiel et qu'il serait accompagné de plusieurs personnes, dont Pierre Guillaumat, président de l'Établissement de Recherche et d'Activités Pétrolières, connu sous le nom d'ERAP. Il insistait pour que cette rencontre ne soit pas annoncée.

J'éprouvais pour lui, pour son âge, pour sa dignité personnelle et pour la manière originale et courageuse dont il avait conduit son « expérience » de 1952, un mélange d'estime et de respect.

Un rendez-vous est fixé pour le 2 juin 1976. Le président Pinay arrive, entouré d'une suite composée de manière surprenante. Elle comprend notamment un avocat, un industriel belge au nom à consonance espagnole, suivi de son assistant, et Pierre Guillaumat.

Et il m'expose l'objet de leur démarche : l'industriel belge a acquis auprès d'un chercheur italien, qui a travaillé auprès du grand physicien Enrico Fermi, la maîtrise d'une découverte sensationnelle. Il s'agit d'un système d'ondes qui pénètrent dans les milieux solides et liquides et au sein desquels on obtient un effet d'écho, à l'image du rayonnement des radars dans l'espace. Cet écho permet d'analyser la consistance des milieux traversés et, en particulier, la rencontre de corps métalliques ou de nappes souterraines, telles que des gisements pétroliers. C'est le savant italien qui est à l'origine de la découverte du type de rayonnement utilisé mais, faute de moyens financiers suffisants pour en développer l'application, il a accepté de partager son invention avec l'industriel belge. Celui-ci en a financé la mise au point et permis la fabrication des premiers matériels d'expérimentation.

Je réfléchis en les écoutant : cette découverte, si elle était confirmée, aurait une portée considérable. Elle permettrait de constituer, à un coût très faible, la carte des ressources pétrolières existant dans une région du monde. Au cœur de la crise pétrolière où nous nous trouvions, une telle technique donnerait un avantage considérable à celui qui la posséderait pour lui, ou qui pourrait la négocier avec les autres.

Et, du point de vue de la Défense, l'enjeu est considérable, car la pénétration de ce système d'ondes sous l'eau permettrait de détecter la présence des sous-marins nucléaires au fond des mers.

Je regarde l'étrange aréopage assis en demi-cercle devant moi, dans le coin situé entre les deux fenêtres où j'ai l'habitude de recevoir mes visiteurs. Ils écoutent la démonstration que me fait Antoine Pinay. Pourquoi l'ont-ils choisi ? Celui-ci reprend la parole et je reçois l'explication :

« Les propriétaires de l'invention sont conscients du pouvoir énorme qu'elle donnera à ceux qui la détiendront. Ils savent qu'ils ne peuvent pas l'exploiter eux-mêmes. Ils pensent qu'un seul pays saura l'utiliser d'une manière réfléchie et utile au bien commun : c'est la France. Ils redoutent à tout moment que d'autres ne cherchent à s'en emparer. C'est pourquoi ils se sont adressés à la France et viennent de signer, le 28 mai dernier, un accord avec le président de l'ERAP. Ils se méfient des gouvernements et ne veulent avoir aucun rapport avec eux, car ils craignent des fuites sur leur secret. Pour poursuivre leurs négociations avec l'ERAP, ils veulent seulement que vous en soyez informé et que vous indiquiez à l'ERAP que vous ne voyez pas d'inconvénients à cet accord. C'est cela que nous sommes venus vous demander. »

— Qui d'autre, lui demandai-je, sera mis au courant ?

— Personne. Ils veulent que personne n'en soit informé, en dehors du président de l'ERAP et de vous. Sinon ils redoutent trop les fuites. »

J'essaie de leur faire préciser ce qu'ils attendent exactement de moi :

« Je ne suis pas ministre de tutelle, dis-je au président Pinay. Vous connaissez bien le fonctionnement de l'État : je n'ai pas compétence pour intervenir dans la conclusion d'un accord entre l'ERAP et des personnes privées. »

Le président Pinay explique :

« Je le sais bien et nous ne vous demandons pas votre approbation. Seulement, en raison de l'importance de la découverte et de l'importance des sommes qui devront être engagées, nous avons pensé qu'il était normal que vous en soyez informé. » Et il se tourne vers Pierre Guillaumat : « C'est bien ce que vous attendez, monsieur Guillaumat ? »

C'est au tour de Pierre Guillaumat de parler :

« Monsieur le Président, nos partenaires étrangers souhaitent conclure directement avec nous, et, comme vous l'a dit le président Pinay, ils y mettent comme condition que l'administration et le gouvernement restent entièrement en dehors de cette négociation, pour des raisons de sécurité. En raison du statut de l'établissement que je dirige, j'ai le pouvoir de conclure moi-même cet accord. Mais les conséquences possibles pour notre pays d'une telle découverte, et l'importance des moyens que nous serons sans doute conduits à lui consacrer m'ont amené à souhaiter que vous en soyez personnellement informé. »

Avant que la délégation reparte je précise le sens que je donne à leur démarche :

« Je tiens à ce qu'il n'y ait pas d'ambiguïté entre nous... Je n'ai pas compétence pour approuver votre accord et, au surplus, pour pouvoir le faire, il faudrait que j'en connaisse les modalités. Vous avez souhaité que je sois informé de votre projet et de ses conséquences possibles. Considérez que c'est chose faite. »

Au moment de me quitter, le président Pinay me prend à part. Il insiste à nouveau sur l'importance de la découverte et les moyens d'action qu'elle pourrait donner au pays qui en disposerait. Et il revient sur les convictions des associés : ils sont ardemment anti-communistes et effrayés par le pouvoir qu'acquerrait l'Union soviétique si elle s'emparait de ce secret. Les intéressés sont proches de milieux chrétiens et souhaitent qu'une partie des ressources tirées de leur procédé alimente des actions caritatives. La France est le seul pays dont la solidité, pour le moment, leur inspire confiance.

Je prends congé de lui. Je n'aurai plus d'autre occasion de m'entretenir avec lui de ce projet. Il me rappellera seulement au téléphone pour insister à nouveau sur son importance.

Et je demande à Pierre Guillaumat de me confirmer par écrit l'objet de leur démarche commune, ce qu'il fait dès le lendemain.

Au moment où s'effectue cette démarche, la France est enfoncée dans la crise des approvisionnements pétroliers, qui alimente l'inflation et creuse son déficit extérieur.

Nous nous sommes engagés dans un programme massif de constructions de centrales nucléaires, dont la compétence et l'habileté du ministre de l'Industrie, Michel d'Ornano, accélèrent la réalisation. Mais l'impact de ce programme sur notre approvisionnement énergétique ne deviendra massif que dans un délai de six ans. D'ici là, nos sociétés pétrolières recherchent activement de nouveaux gisements. Leurs espoirs sont concentrés sur la mer d'Iroise, située au large de la Bretagne, et qui présente des caractéristiques voisines de la mer du Nord et de la mer d'Irlande. Je me fais tenir régulièrement au courant par Pierre Guillaumat du calendrier des recherches et des espoirs de découverte. J'attends, de trimestre en trimestre, que les forages tombent sur un gisement, créant pour la France l'équivalent des ressources de la mer du Nord pour la Grande-Bretagne.

Le nouveau procédé serait particulièrement bienvenu, en rendant plus facile la prospection et en en réduisant le coût.

Je suis impressionné aussi par ses conséquences possibles sur notre stratégie de dissuasion. Celle-ci repose presque uniquement sur l'efficacité de nos sous-marins nucléaires lanceurs d'engins. J'ai vécu la plongée de l'un d'eux, *Le Terrible*, dans les premiers mois de mon septennat, et je me suis fait expliquer la nature et la puissance de ses moyens de tir. Le ministère de la Défense est en train de mettre au point de nouvelles fusées à têtes multiples, les M 4, qui quadruplent le nombre des projectiles nucléaires et accroissent leur portée. Nous avons décidé d'en doter le plus rapidement possible tous nos sous-marins. L'apparition de moyens de détection nouveaux, même si au début nous devions être les seuls à les posséder, entraînerait une compétition de recherches, et sans doute des découvertes, dont l'effet probable serait de rendre vulnérable cette composante de notre dissuasion.

Je charge celui de mes collaborateurs qui suit les dossiers industriels d'assurer directement la liaison avec Pierre Guillaumat.

Ce dernier me fait parvenir périodiquement des notes, transmises dans le plus grand secret, où il m'informe des travaux de l'ERAP pour la mise au point de la découverte.

Des campagnes de recherche ont été entreprises par avion, en utilisant le matériel mis à la disposition de l'ERAP par les inventeurs, au-dessus de l'Aquitaine et du Béarn, sur l'ensemble du territoire du Maroc et sur les fonds sous-marins situés dans le golfe de Gascogne et en mer d'Iroise. Des experts de l'ERAP ont participé à ces recherches. Le programme que m'en adressait Pierre Guillaumat, le 21 juillet 1976, était accompagné de cartes sommaires, indiquant les zones de ces recherches.

Il vient m'en présenter un rapport optimiste le 30 septembre 1976 et me fait part de son sentiment personnel le 27 décembre suivant, en m'écrivant :

« Monsieur le Président,

Un premier forage, s'inscrivant dans la suite des

opérations dont je vous ai précédemment rendu compte, sera entrepris fin janvier dans le Gers (à Montégut-Savès, canton de Lombez) avec un objectif-huile à une profondeur probable de 3 800 mètres ; durée approximative du forage : quatre ou cinq mois.

J'ai été sur place moi-même, et j'ai été éberlué puis ébloui par les télévisions que les appareils me donnaient de tous les points du sous-sol dans un rayon ou une profondeur de plusieurs kilomètres. C'est la découverte minière de notre époque, et avec bien d'autres applications possibles ! »

En juillet 1976, lorsque Pierre Guillaumat était venu me rendre visite pour la deuxième fois, et m'avait confirmé l'intérêt de l'ERAP pour ce projet, j'étais informé de l'intention de Jacques Chirac de démissionner prochainement de sa fonction. Aussi je n'ai pas jugé utile de le mettre au courant de l'existence du projet. Après avoir nommé Raymond Barre Premier ministre, en août 1976, j'ai demandé à mon conseiller d'aller lui rendre visite à l'Hôtel Matignon, pour lui communiquer les éléments dont j'avais connaissance, et notamment la lettre que Guillaumat m'avait écrite à la suite de la démarche du président Pinay. Il l'a annotée le 8 octobre pour confirmer qu'il l'avait lue.

Tel était le contenu de ce secret d'État, au moment où je répondais à mon jeune interlocuteur.

En août 1977, Pierre Guillaumat atteignait l'âge de la retraite. Pour le remplacer, à la tête de l'ERAP, le gouvernement a nommé Albin Chalandon, alors député RPR des Hauts-de-Seine. Au moment de sa prise de fonction, il m'était indiqué que Pierre Guillaumat continuerait à suivre personnellement le dossier de l'invention, en raison de la nature des négociations auxquelles il avait participé, et afin d'assurer la continuité de l'opération. Mais le nouveau président de l'ERAP en serait, bien entendu, tenu informé, ainsi que le ministre de l'Industrie, André Giraud. Celui-ci venait me dire, quelques mois plus tard, qu'il concevait les plus grands doutes sur la valeur scientifique de cette découverte.

A l'automne de 1978, le secrétaire général de l'Élysée m'informe d'une démarche d'Albin Chalandon pour m'inviter à assister à une démonstration du procédé, qui serait spécialement organisée à mon intention, en présence des inventeurs et de l'équipe spécialisée de l'ERAP. Il demande que je lui fixe une date prochaine. La période est très chargée pour moi, et je ne vois pas la nécessité, dans la fonction que j'exerce, de prendre part à une telle expérience. Je fais répondre que je ne peux proposer actuellement de date. Deuxième démarche, également infructueuse. Puis une troisième démarche dont mon collaborateur me rend compte par écrit : « Albin Chalandon est devenu très insistant. Il m'a dit que si vous ne lui fixiez pas de date pour cette démonstration, cela signifierait que le président de la République se désintéresse des efforts conduits par les entreprises pour la recherche et la technologie. »

J'imagine facilement la campagne se développant sur ce thème : alors que nos entreprises luttent pour rétablir l'équilibre extérieur et consacrent des moyens considérables à des recherches pouvant nous assurer la maîtrise de technologies nouvelles, le président de la République ne daigne même pas consacrer à celles-ci deux heures de son temps ! Inutile de laisser le champ libre à de semblables attaques. J'irai donc voir sur place.

La démonstration est fixée au 5 avril 1979. Elle doit avoir lieu sur un terrain militaire en bordure d'un aérodrome désaffecté de l'OTAN, entre Reims et Châlons-sur-Marne. Je m'y rendrai en hélicoptère, en compagnie du secrétaire général de l'Élysée, Jacques Wahl, et de mon aide de camp.

Albin Chalandon et Pierre Guillaumat m'accueillent à l'arrivée. La nuit commence à tomber. Nous entrons sous une sorte de hangar. Des chaises sont placées en demi-cercle sur plusieurs rangs. A droite, un écran, semblable à un écran de télévision. Au centre, un engin posé sur un trépied recouvert d'un tissu noir : c'est l'appareil de démonstration. On me présente l'inventeur : un Italien de petite taille, vêtu de sombre, sympathique et nerveux. Je reconnais plusieurs des dirigeants de l'ERAP ; Guillaumat m'en présente le conseiller scientifique.

On m'expose la manière dont va se dérouler l'expérience. Un objet métallique, ayant approximativement la forme d'un piolet a été placé au fond d'un puits, à une profondeur supérieure à 1 000 mètres. Ce puits est lui-même situé à une distance horizontale de deux ou trois kilomètres de l'endroit où nous sommes. L'ingénieur recherchera l'objet en dirigeant vers lui le faisceau de rayons de son appareil. Quand il l'aura trouvé, les ondes seront réfléchies, et l'image de l'objet apparaîtra sur l'écran de démonstration.

L'expérience va commencer. On baisse les lumières pour nous permettre de mieux apercevoir l'écran, où rien ne figure encore. L'ingénieur enfouit sa tête sous le voile noir de son appareil, comme un photographe de la Belle Époque. A côté de lui, un petit écran de contrôle sur lequel ondoient des courbes phosphorescentes. Nous attendons. Rien ne se produit, sauf l'apparition d'un scintillement en pointillé sur l'écran. Au bout de cinq minutes, l'ingénieur marmonne quelques mots et la lumière est rallumée.

On nous apprend qu'il y a un défaut de réglage dans l'appareil et on nous demande d'avoir la patience d'attendre quelques instants. Deuxième tentative. Elle se prolonge un peu plus longtemps. Même résultat. L'écran scintille toujours.

On a besoin d'un délai pour corriger la défaillance du système, nous indique-t-on alors, sans doute de l'ordre d'une vingtaine de minutes. Nous nous levons de nos sièges. Je commence à me sentir perplexe. Rameutant mon savoir lointain de polytechnicien, je n'arrive pas à imaginer comment la manipulation d'un appareil d'allure aussi simple permettrait de balayer le sous-sol, au point de réussir à repérer l'existence d'un objet métallique qui occupe un angle infiniment petit de l'espace. Je m'attendais au moins à l'existence d'antennes et d'un système permettant une exploration méthodique des différentes directions du sous-sol, comme on le voit pour les radars dans l'espace aérien.

L'ingénieur nous annonce que la panne est décelée et que l'expérience va pouvoir avoir lieu. Effectivement la lumière s'éteint à nouveau. Il disparaît sous son voile et, dans les quelques secondes suivantes, nous voyons apparaître sur l'écran l'image immobile et relativement nette d'une tige métallique placée dans une cavité. Murmures de satisfaction. L'image reste en place. La lumière revient. On échange des commentaires. Je crois déceler, ici et là, un certain malaise.

L'hélicoptère que j'utilise pour rentrer à Paris est équipé d'instruments de bord permettant le vol de nuit. Nous décollons pour Villacoublay.

Pendant le trajet, je fais part à Jacques Wahl de ma stupéfaction. Mon étonnement est tel qu'il prend la forme — déplacée en la circonstance — d'un énorme éclat de rire ! J'essaie de me mettre en garde contre l'illusion que mes études scientifiques, remontant aux années cinquante, me qualifient pour porter un jugement compétent. Mais l'apparence se suffit à elle-même : il est impossible de fonder, sur une semblable démonstration, la mobilisation de ressources humaines et financières importantes pour développer une semblable « invention ». Une vérification rigoureuse est nécessaire si l'on veut déceler l'authenticité du dispositif. Il faut obtenir, enfin, de pouvoir disséquer complètement la machine, pour identifier les principes scientifiques de son fonctionnement.

Je suis préoccupé à ce point par ce que je viens de voir que mes observations orales à Jacques Wahl ne me paraissent pas suffisantes. Le lendemain matin, je fais venir dans mon bureau ma secrétaire, Mme Villetelle, pour lui dicter une note. Elle apporte, comme d'habitude, son appareil de sténotypie dont je vois se dérouler le ruban blanc pendant que je parle, et elle enregistre mon texte :

« Vendredi 6 avril 1979

L'impression que j'ai retirée de l'expérience à laquelle j'ai assisté, à la demande de MM. Chalandon et Guillaumat, est entièrement négative.

Il ne paraît pas vraisemblable que le dispositif présenté puisse fournir les résultats escomptés.

En particulier, je n'aperçois aucune vraisemblance scientifique dans le fait qu'une même plaque orientée à la main puisse servir à la fois à l'émission de corpuscules en direction de l'objet observé et à la récupération des informations qu'elle rapporte.

Il me semble indispensable qu'une vérification soit faite dans des conditions qui permettraient de révéler un éventuel trucage.

En particulier, l'appareil d'observation devrait être démonté et analysé, à la suite immédiate d'une expérience, pour déceler s'il y a ou non supercherie.

Toutes dispositions doivent être prises pour éviter l'engagement de ressources nouvelles et pour organiser le retour de celles qui auraient été inutilement dépensées.

J'ai fait part de mes préoccupations au président du Comité financier, en lui demandant de prendre dès à présent toutes précautions nécessaires.

V. GISCARD D'ESTAING »

Mme Villetelle me rapporte le document, une fois tapé à la machine sur mon papier à lettres personnel, et je l'annote à la main : « Communiquer la substance à Monsieur le Premier ministre. »

Bien m'en a pris de le dicter, comme j'aurai à le constater plus tard.

La suite des événements est connue. Le ministre de l'Industrie a fait prescrire une enquête scientifique. Celle-ci, sans porter de jugement définitif sur la valeur du procédé, aboutit à recommander l'arrêt de l'opération.

Le Premier ministre organise la récupération des sommes engagées.

Il demande à la Cour des comptes d'effectuer une enquête approfondie. Il précise à son premier président, M. Bernard Beck, qu'il souhaite que les investigations de la Cour soient complètes, mais qu'en raison des aspects de l'affaire qui touchent à la Défense nationale, et à la demande des dirigeants de l'ERAP qui désirent éviter une campagne de presse internationale préjudiciable à leur établissement, leurs conclusions ne fassent pas l'objet de diffusion extérieure.

Le rapport est confié à François Giquel, Conseiller référendaire d'une parfaite intégrité intellectuelle. Il s'entretient avec toutes les personnes qu'il souhaite entendre, dix-sept au total. Aucun refus de communication ne lui est jamais opposé. Son rapport, co-signé par le président de la première chambre de la Cour des comptes le 21 janvier 1981, quatre mois avant l'élection présidentielle, est transmis aussitôt, en trois exemplaires, au Premier ministre.

Le directeur de cabinet de Raymond Barre, Philippe Mestre, vient en apporter un exemplaire à mon collaborateur, Jean Serisé. Je demande à celui-ci d'en prendre connaissance, ce qu'il fait. Il m'indique qu'on n'y relève pas d'éléments nouveaux, en dehors des aspects financiers qui seront suivis directement par le Premier ministre. Le président de l'Union des Banques suisses, M. Weck, qui a surveillé les aspects financiers de cette opération depuis son origine et qui leur apporte la caution de sa rectitude morale, facilite le recouvrement des créances.

Et, jusqu'en 1983, je n'entendrai plus parler de cette affaire.

Le 21 décembre 1983, le secrétaire d'État au Budget, M. Emmanuelli, fait sensation devant l'Assemblée nationale en paraissant « découvrir » cette opération, pourtant bien connue des services du ministère des Finances et de l'Industrie, qui en ont suivi le dénouement. L'auteur du rapport de la Cour des comptes, a exercé, au surplus, les fonctions de directeur de cabinet d'un ministre dans le gouvernement qui a suivi les élections de 1981 !

Le secrétaire d'État affirme que le rapport de la Cour des comptes aurait été « détruit » et qu'on n'arrive pas à en retrouver la trace. Le président de la Cour, M. Beck, homme de grande droiture, est accusé de forfaiture !

Le lendemain, je fais savoir que j'irai répondre le soir même à ces attaques, en direct, dans le journal télévisé de 20 heures.

Raymond Barre, qui a assisté de son banc de député à l'intervention d'Emmanuelli, cherche à me joindre au téléphone. Il m'appelle à mon bureau de la rue François-Ier et me demande ce que je compte dire. Je lui indique que je me souviens fort bien avoir reçu l'exemplaire du rapport de la Cour des comptes qu'il m'a fait parvenir, que je le fais rechercher, et que j'estime qu'il n'y a qu'à le publier. Il me confirme qu'il en détient lui-même un exemplaire, mais qu'il s'interroge sur sa publication, en raison des aspects qui touchent à la Défense et à la réputation internationale de l'ERAP. Je conclus en lui répondant que les aspects relatifs à la Défense me paraissent aujourd'hui bien éventés, en raison de l'arrêt définitif du programme de recherche depuis quatre ans. Quant au crédit international de l'ERAP, c'est malheureusement le gouvernement qui le compromet en lançant à la légère son opération politique.

Le rapport est immédiatement retrouvé. Aucun membre du gouvernement n'a demandé depuis 1981 à en prendre connaissance, ni auprès de Raymond Barre, ni auprès de mes collaborateurs. Le soir, je bondis à la télévision et je présente aux téléspectateurs le rapport soi-disant « détruit », en demandant aux cadreurs de pointer leur éclairage sur le titre : « Cour des comptes : rapport confidentiel sur certaines opérations de l'ERAP ». Et j'ajoute que si l'actuel Premier ministre souhaite en avoir communication, il lui suffit de s'adresser à M. Raymond

Barre, qui lui permettra volontiers d'en prendre connaissance.

La semaine suivante, nous partons, Anne-Aymone et moi, en voyage en Israël, à l'invitation d'amis proches. J'y rencontre les principaux dirigeants du pays, dont Shimon Peres et Itzhak Shamir. Nous passons une nuit dans un kibboutz. Le soir du Noël orthodoxe, nous assistons à la cérémonie de minuit dans l'église de Bethléem, en compagnie du maire de la ville, M. Frey. Nous descendons dans la petite crypte qui protège la niche de rocher au creux de laquelle, comme me le confirment les archéologues dominicains, le Christ nouveau-né a été déposé. Nous sommes entourés de prêtres orthodoxes et d'un évêque anglican, en soutane rouge. Minutes d'intense émotion, puis réception à la mairie, avec des personnalités chrétiennes, juives et arabes.

On m'apprend que le lundi 2 janvier, le Premier ministre a repris l'accusation à son compte et annoncé la publication d'un *Livre blanc*.

A mon retour en France quelques jours plus tard, la campagne politique, dépitée de son échec sur la disparition du rapport, cherche un autre terrain d'attaque. Interrogé à la télévision, j'indique que j'avais demandé moi-même que l'expérimentation du procédé soit interrompue. Ma parole est mise en doute. On n'a pas de trace de cette décision, et même si un tel document existe, rien ne démontre qu'il n'a pas été rédigé après coup !

Le mérite de l'arrêt de l'opération revient exclusivement aux services administratifs. L'échelon politique a été incapable de découvrir la falsification et a préféré la couvrir de son autorité jusqu'au bout !

Je me souviens pourtant avec précision d'avoir dicté une note. Je la fais rechercher. On ne la trouve pas. Il est naturel qu'elle ne figure pas dans mes archives, puisque je n'en étais pas le destinataire ; l'intéressé ne garde pas le souvenir de l'avoir reçue. Je me sens d'autant plus frustré que je conserve une impression très vive de mon désir de fixer mes directives par écrit, et même, à quelques mots près, de la manière dont je formulais mes conclusions.

Soudain, le miracle se produit ! Ma secrétaire, Mme Villetelle, restée silencieuse jusque-là, a poursuivi discrètement ses recherches. Elle m'appelle au téléphone d'une voix émue, où vibre le tremblement du triomphe, pour me dire qu'elle avait fini par retrouver chez elle, dans une pile de documents, le rouleau de sténotypie qui portait le texte que je lui avais dicté. Elle peut donc facilement le transcrire et, qui mieux est, le dater pour en confirmer l'authenticité, puisqu'il figure sur son rouleau entre deux autres textes, aux dates aisément vérifiables. Sa patiente enquête réglait le problème !

Du même coup, l'exemplaire de ma note était retrouvé par son destinataire et resurgissait de l'oubli, accompagné de mon annotation manuscrite.

Je faisais remettre ce document au *Figaro Magazine* qui le publiait en pleine page, à la fin de la semaine. Les rumeurs malveillantes sur sa réalité et sur sa date exacte étaient anéanties par les preuves matérielles que je mettais à la disposition de ceux qui souhaitaient en prendre connaissance.

Le gouvernement, empêtré dans ses accusations, cherchait à relancer l'affaire. Mais en vain, car l'opinion publique, désormais alertée, ne se laissera pas abuser.

***

Le dernier des secrets d'État que j'avais alors en tête

était celui des préparatifs que faisait le président Sadate pour mettre fin au régime du colonel Khadafi.

Il y avait fait allusion devant moi à plusieurs reprises, à mots couverts. Le président Sadate était un homme qui s'exprimait très librement sur les sujets dont il avait envie de parler, mais qui savait conserver un secret absolu sur ce qu'il souhaitait cacher. Cette maîtrise du secret datait sans doute du temps où il participait au réseau clandestin de combat contre la présence militaire britannique en Égypte.

Parmi les dirigeants de son époque, il était celui qui avait le plus d'allure. Allure physique, car il était grand, élancé avec, par une sorte de malice historique, une silhouette et un maintien d'officier anglais. En même temps un contact très simple, chaleureux, généreux. Il était issu, je crois, d'une famille paysanne du delta du Nil, où sa sœur vivait encore, et où il se rendait de temps à autre.

Son teint était foncé, presque noir. Chef du plus grand État arabe, il n'avait rien d'arabe. Il appartenait au groupe qu'on désigne maintenant comme celui des arabo-africains : des populations noires aux traits sémites, issues de la vallée du Nil, et qui ont largement essaimé dans le Sahel, au sud du Sahara, où on les retrouve sous forme de tribus nomades et guerrières.

Allure morale, surtout. Il n'était pas embarrassé par les contraintes, les vanités, la recherche d'avantages personnels, qui accompagnent souvent l'exercice des hautes fonctions. Chez lui, rien de mesquin. Il savait décider et se faire obéir. Quand il le fallait, il prenait les initiatives les plus risquées, comme celle de se rendre à Jérusalem, devant la Knesset. Il me l'a expliquée :

« J'étais décidé à récupérer le Sinaï. J'ai commencé par jouer le jeu de la Conférence internationale. Mais j'ai vu que nous étions enlisés dans des questions de procédure : la participation soviétique, la nature de la représentation des Palestiniens. Chaque fois qu'on réglait une difficulté, un nouvel obstacle surgissait à l'autre bout ! Nous n'en sortirions jamais ! Cela aurait pu durer indéfiniment. Je ne voulais plus attendre. J'ai choisi de frapper un grand coup pour débloquer le système. C'est pour cela que j'ai pris tout seul la décision de me rendre à Jérusalem. »

J'ai toujours senti, malgré la qualité de nos rapports, qu'il y avait des choses qu'il gardait en réserve et qu'il ne me livrait pas. Sa méthode consistait à procéder par bonds successifs, en se fixant des objectifs à courte distance, sans révéler sa destination finale. Il y avait du de Gaulle dans ce Nilotique ! Je pensais à la tactique suivie par le général de Gaulle tout au long de l'affaire d'Algérie, durant laquelle il ne découvrit jamais complètement son objectif ultime.

Ses convictions religieuses étaient profondes. C'était un musulman convaincu, mais il restait discret sur les rites extérieurs, comme la plupart des personnes de grande foi.

Sa famille, très unie, mettait autour de lui un rayonnement moderne et affectueux. Sa femme, demi-britannique par sa naissance, avait une personnalité exceptionnelle : intelligente, capable, très à l'aise dans les contacts personnels, et consciente des problèmes économiques et sociaux du peuple égyptien. Elle poursuivait des études à l'université du Caire. Elle venait à Paris accompagnée de ses quatre enfants : trois filles dont l'une, étirée en longueur, avait la distinction naturelle de son père, et un fils. Nous avions pris l'habitude de les recevoir à déjeuner à l'Élysée, où nos propres enfants venaient nous rejoindre.

Lors de nos entretiens, Sadate faisait souvent allusion à son voisin libyen pour lequel il éprouvait une profonde aversion. Il en parlait en termes tels qu'ils me paraissaient annoncer, chez cet homme d'action, des initiatives dont je le savais capable. Mais il n'allait pas plus loin et je sentais qu'il ne souhaitait pas que je l'interroge.

La situation au Tchad me fournit l'occasion de le faire. Bien que l'Égypte n'eût pas de frontière commune avec le Tchad, Sadate avait apporté un soutien logistique dans l'est du pays aux forces gouvernementales qui luttaient contre l'avancée des colonnes de Goukouni et des Libyens. Le Soudan, alors dirigé par le général Nimeiri, sur lequel il exerçait une forte influence, facilitait le survol de son territoire par les avions égyptiens.

Le dimanche 12 février 1977, le président Sadate a fait escale à Paris. Il est venu me voir à l'Élysée dans l'après-midi pour un entretien et nous avons dîné ensemble. L'Égypte, privée des ressources du canal de Suez, connaissait de graves difficultés économiques. A côté d'elle, la Libye croulait sous l'accumulation de rentrées pétrolières. Khadafi multipliait les attaques et les menaces contre le président Sadate, qu'il vilipendait comme étant à la solde des Américains et traître à la cause arabe. J'ai abordé la situation en Afrique et la crise tchadienne :

« De toute manière, ai-je dit au président Sadate, sachez que nous ne laisserons pas Khadafi s'emparer du Tchad. Nous ferons ce qui est nécessaire pour cela. Je vous remercie du concours que vous nous apportez.

— Je peux faire davantage, si vous le souhaitez, me répond Sadate. Je ferai ce que vous me demanderez. »

Le moment me paraissait venu d'être plus direct :

« Je n'arrive pas à comprendre votre attitude vis-à-vis de la Libye, monsieur le Président. Les Libyens ont toutes les ressources qui vous manquent et qu'ils gaspillent dans des achats disproportionnés de matériel de guerre aux Soviétiques. Le régime n'a pas de base populaire et, de temps à autre, Khadafi propose de fusionner avec un autre État arabe d'Afrique. Il mène contre vous une campagne acharnée. »

Le président Sadate, avec sa finesse africaine, a vu venir de loin ma question. Il a préparé sa réponse :

« Je vous ai déjà dit, cher ami (il me parle en anglais, avec un accent guttural et m'appelle "my dear friend") que je préparais quelque chose contre lui, mais que le moment n'était pas encore mûr. »

Non, il ne me l'a pas dit, mais il est vrai qu'il y a fait allusion. Il poursuit :

« Les circonstances ont changé, et maintenant je veux agir. Je ne peux plus supporter les activités de Khadafi. Vous connaissez l'action qu'il mène contre Nimeiri. Et il cherche à intervenir dans la politique intérieure égyptienne. Cela, je ne peux pas l'accepter. J'ai décidé de riposter, mais j'ai besoin de préparer soigneusement mon affaire. Il me faut le secret.

— Le problème ne me paraît pas très difficile à résoudre, lui dis-je. Les forces libyennes sont sans commune mesure avec les vôtres. Et j'ai été frappé par la compétence de votre chef d'état-major, le général Gamassi. Les militaires français qui l'ont rencontré partagent mon jugement.

— C'est exact, répond Sadate, mais il ne faut pas non plus sous-estimer les Libyens. Ils ont l'appui des techniciens soviétiques et des Allemands de l'Est. Et puis, il faut qu'ils nous fournissent l'occasion. »

Il ne souhaite pas aller au-delà et je perçois, derrière la vigueur du personnage, l'ambiguïté des rapports qu'entretiennent entre eux les dirigeants arabes, qui évitent presque toujours de consommer l'irréparable, et aussi la prudence. La prudence ou la ruse ?

Mais il se libère et s'ouvre davantage :

« Il est encore trop tôt pour que je puisse vous indiquer une période précise. Si tout se déroule normalement, je prendrai une décision au début du printemps prochain. » Il hésite avant d'être plus catégorique, puis il ajoute : « Je pense au mois de mars. Mais quand ma décision sera prise, je vous préviendrai à l'avance. J'aurai besoin de votre appui. Pourrez-vous m'aider auprès du roi du Maroc ?

— Je pourrai certainement lui en parler.

— D'ici là, je souhaite que nous restions en contact. Il faudrait que je puisse vous joindre directement. Pouvez-vous m'envoyer un émissaire qui ait toute votre confiance ? »

Je pense à mon conseiller pour les Affaires africaines, René Journiac, que le président Sadate connaît bien et paraît apprécier, et qu'il appelle d'ailleurs bizarrement « Monsieur René ».

« Je vous enverrai Journiac.

— Très bien. C'est un homme sûr. Je vous ferai prévenir quand ce sera nécessaire. »

Effectivement, trois semaines plus tard, René Journiac reçoit un message d'Égypte, lui indiquant que le président Sadate souhaite le recevoir. Sa venue doit rester secrète.

Des précautions sont prises. Elles donneront lieu à un incident aussi cocasse qu'inattendu.

Pour se rendre au Caire, René Journiac emprunte un Mystère 20 du GLAM*. Il doit se poser sur un terrain militaire, où une voiture l'attendra pour le conduire directement chez Sadate, qui séjourne dans sa villa d'Ismaïlia.

A l'atterrissage au Caire, la voiture est au rendez-

* Escadrille d'avions militaires mise à la disposition des membres du gouvernement.

vous : une vieille Cadillac noire des années cinquante, avec un chauffeur et deux policiers. Ils empruntent la route du désert. Au bout d'une dizaine de kilomètres, un pneu, essoufflé, éclate. Le chauffeur le remplace par la roue de secours. Une demi-heure plus tard, nouvelle défaillance et crevaison d'un second pneu. Il n'y a plus de rechange disponible. Journiac sait que le président Sadate l'attend. Il n'hésite pas et s'installe au bord de la route. Un camion survient. Journiac lui fait signe de s'arrêter et monte à bord. C'est ainsi que mon envoyé spécial, en mission secrète, est arrivé chez le président Sadate en auto-stop !

Le président Sadate le reçoit longuement. Il lui confirme ses intentions, mais reste vague sur le dispositif, dont il lui indique qu'il se met actuellement en place. La période qu'il envisage se situe toujours à la fin du mois de mars.

« Elle dépendra, lui précise-t-il, des provocations de Khadafi. Je préviendrai le président Giscard d'Estaing en temps utile. »

Puis ils s'entretiennent tous les deux des réactions africaines possibles, et de la démarche à entreprendre auprès du roi du Maroc.

Journiac rentre à Paris. Je surveille le calendrier. Un télégramme du Caire m'apprend qu'un hélicoptère s'est écrasé dans le désert, près de la frontière libyenne, et que plusieurs militaires égyptiens de haut rang ont péri dans l'accident. Je comprends qu'il s'agit de l'état-major auquel Sadate a confié le soin de préparer son opération.

Le mois de mars se passe sans nouvelles. Sadate est devenu silencieux. Je ne le revois à Paris que le 24 juillet suivant, où je le reçois à déjeuner avec sa famille. Pendant que nous prenons le café, tous les deux, dans la bibliothèque, il se contente de me dire :

« A propos de ce que j'envisageais pour le mois de

mars, les Américains sont intervenus pour me demander instamment d'y renoncer. »

Quels Américains ? Pour quels motifs ? Ce serait à lui de me le préciser, s'il le souhaite. Mais il n'ajoute rien.

Le projet ne sera repris que beaucoup plus tard, au début de l'année 1981, sous une forme différente, après l'entrée en fonction du président Reagan. L'élection française du mois de mai a interrompu les contacts.

J'ai regretté le renoncement à cette opération. Un changement de régime en Libye eût été profitable à l'Égypte et à l'Afrique. Il aurait permis de faire l'économie de la crise sanglante que le Tchad allait traverser. L'abcès qui a envenimé et compliqué la démarche vers la paix au Proche-Orient, en entretenant une surenchère constante vis-à-vis des États arabes modérés et le chantage sur leurs dirigeants, eût été éliminé.

Mais sa réussite eût été surtout profitable au président Sadate, dont elle aurait largement facilité l'action intérieure et, sans aucun doute, différé l'assassinat.

V

LA PRISE DE DÉCISION

Le mécanisme de prise de décision me paraissait, depuis longtemps, constituer un des points faibles de notre manière de gouverner.

Nous n'utilisons que très rarement la démarche qui commence par la recherche objective des données, qui se poursuit par la comparaison et la discussion des différentes solutions possibles, pour aboutir à une décision prise au niveau de compétence adéquat. Il est également rare que nous prolongions cette démarche par un effort de persuasion exercé sur les milieux chargés d'appliquer la décision puis de contrôler ses résultats.

Pour développer la rationalité dans notre politique, j'ai pensé qu'il fallait améliorer les mécanismes de décision. Le premier d'entre eux est le Conseil des ministres.

Le secret couvre les délibérations du Conseil des ministres. Je le respecterai. Mais il ne m'interdit pas de parler de ses méthodes de travail.

J'ai maintenu le rituel établi par mes deux prédécesseurs. Du temps du général de Gaulle, le Conseil avait d'abord lieu le mercredi après-midi puis, à la demande du Premier ministre Georges Pompidou, il fut fixé au mercredi matin. Il débutait à 10 heures, et se prolongeait souvent au-delà de 13 heures, ce qui perturbait l'emploi du temps de l'après-midi et creusait les appétits, au point que je voyais Jacques Chirac, lorsqu'il était assis à côté de moi, dissimuler un sandwich dans son porte-documents.

Comme le Parlement venait d'instituer, sur ma suggestion, la pratique des questions d'actualité le mercredi après-midi, le gouvernement devait être libéré à temps pour s'y préparer. Aussi ai-je avancé le début du Conseil des ministres à 9 heures 30, et je veillais à ce qu'il se terminât entre 12 heures 30 et 12 heures 45.

Le Premier ministre — Jacques Chirac, puis Raymond Barre — venait me rejoindre dans mon bureau à 9 heures 15. Nous commentions rapidement les sujets à l'ordre du jour, puis nous descendions ensemble par l'ascenseur, et prenions l'enfilade des salons du jardin pour gagner le salon Murat, où se tenait le Conseil.

Je faisais le tour de la longue table ovale où étaient posés les petits cartons blancs indiquant la place de chacun. Je serrais successivement les mains, gagnais mon fauteuil, et nous nous mettions au travail. L'heure du début était précise, avec un écart qui ne dépassait jamais cinq minutes.

Je souhaitais établir une véritable discussion, au moins sur les sujets importants. Ce n'était pas facile, car telle n'était pas la tradition de la Ve République. Du temps des conseils présidés par le général de Gaulle, cela eût même été considéré comme un sacrilège. Chacun présentait son rapport. Le Premier ministre ajoutait son commentaire et le général de Gaulle concluait. Il y avait eu quelques tentatives timides pour présenter des observations, notamment de la part de Robert Buron. Elles avaient été reçues fraîchement et mises sur le compte de son originalité.

Sous le président Pompidou, l'atmosphère était plus détendue. Quelques discussions avaient lieu. Les Premiers ministres, Jacques Chaban-Delmas surtout, intervenaient davantage. Néanmoins, sur les sujets de fond, à l'exception du référendum sur l'adhésion de la Grande-Bretagne à la Communauté, ces débats ne visaient pas à discuter de l'opportunité d'une mesure ou d'une orientation politique. La décision était connue à l'avance et rappelée, en conclusion, par le président.

J'ai tenté de modifier cette pratique, en pensant qu'une discussion plus approfondie associerait davantage les ministres à la politique suivie. Le résultat a été décevant. Le formalisme s'est atténué, mais il a été exceptionnel d'aboutir à de véritables discussions. Chaque ministre considérait la compétence de son ministère comme un domaine réservé et ressentait comme une intrusion les commentaires ou les suggestions des autres. Une complicité s'était établie pour que chacun se cantonne dans son propre domaine sans empiéter sur celui de ses voisins. Seuls quelques ministres intervenaient fréquemment. Je leur en étais reconnaissant, mais le débat restait trop limité.

Pour que le Conseil puisse bien fonctionner, une condition indispensable est qu'il comporte un petit nombre de ministres. Parmi les gouvernements auxquels j'ai participé, les meilleurs ont été ceux dans lesquels nous étions les moins nombreux. Il est extraordinairement difficile de constituer un gouvernement restreint, car on subit la pression véhémente de deux appétits dont les forces s'additionnent : celui des partis politiques et des parlementaires, qui poussent évidemment à l'augmentation du nombre de ministres ; mais aussi, curieusement, celui des groupes de pression, qui pensent que leurs intérêts et le bonheur de leurs mandants seront mieux assurés par l'existence d'un ministère ! Si l'on ne donne pas un ministre aux commerçants, à la marine marchande, aux anciens combattants, aux P. et T., les intéressés le ressentent comme une insulte, ou une manifestation d'indifférence, qui sera exploitée contre vous sur le terrain local.

Ce désir d'un ministère me paraissait d'autant plus surprenant pour certaines catégories, comme par exemple celle des commerçants, que l'existence d'un ministère entraîne inévitablement le développement d'une administration qui, pour justifier son existence, accroît le nombre des règlements et des contrôles et augmente ainsi le mal au lieu de le soulager.

J'en ai vécu l'expérience avec le dernier ministre du Commerce de mon septennat, que j'ai nommé en juillet 1979.

Je l'avais choisi avec Raymond Barre parce qu'il était le maire d'une ville commerçante, qu'il appartenait à une profession libérale, et qu'il avait fait, m'avait-on dit, du bon travail à la commission des Lois. Sa nomination m'était recommandée par le sage et fidèle Victor Chapot. En le recevant, je lui avais demandé d'alléger, autant que possible, les contraintes qui pèsent sur le commerce, et surtout sur le commerce familial, dont il fallait accroître la liberté. Il avait acquiescé avec enthousiasme. Quelle ne fut pas ma surprise de le voir proposer, quelques mois plus tard, l'inscription à l'ordre du jour du Conseil des ministres d'une communication visant à élever la compétence professionnelle des commerçants et des artisans par l'institution d'une cotisation obligatoire ! J'ai refusé de retenir cette proposition, mais il a insisté, et a demandé à me voir pour justifier son projet :

« Cette mesure est très demandée par les organisations professionnelles, me dit-il. Elles souhaitent l'organisation d'un cycle de formation pour les commerçants et les artisans en place. Vous n'imaginez pas le niveau de connaissances de certains d'entre eux ! »

Je lui demande :

« Qui financera cette mesure ?

— Ce sera la profession.

— Que voulez-vous dire par “la profession” ? Les organisations professionnelles, ou les commerçants eux-mêmes ? »

Il est embarrassé pour me répondre :

« Les organisations professionnelles n'ont pas suffisamment d'argent. Ce seront les commerçants eux-mêmes, par une petite cotisation sur leur chiffre d'affaires. »

Je le pousse dans ses retranchements.

« Cette petite cotisation sera-t-elle facultative ou obligatoire ? »

Il lâche le morceau :

« Obligatoire. Mais tout le monde est d'accord pour l'accepter. Cette mesure est très attendue. »

Attendue ? Je pense aux commerçants des chefs-lieux de cantons que je connais, dans le Loir-et-Cher ou en Auvergne. Je vois leurs sourcils se froncer en découvrant une nouvelle ligne sur leurs feuilles de cotisations : « Ça continue ! Ils n'auront donc jamais fini d'en inventer ! Encore une charge de plus ! »

Je tire la conclusion :

« Si la mesure est tellement attendue, elle n'a qu'à être décidée par les organisations professionnelles ! Qu'elles prévoient elles-mêmes le financement du système. Si elles rencontrent des difficultés dans l'avenir, nous verrons comment les aider. Mais dans l'état actuel, je n'inscrirai pas votre projet. »

Il s'éloigne, dépité. Il reviendra à la charge, auprès de mes collaborateurs, puis par l'intermédiaire du Premier ministre. Celui-ci soutiendra la mesure, mais mollement.

Il en voit, comme moi, les inconvénients. J'ai tenu bon, en gardant à l'esprit les réactions des commerçants que je connaissais personnellement.

Jusqu'en 1978, le nombre des ministres n'a jamais dépassé dix-huit. Il a atteint son minimum avec quinze membres dans le gouvernement que j'ai demandé à Raymond Barre de constituer le 31 mars 1977, après les élections municipales. Nous l'avions baptisé « le XV de France ». C'est un fait d'expérience que les discussions ont été plus faciles et l'équipe mieux soudée que dans des gouvernements aux ministres plus nombreux.

J'ai voulu normaliser et simplifier les appellations des ministres, en me rapprochant des usages internationaux. Nous cherchons souvent à nous donner l'illusion de résoudre des problèmes en introduisant des titres ronflants dans la nomenclature ministérielle ! Les autres pays sont plus sobres et utilisent pendant des dizaines d'années les mêmes appellations.

Pourquoi ajouter « nationale » à Défense, alors qu'on imagine difficilement une Défense qui ne le serait pas ? Et pourquoi qualifier de même l'Éducation, alors que le titre de ministre de l'Éducation est parfaitement explicite ? Pour la Santé, est-il nécessaire de préciser qu'elle est « publique » ? Quant à la valse des appellations entre les Affaires étrangères, les Affaires extérieures, et les Relations extérieures, elle ne sert qu'à faire la fortune des fabricants de papier à lettres ! Les ministres de mon septennat ont porté des titres simples, correspondant à ceux de leurs grands homologues internationaux.

Quant aux secrétaires d'État, on a affaire à un groupe de mutants ! Aucun d'entre eux, ou presque, ne se satisfait de sa condition existante ! Ils dévoilent leur aspiration secrète en se faisant appeler « Ministre », et ils font sur leur présence au Conseil des ministres une véritable fixation.

Comment traiter le sujet, alors que l'existence de secrétaires d'État répond à une nécessité véritable ? Certains d'entre eux, chargés des Universités, ou de la Fonction publique, par exemple, sont responsables de structures autonomes, qui ne justifient pas nécessairement une présence régulière au Conseil des ministres.

Pour d'autres, leur rôle véritable est de seconder l'action d'un ministre, dont ils sont, en quelque sorte, l'assistant politique. C'est la pratique des « Junior Ministers » britanniques. Elle est excellente, dans la mesure où elle prépare la formation d'une nouvelle génération de gouvernants. Elle permet au ministre de déléguer un certain nombre de ses responsabilités, et de se faire représenter à l'extérieur. Malheureusement, notre pratique est différente : elle prend la forme d'une lutte sourde par laquelle le secrétaire d'État cherche à se faire reconnaître un petit domaine, un pré carré qui lui soit propre et qu'il préfère gérer isolément, plutôt que de seconder l'ensemble des activités du ministre. Il est vrai aussi que beaucoup de ministres ont de la peine à déléguer leurs pouvoirs et à permettre à un secrétaire d'État d'avoir un accès direct à leurs dossiers.

L'expérience des secrétaires d'État autonomes, responsables d'un secteur, a été positive. Pour les autres, je leur demandais de venir siéger au Conseil des ministres lorsque celui-ci traitait un sujet de leur compétence.

Pour éviter que certains d'entre eux ne se sentent écartés de la vie gouvernementale, le secrétaire général du gouvernement me présentait chaque semaine un tableau récapitulant leurs présences passées, ce qui permettait d'inviter chaque semaine ceux qui étaient en retard sur leurs collègues. Et je veillais à ce qu'il y eût, chaque fois, au moins une des femmes secrétaire d'État présente, pour qu'elle apporte au Conseil des ministres l'éclairage de sa sensibilité.

***

Parmi les communications, certaines tranchaient par leur qualité, ou par leur nouveauté.

Quand Christian Beullac, ministre du Travail dans le gouvernement Barre d'août 1976, a été prêt à présenter sa première communication sur la situation de l'emploi, il m'a fait demander s'il serait autorisé à utiliser des panneaux illustrant sa démonstration.

« Bien sûr ! » lui ai-je répondu.

Pendant son exposé, il se tenait debout, allant d'un tableau à l'autre. Pour une fois, les chiffres étaient lisibles, même de loin. Il commentait tour à tour le nombre des demandeurs d'emploi selon leur nature — licenciés économiques, demandeurs d'un premier emploi, travailleurs licenciés —, selon leur âge, selon leur sexe, et aussi suivant l'ancienneté de la demande d'emploi. Les ministres placés du même côté de la table que lui avaient tourné leur chaise pour mieux regarder les tableaux. Les autres s'appuyaient sur leurs coudes. On sentait leur surprise et leur plaisir. C'est ainsi, imaginaient-ils, qu'on doit présenter le problème des effectifs dans une entreprise moderne. Moins de rhétorique et de phrases contournées que dans les présentations administratives. Des faits, simplifiés et décortiqués. En sortant de la salle du Conseil, j'entends les ministres échanger leurs commentaires favorables.

Six mois plus tard, en 1977, lorsqu'il proposait le premier pacte national pour l'emploi des jeunes, Christian Beullac utilisait à nouveau la même présentation devant le Conseil des ministres, mais en partant, cette fois, de la situation des jeunes demandeurs d'emploi : ceux qui avaient une formation adaptée à un emploi, ceux qui avaient une formation ne débouchant pas sur un emploi, et ceux qui n'avaient pas de formation du tout. Chacun des tableaux analysait en détail ces catégories.

C'est alors que j'ai découvert, et beaucoup de ministres avec moi, l'extraordinaire et accablante proportion des jeunes qui arrivaient sur le marché du travail sans aucune formation. Et la clarté de cette présentation a contribué sans doute à nous faire prendre conscience de l'effort national à accomplir pour mettre fin à cette situation.

En le regardant commenter les chiffres, une règle à la main, avec l'aisance d'un polytechnicien passé par l'industrie, je mesurais la supériorité de l'image sur la phrase, et aussi la nécessité de rapprocher progressivement les méthodes de travail du milieu politique de celles en vigueur dans les entreprises modernes.

Le pacte national pour l'emploi des jeunes de Christian Beullac a été adopté par le Conseil des ministres. Une mobilisation intelligente de l'administration et des entreprises permit, pour la première fois depuis 1973, d'infléchir la tendance à l'augmentation du nombre des demandeurs d'emploi. Dans les motifs de son succès figure sans doute, comme une sorte d'impulsion initiale, l'excellente qualité de sa présentation au Conseil.

Les communications des ministres des Affaires étrangères sur la situation internationale dégageaient depuis toujours un sentiment d'impérissable ennui.

J'avais pu le mesurer, pendant les septennats précédents, à l'intensité de la circulation des petits papiers que les ministres échangent entre eux pour régler leurs affaires courantes. Ces papiers passent de main en main, depuis l'émetteur jusqu'au destinataire, par un procédé artisanal qui reconstitue la poste primitive, tout en évitant de franchir l'obstacle insurmontable que constitue la place du président de la République. Lorsqu'il faut leur faire enjamber le fauteuil du Premier ministre, une forme atténuée de courtoisie conduit à les faire transiter derrière son dos.

Au fur et à mesure de l'exposé du ministre des Affaires étrangères, le courant circulatoire s'intensifiait, au point d'entraîner de discrets rappels à l'ordre, qui ne dépassaient pas chez le général de Gaulle la forme d'un froncement de sourcils.

Le motif de cet inintérêt tenait le plus souvent à ce que ces comptes rendus portaient sur des événements passés, généralement ceux de la semaine ou de la quinzaine précédente. Ces faits étaient déjà connus et abondamment commentés par la presse. Les ministres étaient trop prudents pour faire des révélations, au cas où ils auraient détenu des informations confidentielles. Si bien que ces communications, au lieu d'ouvrir le Conseil des ministres sur le monde extérieur, le refermaient sur la méditation individuelle ou sur la somnolence. Je me souviens toujours de l'image du général de Gaulle, admirable de présence et de conscience professionnelle, écoutant un interminable exposé, entre les visages de ses deux voisins, les ministres d'État André Malraux et Louis Jacquinot, plongés tous deux dans un sommeil profond, perturbé de tics nerveux pour l'un, et proche de la béatitude pour l'autre.

Pour rendre un intérêt à ces communications, j'ai demandé à l'automne de 1978, au nouveau ministre des Affaires étrangères, Jean François-Poncet, qui venait de quitter l'Élysée pour le Quai d'Orsay, de traiter chaque fois un sujet précis, lié à l'actualité : la situation au

Liban, les négociations soviéto-américaines, la crise de la politique agricole commune, l'invasion soviétique de l'Afghanistan, les problèmes de l'Afrique australe, parmi d'autres.

Il s'en est acquitté excellemment. Ses exposés, bien préparés, car il réunissait sa documentation et rédigeait ses notes le mardi soir au Quai d'Orsay, ont été parfois de petits chefs-d'œuvre. Les ministres les suivaient avec attention, en prenant eux-mêmes quelques notes. Je me contentais d'ajouter un rapide commentaire. Je pensais qu'ainsi l'ensemble des ministres pourrait adopter sur les questions internationales, d'abord un langage identique, et aussi, peu à peu, une analyse et une vision communes.

***

En dehors des Conseils des ministres, j'utilisais deux moyens pour préparer les décisions : le premier, celui des « Conseils restreints », réunissait à l'Élysée le Premier ministre et les membres du gouvernement concernés ; l'autre, les commissions d'étude, cherchait à utiliser les compétences de personnalités extérieures, selon la pratique couramment utilisée en Grande-Bretagne.

Les Conseils restreints se tenaient invariablement au rez-de-chaussée de l'Élysée, dans le salon blanc et or, que la tradition appelle le salon des Aides de Camp. Ses deux portes-fenêtres ouvrent sur la terrasse du jardin. Ainsi voyions-nous tourner les saisons.

Je m'efforçais d'obtenir que ces Conseils restreints justifient leur nom, en limitant autant que possible le nombre des participants. Il avait d'abord fallu en écarter les experts, y compris ceux de l'Élysée. J'y avais tenu, pour des raisons de nombre sans doute, mais aussi pour éviter cette tutelle que les dirigeants de l'administration aiment faire peser sur les responsables politiques. J'avais gardé un mauvais souvenir de ces réunions où l'on sentait que les hauts fonctionnaires présents assistaient narquoisement à des débats entre ministres, qu'ils jugeaient superficiels, et se contentaient de veiller à ce qu'aucune décision trop précise ne fût prise, qui les empêcherait de mettre en œuvre la solution tacitement convenue entre eux.

Du côté de l'Élysée, en dehors du secrétaire général, un seul de mes collaborateurs, celui qui suivait le sujet en question, venait assister à ces Conseils. Je leur avais donné pour instruction de ne pas intervenir dans la discussion et de se contenter de faire le relevé des décisions prises. Si le sujet le justifiait, un communiqué était publié.

Le Premier ministre et les ministres venaient seuls. Selon la nature du débat, un ou deux hauts fonctionnaires étaient invités. Par exemple, le directeur du Budget s'il s'agissait du budget. S'il était question de problèmes monétaires, le gouverneur de la Banque de France et le directeur du Trésor. Pour les affaires sociales, le directeur du Travail ou celui de la Sécurité sociale. Pour les projets touchant la Justice, le directeur compétent de la Chancellerie.

Ces Conseils duraient une heure et demie ou deux heures. Je les conduisais en supposant que les dossiers étaient connus des participants, pour éviter la longueur des exposés introductifs. La discussion y était très ouverte, et souvent passionnante. Je demandais toujours au Premier ministre d'exprimer son avis. En règle générale nous nous étions entretenus auparavant du sujet, dans l'une de nos deux rencontres hebdomadaires, pour vérifier notre accord sur l'orientation d'ensemble. A la fin, je résumais les conclusions.

Ces moments ont été pour moi parmi les plus heureux de ma présidence. J'avais souvent l'impression que nous agissions de la manière dont il était souhaitable que les pays fussent gouvernés : pas d'affrontement idéologique, une démarche qui recherchait les faits, qui examinait les solutions les unes après les autres, pour les comparer et retenir celle qui maximalisait les résultats et réduisait les inconvénients ou les risques. Curieusement j'ai souvent remarqué qu'à partir du fouillis des hypothèses et des possibilités, une seule solution finit généralement par émerger.

Les Premiers ministres se prêtaient au bon fonctionnement de ces Conseils restreints. Je cherchais à éviter qu'ils ne déplacent trop vers l'Élysée le centre des décisions gouvernementales : pour cela je ne voulais retenir que les sujets qui concernaient la vie du pays dans son ensemble, ou qui touchaient aux impulsions à donner pour infléchir l'évolution de notre société. Je veillais à ce que les décisions prises restent au niveau des orientations, sans empiéter sur la mise au point des mesures, que le Premier ministre arbitrerait.

La frontière n'était pas facile à tracer. La coopération, compétente et courtoise de Raymond Barre, contribuait à ce que ce rouage tourne bien. Je faisais servir du café et du thé aux participants, cherchant ainsi à nous éloigner du formalisme pour nous rapprocher de la conversation. Souvent, après que j'avais levé la séance, nous restions quelques minutes debout à échanger nos réflexions sur un sujet d'actualité. Je souhaitais que se forme entre nous, au moins pour la durée de ma présidence, une relation humaine plus naturelle et plus confiante que ce n'est l'habitude dans la jungle politique. Lorsque nous avions le sentiment que le sujet avait été correctement traité, nous ressentions un bien-être au moment de nous séparer. Dans le cas contraire, lorsque je constatais que certains me quittaient en emportant la frustration d'avoir vu leurs arguments incompris, je me disais qu'il fallait laisser reposer le sujet et, sans doute, à nouveau, y revenir.

C'est au cours de ces Conseils restreints que nous avons mis au point le projet de loi sur le divorce. Il fallait passer d'une législation ancienne, où le divorce ne pouvait intervenir que comme la sanction d'une faute, à un dispositif qui permettrait de donner suite à l'impossibilité, constatée en commun, de poursuivre la vie du couple.

Les dispositions concrètes étaient délicates, car il fallait protéger la solidité du noyau familial, d'où des précautions et des délais, et veiller bien entendu aux intérêts des enfants. Le ministre de la Justice, Jean Lecanuet, nous a apporté un projet préparé par ses services avec le concours d'éminents juristes, dont les dispositions générales paraissaient satisfaisantes, mais qui était rédigé dans un vocabulaire qui s'appliquait à reprendre les tournures du Code civil de 1804, totalement inaccessibles à un lecteur moderne.

Ma culture juridique est pratiquement inexistante, limitée au savoir des deux premières années de licence en droit, hâtivement rassemblé et appris par cœur pendant que je poursuivais la préparation au concours de Polytechnique.

Nous commençons la lecture du texte. Jean Lecanuet nous en commente les dispositions. Le directeur des Affaires Civiles vient en renfort. Ce qui est proposé semble équilibré. Le Premier ministre, Jacques Chirac, approuve. Mais pourquoi cette présentation incompréhensible ? Au lieu d'un texte en langage direct, on prend pour méthode de modifier les articles d'autres lois, en changeant quelques mots, sans même reproduire l'ensemble du texte. Pour comprendre l'objet du changement, il faut se reporter chaque fois à l'exposé des motifs de l'article. Quant au vocabulaire, il est directement inspiré de la langue de l'ancien droit, telle qu'on la pratiquait au Parlement d'Auvergne au XVIIe siècle !

Je pose la question :

« Ce projet paraît conforme à ce que nous souhaitions, mais il est impossible à lire ! Est-ce qu'on ne peut pas le rédiger autrement ? Pourquoi ces renvois perpétuels à d'autres articles ? Ne vaut-il pas mieux les abroger et écrire directement notre texte ? »

Jean Lecanuet se tourne vers le directeur des Affaires civiles et l'interroge du regard.

Celui-ci réplique :

« Monsieur le Président, c'est impossible ! »

Il se raidit et prononce ces mots d'une voix passionnée. Je sens qu'il met dans cette réplique tout son courage, qu'il a le sentiment de jouer le va-tout de sa carrière administrative avec la même dignité que les carmélites de Bernanos montant à l'échafaud.

J'insiste :

« Monsieur le Directeur, je ne vois vraiment pas pourquoi ce serait impossible ! Il ne s'agit pas de changer le texte, mais de reprendre les articles en entier, en comprenant à la fois la partie ancienne non modifiée, et les dispositions nouvelles que nous introduisons. »

Je vois dans son regard qu'il est décidé à combattre jusqu'au bout contre cet iconoclaste incompétent.

« Monsieur le Président, je regrette de dire que c'est impossible. »

Il ne me vise pas directement, par courtoisie administrative. Il préfère exprimer une impossibilité cosmique.

Et il précise :

« A chacun de ces articles s'attache une longue jurisprudence. Si on les abroge, la jurisprudence disparaît avec les articles. La seule manière de procéder est de les conserver, tout en les modifiant. »

Je me dis qu'il faut éviter le combat de front, aussi je suggère :

« Nous allons voir si c'est possible. Je vous propose, dis-je à Jean Lecanuet, de reprendre ensemble ce travail. Nous allons rédiger le texte à partir de vos propositions, mais en le présentant sous une forme homogène, ne faisant pas appel à des renvois, et en utilisant les mots du langage moderne. L'idéal serait pour moi que les personnes concernées puissent lire elles-mêmes la loi et en comprendre les dispositions. Après tout, c'est un sujet qui les concerne directement. On verra ensuite comment utiliser notre projet. »

Nous nous sommes mis au travail. Il a fallu tenir trois longues séances. Malgré les réticences initiales, la coopération a été excellente, notamment avec les fonctionnaires du ministère de la Justice. Un texte a été élaboré. Je me souviens de discussions courtelinesques sur des termes de procédure ; chaque fois cependant nous avons pu retenir un mot proche du langage courant.

Finalement le projet a été adopté par le Conseil des ministres et transmis au Parlement qui l'a voté à une large majorité de 381 voix contre 34, avec de rares modifications. Le jour où son texte est paru au *Journal officiel*, le 11 juillet 1975, j'ai pu le lire, imprimé. J'étais heureux : il était compréhensible pour chacun, comme devraient l'être, en principe, toutes les lois.

Je me suis dit qu'il faudrait reprendre beaucoup de nos textes et leur faire subir le même traitement. Leur volume maigrirait de la moitié ou des trois quarts, sans que leur sens soit dénaturé. Et sans doute, comme les arbres dont on élague les branches mortes, ils reprendraient de la vigueur.

C'était une question de temps. Il aurait fallu pouvoir y consacrer de nombreuses séances. Nous n'en avions pas les moyens, car la vie gouvernementale, comme la vie tout court, est une course contre la montre.

***

L'histoire de France est faite de deux branches : l'histoire des conquêtes et l'histoire des réformes. L'histoire des conquêtes traite du territoire, de son agrandissement et de sa protection. Elle a ses héros et ses grandes dates. C'est l'histoire extravertie. L'autre branche, celle des réformes, a pour objet la manière dont la société évolue, c'est-à-dire l'action qu'elle conduit pour définir sa structure et organiser son évolution. C'est l'histoire introvertie.

Dans l'histoire des conquêtes, la France a montré des aptitudes particulièrement brillantes. Bien que placée à un carrefour géographique, elle a réussi à agrandir, à protéger et à unifier son territoire avant la plupart de ses voisins. Mais, du côté des réformes, le palmarès est moins glorieux. Parmi les grands pays, la France est l'un de ceux qui a su le moins bien conduire sa propre évolution : elle a poursuivi une démarche chaotique, un parcours d'obstacles, de société bloquée en secousses révolutionnaires. D'où ses régimes constamment changeants, ses constitutions et ses cinq Républiques dans un laps de temps où les États-Unis n'en connaissaient qu'une seule.

Je me suis beaucoup interrogé sur les causes de cette incapacité. Alain Peyrefitte a consacré à cette recherche un excellent ouvrage, *Le Mal français*, auquel il a donné innocemment pour titre le nom dont l'Europe tout entière avait baptisé la syphilis, lorsque les soldats de Charles VIII l'ont ramenée des maisons closes de Naples !

Pour moi le trait le plus frappant tient dans la combinaison de deux attitudes totalement contradictoires : dans un premier temps, le refus d'envisager tout changement qui vous concerne personnellement (à moins qu'il s'agisse évidemment d'un avantage gratuit) ; et, dans un deuxième temps, l'acceptation du fait accompli.

Par un réflexe de camouflage dont les sociologues savent expliquer le mécanisme, les Français abritent cette contradiction derrière un paravent ardemment réformiste. Ils applaudissent dans les discours toute allusion aux réformes. Mais ces applaudissements se transforment en rejet dès que la réforme atteint en quoi que ce soit une de leurs habitudes ou l'un de leurs avantages personnels. On doit réformer les collectivités locales, mais il est impossible de songer à fusionner des communes voisines, peuplées de moins de deux cents habitants ; bien que la France possède, à elle seule, un plus grand nombre de communes que toute l'Europe réunie ! Il faut réformer la fiscalité « en profondeur », mais sans que la cotisation personnelle de chacun, directe ou indirecte, puisse augmenter. Il faut réformer notre législation sociale, s'attaquer aux abus, mais sans toucher aux « droits acquis ».

La France n'est pas un pays de réformes, c'est un pays de nouveauté. Par la légèreté de jugement, dont un ciel aimable et changeant a doté leur caractère, les Français aiment, ou plutôt préfèrent, la nouveauté. Ils imaginent toujours que ce qu'ils ne connaissent pas sera meilleur que ce qu'ils connaissent. Ils se lancent à tête perdue dans la découverte de solutions miracles ou de talents inédits. Ils s'en détachent presque toujours avec la même facilité. Personne ne va plus fleurir la tombe du général Boulanger et, lorsque j'ai décoré l'abbé Pierre, au titre d'une promotion de la Légion d'honneur consacrée aux droits de l'homme, qui s'est souvenu de la ruée du public vers la gare d'Orsay, où étaient venus s'entasser les dons pour les Cités d'Emmaüs ? Ce goût — et d'ailleurs ce talent — de la nouveauté explique le règne absolu des Français dans le domaine de la mode !

Comment sortir de cette difficulté ? Comment faire de la réforme un acte naturel, réfléchi, accepté ? Je pensais qu'il fallait dédramatiser les réformes, éviter de les présenter en termes d'affrontement et les introduire d'une manière qui les rende graduellement évidentes.

Dans le climat favorable qui existait alors, j'ai utilisé cette méthode pour réaliser les premières réformes constitutionnelles de ma présidence. L'une accroissait le rôle du Conseil constitutionnel, en permettant à soixante députés ou à soixante sénateurs de le saisir directement, procédure qui a d'ailleurs été largement utilisée depuis. L'autre améliorait les textes relatifs à l'élection présidentielle, en réglant la situation créée par le décès d'un candidat pendant la campagne présidentielle ou entre les deux tours de scrutin, et en permettant de limiter les candidatures fantaisistes. Ces réformes ont été votées par les deux Assemblées réunies à Versailles, la première dès octobre 1974, dans une atmosphère assez détendue. Je n'ai pas voulu forcer la cadence, en faisant régler en même temps le problème des suppléants. Une partie de la majorité y était opposée. Dans le climat politique du moment, et avec un Premier ministre UDR, on aurait sans doute réussi à passer outre. Mais je souhaitais conserver au mouvement de réforme une dynamique consensuelle.

***

Pour préparer l'opinion à la nécessité de certaines réformes, j'ai fait appel à la pratique des commissions.

L'opinion publique ne croit pas à l'efficacité des commissions. Pour elle, selon une formule devenue classique, le fait de créer une commission pour étudier un problème revient à l'enterrer.

Cette pratique a été peu utilisée jusqu'ici dans notre pays, à l'exception de précédents célèbres, tel celui de la commission Rueff-Armand pour « lever les blocages de l'économie française », créée par le général de Gaulle et Antoine Pinay en 1959.

Nous connaissions les commissions parlementaires qui étudient les projets de loi, ou les commissions administratives qui réunissent des fonctionnaires pour la mise au point de textes. Mais la formule que j'ai voulu mettre en œuvre était différente. Elle consistait à rechercher des personnalités ayant une compétence reconnue sur le sujet à traiter, qu'elles appartiennent à l'Université, aux entreprises, au monde de la science et de la culture, au syndicalisme, au journalisme, et à leur demander d'établir un rapport sur la manière d'analyser et de résoudre le problème, en faisant des propositions sous leur propre responsabilité. Ces personnalités disposaient d'un délai assez long, généralement de six mois, elles pouvaient procéder à toutes les auditions qu'elles jugeaient nécessaires, et se faire aider par les rapporteurs de leur choix. Il était annoncé que leur rapport serait rendu public.

Après la remise de leur rapport, le gouvernement examinait leurs propositions, d'abord en Conseil restreint, puis en Conseil des ministres. Il envisageait leur impact politique, et évaluait les réactions possibles de l'opinion. Il en tirait généralement un projet de loi, dont le Parlement avait à débattre.

Ainsi le monstre était-il progressivement apprivoisé et

la démarche de la réforme pouvait être plus largement comprise et acceptée.

Les éditions de ces rapports forment une bibliothèque impressionnante, avec pour auteurs des hommes comme Raymond Barre, Pierre Sudreau, Alain Peyrefitte, Jacques Soustelle, le professeur Jean Bernard, les lauréats des prix Nobel de médecine, François Jacob, André Lwoff et Jacques Monod, des membres de l'Académie des sciences, parmi d'autres.

Ils ont traité de sujets aussi divers que l'aide au logement, l'adaptation des entreprises, la lutte contre les fléaux sociaux, la protection contre la violence, l'action contre la nouvelle pauvreté, les rapports entre l'informatique et la liberté, l'état de la recherche archéologique. Plusieurs de nos institutions actuelles sont issues directement de leurs conclusions.

Deux de ces commissions ont été présidées par Raymond Barre. L'une traitait d'un sujet central de notre dispositif éducatif : le passage de l'enseignement secondaire à l'enseignement supérieur. La seconde concernait la réforme indispensable de l'aide publique au logement. Nous étions emportés par le cheval emballé de « l'aide à la pierre », qui gonflait nos dépenses budgétaires dans des proportions démesurées, avec des résultats économiques décevants. La commission de Raymond Barre a proposé la substitution de l'aide à la personne, graduée en fonction des ressources de chacun, à l'aide à la pierre. Il est venu me faire part de ses conclusions. La qualité de ses rapports m'a fait me souvenir de lui en janvier 1976, lors du départ de Norbert Segard, premier titulaire du ministère du Commerce extérieur du gouvernement de Jacques Chirac, nommé aux P. et T. pour donner une impulsion au développement indispensable de l'équipement téléphonique de notre pays. J'ai nommé Raymond Barre pour le remplacer.

Mais le rapport qui a le plus agité les esprits a été celui du comité présidé par Pierre Sudreau, sur la réforme de l'entreprise.

Le sujet était à l'ordre du jour. L'opposition socialiste et communiste, rassemblée autour du Programme commun, et que je n'avais battue que de justesse, contestait violemment le rôle des entreprises et de leurs dirigeants, et proposait un vaste programme de nationalisations. Les idées de participation, lancées par le général de Gaulle, huit ans auparavant, avaient besoin d'une remise à jour. Et la crise économique rendait souhaitable une réflexion sur les moyens d'améliorer l'efficacité et l'adaptabilité de nos entreprises.

Mais, à bien des égards, le sujet était jugé tabou. Le patronat, bien qu'il fût dirigé par une personnalité d'une rare ouverture d'esprit, François Ceyrac, se méfiait de toute intervention du pouvoir politique sur des structures dont il avait pris l'habitude. Et la pression idéologique de la gauche, majoritaire dans les moyens d'expression, faisait apparaître comme dérisoire toute tentative d'amélioration qui ne s'accompagnerait pas d'un profond bouleversement du système social.

Il a fallu choisir avec soin chacun des dix membres de la commission et ses deux rapporteurs généraux, pour qu'ils fussent à la fois compétents, rassurants et réformateurs. Pour la présidence, j'ai pensé à Pierre Sudreau. Je savais qu'il était à la fois ouvert d'esprit, prudent et proche des milieux dirigeants des entreprises, en raison de ses amitiés et des fonctions privées qu'il exerçait. Il avait été ministre du général de Gaulle et gardait des contacts avec les dirigeants syndicaux. Bref, il était placé à l'intersection des courants qu'il fallait tenter de concilier.

Le comité a été constitué en juillet 1974. Ses travaux

ont duré plus longtemps que prévu. Pierre Sudreau, qui était venu m'informer de leur déroulement, a demandé deux prolongations. La difficulté du sujet le justifiait et c'était en même temps la preuve du sérieux du travail de sa commission. Finalement le rapport a été prêt. Pierre Sudreau l'a remis à Jacques Chirac et il me l'a apporté lui-même à l'Élysée, le 7 février 1975. Je l'ai remercié par une lettre qui l'autorisait, fait inhabituel, à publier aussitôt le texte de ses conclusions.

Cela me faisait plaisir de le recevoir, car cela rafraîchissait mes souvenirs et me ramenait au temps où nous travaillions tous les deux à Matignon, auprès d'Edgar Faure, alors président du Conseil, en 1955, dans la nervosité d'un été marqué par l'indépendance du Maroc et par les grèves des chantiers navals de Nantes et de Saint-Nazaire. Il avait peu changé, la peau un peu tirée sur le visage, à la manière d'un mandarin, le front ovale et dégarni ; une diction agréable et intelligente.

Son rapport était excellent. Il faisait le point exact de la situation dans laquelle nous nous trouvions. Des entreprises raidies, en raison du dirigisme tenace de l'administration qui les exaspérait, et d'un dogmatisme syndical lié à l'espoir de changements politiques, entretenu par le parti socialiste et par le parti communiste. La formation de beaucoup des dirigeants était antérieure à la guerre. Le « pantouflage » généralisé des hauts fonctionnaires — en particulier du ministère des Finances — à la tête des grandes entreprises, avait créé un groupe de responsables davantage préoccupés de protéger leurs positions que d'agir en entrepreneurs.

Le rôle du marché et des institutions financières se limitait à la distribution de crédits soigneusement garantis et généralement bonifiés par l'État. Le recul des interventions publiques que j'avais amorcé en réduisant massivement les crédits du FDES (Fonds de Développement Économique et Social), boîte de Pandore du dirigisme, ne s'effectuait que lentement et dans la mauvaise humeur. La flambée des prix, consécutive au premier choc pétrolier, nous avait contraints à revenir en arrière sur la politique de libération des prix, que j'avais entamée comme responsable de l'économie sous le président Pompidou.

Malgré ces contraintes, le rapport Sudreau proposait une modernisation raisonnable des règles applicables aux entreprises. Il traitait principalement de cinq sujets : la vie quotidienne dans l'entreprise, l'adaptation du droit des sociétés, la revalorisation de la situation des actionnaires, la prévention des difficultés des entreprises et l'actualisation des procédures de solution des conflits du travail.

Le premier accueil a été favorable. Pierre Sudreau a été habile avec la presse et convaincant vis-à-vis des organisations professionnelles.

Mais, très vite, la résistance s'est organisée. On a vu se multiplier les points de blocage dans l'administration, au Parlement, dans les professions. L'erreur, sans doute, a été de ne pas chercher à imposer les conclusions de ce rapport par la force, mais c'était une erreur délibérée. De même que j'avais souhaité une réflexion approfondie, de même je voulais susciter une large discussion.

Je me faisais des illusions sur sa possibilité. Il est devenu très vite apparent que la guerre d'embuscade des opposants était plus efficace et serait plus meurtrière que la croisade des partisans de l'évolution !

Un exemple m'a frappé. Le rapport Sudreau consacrait un long développement au cas des entreprises en difficulté. La crise économique multipliait le nombre des faillites, des dépôts de bilan et des mises en liquidation judiciaire. Les textes et les procédures conçus au XIXe siècle pour protéger les intérêts de certains créanciers étaient mal adaptés à cette situation, obligeant parfois à la liquidation d'une entreprise qui aurait pu survivre, et faisaient obstacle à ses chances de redressement. Le rapport proposait un certain nombre de mesures qui supposaient des projets de loi.

Ceux-ci ont été préparés par le ministère de la Justice, et envoyés au Parlement. Je me préoccupais de leur sort, et interrogeais le Premier ministre sur leur avancement. Certaines mesures touchaient au rôle des syndics de faillite et des administrateurs judiciaires. L'opposition des professions concernées, influentes auprès des parlementaires, a été si efficace que les projets n'ont jamais pu franchir le barrage du rapport de la Commission des lois, et ne sont donc jamais venus en séance publique.

Aurait-il fallu imposer l'application de ces mesures et jouer le jeu du fait accompli ? Je ne le pense pas. Les obstacles parlementaires, le frein de certains milieux professionnels, exprimaient sans doute l'insuffisante maturité du sujet. L'action du gouvernement ne peut pas être de décider le bien par décret, mais de créer les conditions de son acceptation et de sa réalisation par l'ensemble du corps social.

Avant que celui-ci puisse accepter la vision moderne du rôle et de l'organisation de l'entreprise, il y avait encore un long chemin à parcourir. Le rapport Sudreau a ouvert la voie. Il a même fait davantage, en indiquant de manière précise l'essentiel de ce qu'il fallait accomplir.

Dans une société idéale, on l'eût réalisé dès le lendemain. Dans une société humaine il fallait attendre que la graine, déposée dans les cerveaux, ait eu le temps de germer.

***

Lorsqu'il s'agissait de la Défense, le mécanisme des décisions était différent.

D'abord il y avait urgence. On n'était pas maître du délai.

Ensuite la chaîne de commandement était plus simple : elle allait directement du sommet à l'exécution. Dans l'élaboration des programmes de Défense, elle passait par le Premier ministre et le ministre de la Défense, avant d'atteindre le chef d'état-major des armées.

Mais lorsqu'il s'agissait de gérer des situations de crise, j'agissais directement au niveau du ministère de la Défense, et de l'état-major. Le Premier ministre était évidemment tenu informé, mais Raymond Barre, puisque c'est lui qui était à Matignon lorsque nous avons eu à intervenir militairement, partageait la conception suivant laquelle la responsabilité des actes de sécurité extérieure incombait en premier lieu au président de la République.

Dans la prise des décisions, j'étais assisté par celui qu'on appelle le chef d'état-major particulier du président de la République. Sa tâche consiste à informer le président de la République des affaires militaires, à préparer ses décisions et, quand il le faut, à les transmettre pour exécution. J'ai eu la chance que cette fonction soit assumée successivement par deux hommes d'une qualité exceptionnelle : le général Méry et le général Vanbremeersch. Bien qu'ils fussent de culture différente, l'un originaire du Berry et de tradition républicaine (son frère était maire socialiste de Beaume-les-Dames), et l'autre flamand et d'allure aristocratique, ils avaient beaucoup de traits communs : ils appartenaient tous deux à l'armée de terre et avaient été déportés très jeunes en Allemagne pour faits de Résistance. Ils aimaient passionnément le métier qu'ils avaient choisi et entendaient l'exercer à l'abri des passions politiques et des intrigues de personnes. Leur jugement était posé, mais ils ne craignaient pas d'assumer des décisions, y compris au moment des interventions militaires.

Ils m'ont quitté tous les deux pour devenir chefs d'état-major des armées. Le général Méry a assumé cette fonction à la perfection. Il a conduit avec beaucoup d'intelligence la programmation militaire, et noué avec les commandants des forces alliées de l'OTAN et de l'Allemagne fédérale des relations personnelles qui permettaient de préparer l'évolution future vers une participation plus active de l'Europe aux responsabilités de sa défense.

Quand il a atteint la limite d'âge, et qu'à mon regret il a dû quitter son poste, il m'a pris à part à la fin du dernier conseil de Défense auquel il assistait, en me disant qu'il avait une demande à m'adresser. Quelle qu'elle puisse être, je l'aurais acceptée. Sur un ton presque timide, il m'a demandé si, comme dernière participation à une manifestation militaire, il pourrait monter dans ma voiture pour passer avec moi les troupes en revue lors du prochain défilé du 14 Juillet. Je lui ai donné bien volontiers mon accord. Et ainsi, le 14 juillet 1980, nous avons descendu ensemble les Champs-Élysées. Par chance le soleil brillait, et je voyais qu'il accrochait des brindilles scintillantes aux feuilles de chêne de son képi, que j'apercevais de profil.

J'évitais de croiser son regard pour ne pas y lire l'émotion que je devinais et dont je ne devais être que le témoin discret.

Pour le remplacer, j'ai pensé au général Vanbremeersch, qui lui avait succédé auprès de moi. La raison de mon choix était simple, et nous la retrouverons lorsque je parlerai de nominations : il était le meilleur et le plus qualifié. Mais sa désignation rencontrait un obstacle : l'année précédente, il avait subi une première attaque du cancer. Il avait été soigné et, semble-t-il, guéri. Lorsque je lui ai proposé de le nommer chef d'état-major des armées, il m'a répondu :

« Monsieur le Président, je suis très honoré par votre choix et ce serait pour moi le plus beau poste de ma carrière. Mais je ne pense pas pouvoir l'accepter. J'ai été malade l'an dernier. Mes médecins me disent que c'est terminé et qu'il n'en reste pas de trace. Mais je me sens souvent fatigué. J'ai été déporté très jeune et je garde sûrement dans mon organisme des séquelles de cette période, où j'ai été affaibli. C'est un poste dans lequel il faut une disponibilité totale, intellectuelle et physique. Je ne crois pas que je sois en état de l'assumer. »

J'ai insisté. Ai-je eu tort ? Mais il était assurément le meilleur pour ce poste.

« Je comprends vos raisons, lui ai-je dit, et j'y avais réfléchi moi-même. Mais je vous demande de faire ceci : prenez votre temps, consultez votre médecin en lui posant la question exactement dans les termes où vous venez de le faire. En fonction de ce qu'il vous dira, vous m'apporterez votre réponse définitive. »

Dix jours ont passé. Il m'a apporté sa réponse. Elle était positive. Son médecin considérait qu'il pouvait exercer cette fonction de manière complète et sans risque pour lui. Il a été nommé chef d'état-major des armées le 20 juillet 1980.

Six mois plus tard, le cancer déclenchait une nouvelle offensive. Il se rendait au Val-de-Grâce pour des traitements périodiques. Puis l'alerte est devenue plus sérieuse. Il a été hospitalisé. Je lui ai rendu visite dans une chambre, située à côté de la sienne, et qui lui servait de petit bureau. Sa femme, qui lui tenait compagnie, nous a laissés en tête-à-tête. J'ai senti, à des signes imperceptibles, qu'elle me tenait pour partiellement responsable du sort de son mari, qu'en insistant auprès de lui et en le tentant à la fois par l'intérêt du poste et par l'appel à sa conscience professionnelle, je l'avais entraîné dans un chemin où la fatigue serait trop rude et où son mal reprendrait le dessus. Je lui avais apporté des livres. Par la fenêtre on voyait le dôme doré de Mansart et le moutonnement gris des toits, avec, au-dessus, un ciel lumineux nettoyé par le vent, comme souvent à Paris. Nous avons parlé des travaux en cours. Il avait de grands cernes sous les yeux. J'ai pris congé de lui. Il s'est excusé de ne pouvoir me reconduire, toujours le même, digne et souriant. Quinze jours plus tard, le 12 février 1981, le secrétaire général de l'Élysée venait m'annoncer son décès.

***

Nous avons eu à intervenir souvent en Afrique : au Tchad, en Mauritanie, au Zaïre, et en Centre-Afrique. La situation rendait ces interventions nécessaires. Au nord, le colonel Kadhafi, dont la hausse des prix du pétrole venait de remplir les caisses, soutenait la poussée islamique en direction de l'Afrique centrale. Il jouait sur les divisions du Tchad et pouvait compter, à l'époque, sur le soutien des tribus du nord, belliqueuses et aguerries. L'Union soviétique n'avait pas renoncé à son rêve africain. Elle livrait des matériels, entretenait des bases, comme au Mali, ou des équipages d'hélicoptères, comme en Centre-Afrique. Et elle allait organiser un véritable pont aérien, transitant par le Sahara et par le Mali, en direction de l'Angola.

Elle pouvait compter sur l'indifférence américaine. A partir de 1976, la vigilance des États-Unis était inexistante en Afrique, et aucune réaction ne venait contrecarrer l'installation massive des Soviétiques et des Cubains en Angola, ou leur soutien au régime éthiopien prosoviétique.

Les États francophones d'Afrique conservaient leur ligne modérée. Mais la crainte de leurs dirigeants était visible : « Quand nous sommes du côté des Occidentaux, me disaient-ils, nous recevons des crédits financiers, et encore en petites quantités. Si nous nous rangeons du côté des Soviétiques, nous recevons des armes. »

Nous avions conclu des accords de défense avec la plupart d'entre eux. Certains nous concédaient des bases : le Gabon, le Togo, la Côte-d'Ivoire, le Tchad, la Centre-Afrique, le Sénégal, et aussi le Cameroun. La moindre défaillance dans l'application de nos accords de défense, amplifiée par la rumeur africaine, risquait de faire basculer l'ensemble.

L'opinion publique était réticente sur l'opportunité de nos interventions. L'opposition socialiste les dénonçait comme une forme ressassée du colonialisme. Les communistes faisaient chorus. Et du côté des anciens gaullistes, Messmer et Couve de Murville, poursuivant un ancien contentieux personnel remontant au temps du septennat de Georges Pompidou, mettaient en garde contre les actions militaires au Tchad.

Dans l'armée, une coupure apparaissait. Les anciennes générations, hantées par les souvenirs de l'Indochine et de l'Algérie, et désireuses de ne pas voir dilapider leurs moyens trop limités, poussaient à la prudence. Les nouvelles générations d'officiers et de sous-officiers qui avaient choisi la carrière militaire à un moment ingrat, puisqu'il suivait de peu les événements d'Algérie, souhaitaient tester sur le terrain leurs capacités personnelles et celles des unités où ils servaient. L'expérience leur a donné raison.

Deux décisions m'ont laissé un souvenir particulier : l'une concernait le Tchad et l'autre le Zaïre.

***

En prenant mes fonctions, j'avais trouvé au Tchad une situation gravement détériorée. Il y avait plusieurs années qu'elle avait commencé à pourrir. Le pays était découpé en trois zones. Au nord, le massif du Tibesti, peuplé par la tribu des Toubbous, nomades et guerriers que les officiers méharistes n'avaient jamais réussi à contrôler entièrement du temps de la colonisation, était en sécession ouverte. La rébellion était dirigée par deux hommes, un chef traditionnel toubbou, Goukouni, et un membre de la tribu arabisante des Goranes, Hissène Habré. On les disait associés à la vie et à la mort. Ils s'étaient emparés quelques semaines auparavant, le 21 avril 1974, d'une ethnologue française, Françoise Claustre, qui s'était aventurée dans le Tibesti contre l'avis formel des représentants français locaux, et ils la détenaient en otage. La presse et les médias bouleversaient l'opinion sur son sort.

Au sud, le pouvoir était exercé par Félix Tombalbaye, vieux chef noir charismatique et cruel, venu de la partie la plus mystérieuse de l'Afrique, dont il détenait les rites et la sorcellerie. Il régnait en maître absolu, en s'appuyant sur la population noire du sud, de religion chrétienne.

Entre les deux, le désert, parsemé de petites oasis, et parcouru par des tribus arabisantes qui nomadisaient jusqu'à la frontière du Soudan.

Un des pays les plus pauvres du monde et, sans doute aussi, un des plus beaux.

Le 13 avril 1975, un coup d'État a lieu. Félix Tombalbaye est renversé et assassiné. Le général Malloum, noir et sudiste lui aussi, reprend le pouvoir. En même temps les alliés réputés indissociables, Goukouni et Hissène Habré, se sont brouillés. Une négociation difficile, conduite par notre ancien ambassadeur à Tripoli et facilitée par la dignité et la compréhension de la mère de Françoise Claustre, Mme Steinen, permet d'obtenir sa libération en janvier 1977. J'envoie un avion militaire et l'aviateur de mon état-major particulier la chercher à Tripoli. Pour faciliter psychologiquement son retour, je propose à Mme Steinen de se joindre à l'expédition. A son arrivée à Paris, elle m'envoie une lettre de remerciement destinée à tous ceux qui avaient permis la libération de sa fille. Ce mot restera le seul.

Hissène Habré a quitté le Tibesti. Il regroupe les maigres forces qui l'ont accompagné dans l'Est du pays le long de la frontière soudanaise. Il nous fait savoir qu'il est prêt à chercher des alliances. Pourquoi pas avec Malloum ?

René Journiac suit quotidiennement pour moi cette situation difficile à déchiffrer. Je l'avais rencontré quand il travaillait auprès de Jacques Foccart, d'abord du temps du général de Gaulle, puis sous le président Pompidou. C'était un magistrat. Il en avait l'aspect solennel, confirmé par un début d'embonpoint. Mais son apparence était trompeuse, car au-delà de la solennité, il était doté d'un humour perçant et joyeux, et d'une disponibilité qui lui permettait de sauter dans un avion pour l'Afrique avec quelques heures de préavis. Il savait être discret et avait gagné la confiance personnelle des chefs d'État. Je pouvais m'appuyer sans risque sur son jugement.

En janvier 1980, quatre mois après la déposition de l'ex-empereur Bokassa dans laquelle il avait joué un rôle décisif, il revenait du Gabon dans un avion Grumman mis à sa disposition par le président Bongo. Il devait faire escale dans le Nord-Cameroun, près de Garoua. Les autorités locales qui attendaient son arrivée ont vu l'avion passer au-dessus du terrain, puis disparaître avant le dernier virage. Il a explosé quelques kilomètres avant l'entrée de la piste, en percutant une dune. La presse a soupçonné un attentat. Tout démontrait, hélas ! qu'il s'agissait d'une faute de pilotage, aggravée par un vent de sable. J'imaginais son corps carbonisé, sur ce sable africain que nous avions parcouru ensemble, et sous l'immense voûte obscure qui s'appuie aux confins du désert. Sa perte, pour moi, était irréparable.

En juin 1977 et février 1978, les Toubbous s'emparent de tout le nord du pays. Faya-Largeau tombe à son tour, sans même que les défenseurs terrorisés utilisent leur armement. Quelques hommes du sud font preuve d'un courage tragi-comique. Le chef d'état-major, ancien pilote, effectue quotidiennement des missions de bombardement solitaire sur un avion à hélices. La garnison capitule.

Puis en avril 1978, les Toubbous de Goukouni, activement soutenus par les forces libyennes, prennent l'offensive en direction du sud. Les forces du général Malloum, composées de Noirs sudistes — ceux qui ont alimenté jadis les razzias d'esclaves des Toubbous — sont dépaysées et affolées dans cet univers de cailloux. Les oasis sont prises sans résistance.

Le général Malloum, qui avait demandé en octobre 1975 le retrait de toutes les forces françaises, crie au secours. Les chefs d'État d'Afrique de l'Ouest, les présidents Houphouët-Boigny et Senghor, le général Eyadema, du Togo, insistent par téléphone auprès de moi pour une intervention française. Pour eux, c'est un test de survie. Au même moment, l'Union soviétique pèse de tout son poids en Afrique. Ses avions militaires font escale au Mali. Le président Carter n'esquisse pas un geste pour empêcher l'arrivée en Angola des techniciens soviétiques et des mercenaires cubains. Si nous laissons les Libyens avancer au Tchad sans réagir, ce sera le signal pour les chefs d'État francophones que la sécurité n'existe que dans un seul camp. Et ils me laissent entendre que certains d'entre eux se préparent déjà à en tirer les conséquences.

Dès le mois d'avril, nous décidons d'organiser une réaction aérienne. Des avions Jaguar, très efficaces pour l'attaque au sol, sont envoyés à N'Djamena. Le président Senghor, par une décision rapide et courageuse, facilite leur transit par Dakar. Le soutien s'organise. Des éléments d'appui terrestre sont expédiés du Gabon. Le président Ahidjo, dont l'État du Cameroun borde le Tchad, nous permet d'assurer la logistique de nos forces par des transports qui traversent le nord de son pays.

Notre état-major reste très réticent pour envoyer des unités de l'armée de terre au Tchad. Il a mal digéré l'expulsion de nos forces en 1975 et, à un moment où il réorganise nos forces conventionnelles, il veut éviter que leurs moyens, encore trop réduits, soient dispersés dans une aventure africaine.

On décide le départ d'un groupe d'officiers et de sous-officiers qui assureront une instruction rapide aux malheureuses forces tchadiennes, en pleine déroute psychologique, et qui leur serviront d'encadrement le jour où elles auraient à intervenir. Un camp d'entraînement est installé au nord-est de N'Djamena. Il doit assurer la protection de la capitale.

Les semaines passent, sans ajouter de nouvelles encourageantes. Je suis sur la carte Michelin d'Afrique centrale, à la couverture rouge, les progrès de la « rébellion », qui s'empare des petites oasis situées au sud et à l'ouest du Tibesti. Puis la colonne commence à descendre vers N'Djamena. Elle s'empare par surprise de Koro Toro et elle menace l'oasis de Salal. On m'en montre les photos : quelques gourbis de terre, aux toits en terrasse, écrasés sous le soleil. Les images montrent des animaux efflanqués, repérables à leur ombre.

Le général Malloum complique les choses par une vanité blessée qui semble le dernier ressort de son comportement. Il ne manque pas de dignité, même si celle-ci a un goût suicidaire. Comme il a rang de général, il refuse de voir arriver au Tchad tout officier français dépassant le grade de colonel et il exige que le commandement opérationnel des unités tchadiennes soit assuré par des officiers tchadiens et non par les instructeurs français. Devant la faiblesse et la dispersion de l'organisation, je demande qu'on passe outre aux objections de Malloum et qu'un général, ayant l'expérience du terrain, reçoive la responsabilité de coordonner l'action de nos forces, et j'indique à l'état-major qu'il doit répondre sans délai à toutes les demandes de renforts qui lui seront présentées. On envoie alors quelques hélicoptères et des blindés légers.

A la mi-avril, on me demande de présider de toute urgence une réunion consacrée à la situation militaire au Tchad. Je propose de la fixer au surlendemain. Le général Vanbremeersch insiste : « C'est trop loin ; les décisions à prendre sont urgentes ; c'est maintenant une question d'heures. » Je suis surpris. J'avais déjà donné la directive d'envoyer tous les renforts jugés nécessaires. Que veut-on décider de plus ? Je fixe la réunion au lendemain matin, à 9 heures 30, dans la salle des Cartes au sous-sol.

C'est une pièce que j'ai fait aménager en 1977. Il

s'agissait d'un abri de défense passive, installé en 1939 pour le président Lebrun. Il était rempli de vieux meubles, et de livrées du personnel de l'Élysée que j'ai fait porter au musée du Costume. Cette sorte de bunker en béton pouvait servir de protection contre les bombardements aériens, mais l'arrivée de l'ère nucléaire l'avait rendu inefficace. Le général de Gaulle avait décidé qu'en temps de grave crise internationale, le président de la République, décideur ultime de l'emploi de l'arme atomique, quitterait l'Elysée, pour aller s'installer dans un souterrain, placé sous la colline de Taverny, dans le Val-d'Oise, et organisé pour la survie. Il disposerait ainsi de tous les moyens nécessaires pour résister à une frappe nucléaire et pour transmettre aux unités aériennes, terrestres et sous-marines, ses ordres de riposte.

Ainsi l'Élysée ne disposait d'aucun endroit où rassembler les quelques moyens d'information et de transmission indispensables pour préparer et diffuser les décisions de défense, et aussi pour assurer, vingt-quatre heures sur vingt-quatre, la « veille nucléaire », c'est-à-dire la liaison avec nos forces nucléaires stratégiques. L'abri souterrain, quasi abandonné, m'a paru le lieu naturellement désigné. Le Génie a effectué les aménagements appropriés, avec soin et sans luxe. Le résultat était composé de quatre petites pièces cloisonnées, avec un couloir d'accès, le tout, bien entendu, sans éclairage extérieur. Une salle était prévue pour tenir des réunions. Ses murs étaient préparés pour recevoir des cartes. Deux téléphones la reliaient au centre opérationnel des armées, et au PC de Taverny.

La complication des plans de l'Élysée me permettait de m'y rendre par un accès direct. Un ancien escalier de service partait de l'étage de l'appartement privé et tombait sur l'entrée de l'abri. Il avait une rampe élégante et simple, de style Napoléon III, et on l'avait recouvert de la nouvelle moquette de l'Élysée, bleue et jaune. Sur les murs de l'étage inférieur, celui qui accède au souterrain, on avait accroché des gravures de bataille. Puis il fallait pencher la tête pour entrer dans l'abri, en franchissant un sas protégé par une porte blindée. Un garde républicain, en tenue de combat, filtrait les arrivées.

Me voici dans l'univers gris-fer de la Défense, mi-clinique, mi-bunker. Avant qu'un seul mot soit prononcé, je ressens une impression pénible, semblable au recueillement pesant des familles dans les pièces où l'on vient leur présenter ses condoléances. Même attitude des visages, qui tentent de s'habituer à l'irréparable. Une ressemblance aussi avec *La Leçon d'anatomie* de Rembrandt. Les participants sont debout pour m'accueillir, les militaires au garde-à-vous. Qu'ont-ils donc à me demander ? Après tout, je suis acquis depuis plusieurs semaines à l'idée d'envoyer des moyens supplémentaires au Tchad. Nous avons connu dans notre histoire militaire — même récente — des épreuves plus redoutables ! Nous nous asseyons autour de la table, le ministre de la Défense à ma droite, celui de la Coopération à ma gauche.

Je retrouve devant moi le chef d'état-major des armées, l'inspecteur général des forces d'Outre-Mer, deux autres généraux que je ne connais pas et René Journiac. Mon état-major particulier est chargé du compte rendu de la réunion et de la notification des décisions.

Le ministre de la Défense, Yvon Bourges, prend la parole :

« Nous vous avons demandé d'urgence cette réunion, monsieur le Président, parce que la situation au Tchad est grave, et se détériore rapidement. Il y a une décision à prendre. »

Je m'en serais douté ! Il poursuit :

« Pour vous informer complètement, le mieux est que le général qui commande nos forces sur place vous décrive la situation. »

C'est un des deux généraux que je ne connaissais pas. De petite taille, il doit approcher cinquante-cinq ans. Il porte ses décorations. Son analyse est claire. La poussée des Toubbous et des Libyens est trop forte pour que nous puissions la contenir. Le poste de Salal a été pris. L'armement fourni par les Libyens est efficace : des fusées soviétiques SAM 7 pour tirer contre les avions, ce qui limite leurs missions en basse altitude, et des roquettes antichars, qui empêchent nos blindés, trop peu protégés, de s'approcher suffisamment près, tandis que les armes légères dont ils sont armés sont inefficaces pour tirer de loin. On ne pourra pas reprendre le poste. Quant aux hélicoptères, la température est telle qu'on atteint la limite d'emploi des turbines, et ils offrent sur le ciel, dans ce pays indéfiniment plat et sans possibilité de camouflage, une cible idéale.

Je n'en suis pas surpris. Quand on m'avait parlé de les envoyer au Tchad, on me les avait décrits comme l'arme absolue pour stopper une invasion terrestre. On avait ajouté l'argument qu'il était intéressant de les expérimenter, dans des conditions d'emploi réel. Je n'avais rien répondu, pour ne pas paraître m'attribuer une compétence qui n'était pas la mienne, mais je n'arrivais pas à imaginer comment un engin fait pour apparaître et disparaître le long des vertes collines du Palatinat ou de la Bavière, réglé pour notre température et notre humidité, pouvait être l'« arme absolue » dans un infini caillouteux et grillé de soleil.

« D'un moment à l'autre, les Libyens vont reprendre leur marche en avant en direction de N'Djamena. Plus aucun obstacle ne les en sépare. »

Je pose une question :

« Et le camp où nos instructeurs entraînent les Tchadiens ?

— Il n'y a que quelques centaines d'hommes, me répond-il. La moitié commence à peine son entraînement, et n'a aucune valeur militaire. L'autre moitié est un peu meilleure, mais l'encadrement tchadien ne tiendra pas devant les Toubbous, et leur matériel ne fait pas le poids. »

Je continue :

« Les Jaguars peuvent-ils stopper l'avance ? »

Un silence, avant de répondre.

« Les Jaguars ne suffiront pas. Ils sont trop vulnérables aux SAM 7 en basse altitude. Et puis, nous ne pourrons pas les maintenir à N'Djamena. Ils ont besoin d'une protection suffisante. »

Je commence à flairer quelque chose. Le malaise s'épaissit.

Je demande :

« De quels moyens avez-vous besoin ? »

Mes interlocuteurs se décident à se jeter à l'eau. Le général Vanbremeersh parle en leur nom :

« Nous avons abouti, monsieur le Président, à la conclusion qu'il était impossible de défendre N'Djamena. Nous vous demandons d'autoriser le retrait de nos forces du Tchad. »

L'expression « tomber des nues » ne s'applique pas à ma situation. Pourtant elle me jaillit à l'esprit. Ce que je viens d'écouter dépasse mon entendement. Les Français battus par les Libyens et les Toubbous ! Jamais je ne l'admettrai. Que s'est-il passé ? Ces chefs militaires sont courageux. Deux d'entre eux ont été déportés. Est-ce l'effet des longues frustrations d'Indochine et d'Algérie, du refus du pouvoir politique de leur fournir les moyens nécessaires au succès ? Pourtant j'avais donné la directive de répondre à tous les besoins exprimés sur le terrain. Ou bien pensent-ils que ces aventures africaines détournent l'armée de sa grande tâche, à laquelle ils se consacrent avec passion : reconstituer notre potentiel de combat en Europe ?

J'évite de réagir trop vite. Je n'ai pas à les blesser. Ils ont souffert plus que moi de nos déconvenues coloniales.

J'interroge le chef d'état-major, l'excellent général Méry :

« Quels moyens seraient nécessaires pour défendre efficacement N'Djamena ?

— Au point où nous en sommes, des moyens importants, me répond-il. Plusieurs milliers d'hommes seraient nécessaires. Et il faut un délai assez long avant qu'ils n'arrivent sur place. Je ne suis pas certain qu'ils puissent stopper l'avance. »

Je lui demande :

« Vous avez des unités disponibles en Bretagne, dans la 9e division d'infanterie de marine, et aussi dans la division parachutiste. Pouvez-vous les envoyer au Tchad ?

— Sans problème, si j'en donne l'ordre. Ce sont des régiments composés de professionnels. Ils comptent peu d'appelés. Si on pose la question aux appelés, la plupart seront volontaires. La vraie difficulté est celle des transports. Nous n'avons que les Transalls, et ils manquent de rayons d'action. Il y a aussi les besoins d'approvisionnements sur place. »

Pendant qu'il parle, je m'interroge. Il n'est pas possible d'abandonner N'Djamena. Ce serait un triomphe pour Kadhafi et un signal de débandade pour les plus menacés de nos partenaires africains. Et puis ce n'est pas concevable pour la France ! L'idée de voir nos unités d'arrière-garde grimper dans les passerelles des avions, laissant derrière des matériels disloqués et des baraques sur les murs desquelles pendent les derniers ordres de service, me paraît ignominieuse. Et puis je n'y crois pas : nos unités, si elles sont structurées et commandées sur place, ne seront pas défaites par les Toubbous !

Les regards me guettent. Ils attendent une décision, raisonnable, réaliste, mais dure à prendre. Ils m'évaluent pour savoir si j'en serai capable.

Je reprends la parole : « J'estime que nous devons défendre N'Djamena. Il faut y mettre les moyens nécessaires. Je vous demande de mettre en route tout de suite les premières unités pour assurer la sécurité de notre base aérienne et des Jaguars, et de commencer aussitôt que possible l'acheminement des unités plus lourdes. Il faudra sans doute plusieurs régiments.

— Deux ou trois régiments, au minimum, précise le général Méry. Plus les unités de service. »

Et je conclus.

« Je vous demande de faire le nécessaire immédiatement. Et il me semble qu'en raison du terrain, il serait utile d'envoyer de l'artillerie. »

Je suis sorti de ma compétence, mais je crois que des tirs lointains et massifs jetteraient le désordre dans les rangs libyens et toubbous et pourraient casser leur élan.

Mes interlocuteurs ne réagissent pas tout de suite. Ils évitent de croiser leurs regards pour ne pas rendre visibles leurs sentiments. Ils étaient venus pour une autre décision, qu'ils jugeaient en conscience être la bonne. Mais comme dans un groupe d'oiseaux où l'envol du premier déclenche le vol des autres, dès qu'Yvon Bourges prend la parole, l'atmosphère bascule d'un seul coup.

« Monsieur le Président, nous allons mettre en œuvre votre décision. Je vais voir avec le chef d'état-major comment faire partir les premières unités. Nous allons nous réunir tout de suite. Je vous tiendrai informé des dispositions que nous prendrons. »

Je me lève pour partir. Je les sens graves, mais au fond d'eux-mêmes — est-ce que je me trompe ? — satisfaits et soulagés. Je les vois se rapprocher les uns des autres et commencer, déjà, à discuter des préparatifs.

La machine s'est mise en route. Elle fonctionnera bien, rapidement et efficacement. Les Jaguars stopperont l'avance de la colonne libyenne. On m'apportera des photos, prises par leurs caméras pendant les opérations. Des agrandissements immenses, en noir et blanc, où l'on voit les camions libyens désertés par leurs conducteurs et, à côté, projetée sur le sable, l'ombre des ailes des Jaguars. Ce ne sont pas des secrets d'État : je les emporterai dans l'appartement privé, où je les garderai dans le tiroir de mon bureau, pour les contempler, de temps en temps, pendant que la lumière de Paris, venant en diagonale de la fenêtre, après avoir traversé la verrière du Grand Palais et survolé les embouteillages des Champs-Élysées, les éclairera par-dessus mon épaule pour en détailler les images : l'Afrique, la guerre cruelle, et le succès.

***

L'action à Kolwezi était d'une autre nature. L'année précédente, au printemps 1977, le Zaïre avait connu une première guerre dans le Shaba. Les gendarmes katangais avaient franchi la frontière de la Zambie pour entrer au Zaïre. Leur appellation avait une consonance bizarre. Quel rapport pouvaient-ils avoir avec les premiers « gens d'armes », organisés par François Ier ? C'était un effet de la francophonie belge.

En effet, au temps de la colonisation, les autorités minières du Haut-Katanga s'étaient constitué une milice de gendarmes. Après l'indépendance, ceux-ci avaient quitté le pays, et s'étaient installés de l'autre côté de la frontière. Ils guettaient le moment propice pour revenir. S'agissait-il des mêmes hommes, car ils avaient dû vieillir dans l'intervalle ? En tout cas, c'était une bande dotée d'armes modernes, avec ses chefs et une tradition guerrière.

En 1977, pour aider le président Mobutu, nous avions fourni les avions de transport pour acheminer les unités marocaines, envoyées par le roi du Maroc. Nous avions cherché à susciter une réaction commune des Africains. Plusieurs pays francophones d'Afrique avaient envoyé des contingents, mais c'est le Maroc, à la décision d'Hassan II, qui avait fourni l'essentiel des forces. Elles avaient reconduit les gendarmes à la frontière, puis, après quelques mois de surveillance, avaient regagné le Maroc. Pendant ces événements, le chef d'état-major, le général Méry, avait pris l'initiative d'envoyer une équipe d'une dizaine de parachutistes pour manifester notre présence et recueillir des renseignements. Ceux-ci avaient ramené des plans de la ville.

En mai 1978, la situation était plus dramatique. Les Katangais, au nombre d'environ trois mille, venus cette fois d'Angola, étaient entrés au Zaïre par le sud, et s'étaient emparés de la ville de Kolwezi, le samedi 13 mai, veille de la Pentecôte. C'était le siège des mines de cuivre de la Gécamines, au cœur du Shaba. Il semblait que l'intention des gendarmes katangais était de se lancer ensuite en direction de Lumumbashi pour provoquer la sécession de la province du Shaba.

La ville de Kolwezi comprenait une importante population européenne : les cadres des mines et leur famille. Au total entre 2 500 et 2 700 Européens. Aussitôt arrivés, les Katangais avaient recruté sur place une milice populaire et lui avaient distribué des armes. Les gendarmes et les miliciens parcouraient la ville en terrorisant les habitants. On pouvait redouter des massacres.

Dès le début des événements, Mobutu m'a appelé au téléphone. Il m'a demandé une aide militaire, directe et immédiate. Je l'ai interrogé sur la possibilité de faire appel à la solidarité africaine, comme l'année précédente. Il m'a répondu que c'était trop tard et qu'il craignait le pire dans les tout prochains jours.

Le mercredi 17 mai, en fin de matinée, j'ai joint le général Méry pour lui donner l'instruction de préparer une intervention qui pourrait avoir lieu dans un très court délai, si possible dès vendredi. Le mercredi soir, rentrant de la soirée donnée à la Comédie-Française en l'honneur du président Senghor, j'ai appelé le général Méry au Centre opérationnel des Armées pour savoir où en étaient ses préparatifs. Il m'a dit qu'il mettait au point l'opération avec les officiers de son équipe, qu'il rencontrait des difficultés pour organiser les transports, mais qu'il espérait pouvoir les surmonter et qu'il me recommandait d'intervenir, car il se confirmait que les Katangais ne disposaient sur place d'aucune défense anti-aérienne valable. Je lui ai donné rendez-vous pour le lendemain matin.

Le jeudi matin, nous nous sommes réunis dans la même salle souterraine que pour le Tchad. Il n'existait pas à l'état-major de cartes militaires détaillées de Kolwezi. Les seuls documents dont nous disposions étaient les relevés rapportés par les parachutistes l'année précédente. On avait épinglé au mur l'agrandissement d'un plan tiré d'une brochure de tourisme : une agglomération étendue, dispersée, avec au centre l'emplacement de l'ancien aéro-club, devenu, semblait-il, une sorte de parc.

Le général Méry et le général Vanbremeersch étaient

présents, ainsi que René Journiac et le ministre des Affaires étrangères, Louis de Guiringaud, en raison des conséquences de cette opération sur nos relations avec la Belgique. Le ministre de la Défense, Yvon Bourges, s'était engagé à participer à une manifestation extérieure annoncée depuis longtemps. Je lui ai demandé de ne pas la décommander et de s'y rendre, pour éviter d'attirer l'attention.

Le général Méry a présenté son dispositif : la seule intervention possible, en raison de l'éloignement, devait être aéroportée et prendre la forme d'un lâcher de parachutistes. Elle était très difficile à réaliser techniquement, car les avions ne pouvaient pas se poser dans le voisinage et devaient rebrousser chemin en direction d'un aérodrome situé à 250 kilomètres de distance. Les parachutistes, une fois lâchés, se retrouvaient seuls sur le terrain, sans aucune possibilité ni de recevoir des renforts, ni d'être récupérés.

Le général Méry nous a proposé d'acheminer à Kinshasa un régiment parachutiste, le 2e régiment étranger parachutiste, et de le tenir prêt pour un saut sur Kolwezi. Il était stationné en Corse, à Bastia, et comptait 700 hommes. Pour transporter ce régiment entre Kinshasa et Kolwezi, je jugeais indispensable qu'il soit acheminé par des avions militaires français. Il fallait donc envoyer tout de suite des Transalls au Zaïre.

Mais, entre la base de Solenzara et le Zaïre, la distance de 7 000 kilomètres rendait impossible l'utilisation des Transalls, trop lents et assujettis à faire escale dans des pays qui pouvaient nous refuser l'atterrissage. Il fallait des avions long-courriers. L'armée de l'air n'en disposait pas.

On pouvait réquisitionner des avions civils. Depuis le début de la crise, le général Méry avait pris la précaution de demander à Air France et à UTA de tenir en réserve quelques avions long-courriers. Ceux-ci permettaient d'effectuer le transport des personnels, mais leur capacité était insuffisante pour acheminer les matériels. Le général Méry était entré en rapport avec le général Haig, commandant en chef des forces de l'OTAN. Celui-ci s'était montré immédiatement coopératif. Sans entrer dans des consultations qui risquaient de traîner en longueur avec Washington, il avait accepté de mettre à notre disposition les avions DC-8 nécessaires pour compléter nos moyens.

Le général Méry concluait que le 2e REP pourrait être acheminé sur Kinshasa le jour même et que les parachutistes seraient prêts à sauter à partir du vendredi 19 mai dans l'après-midi, sans avoir pris de repos.

***

Nous avions la chance d'être représentés sur place par un ambassadeur actif et compétent, André Ross, dont j'avais pu apprécier les capacités lors de ma visite officielle au Zaïre, deux ans plus tôt, et par un attaché militaire, le colonel Gras, lui-même issu du corps des parachutistes et qui avait suivi de près, l'année précédente, les événements du Shaba. J'étais ainsi informé d'une manière rapide et sûre.

Pendant ce même début de semaine, je recevais en visite officielle le président du Sénégal, Léopold Sedar Senghor. Cette visite se déroulait selon un rite immuable fixé du temps du général de Gaulle et préservé depuis lors. Après la représentation théâtrale du mercredi, la soirée du jeudi était celle du grand dîner à l'Élysée, enjolivé par les discours officiels, dans la salle des fêtes éclairée aux bougies. A l'issue du repas, les convives se retrouvaient dans les salons du rez-de-chaussée, où ils étaient rejoints par les autres invités. La tenue rituelle était le smoking et la robe longue.

J'avais conduit le président Senghor dans le salon Pompadour. Cette pièce tire son nom du fait qu'elle servait de chambre à coucher à Madame de Pompadour pendant la brève période où celle-ci posséda l'Élysée. A l'époque, sa décoration était célèbre. Madame de Pompadour l'avait garnie des objets qu'elle faisait fabriquer par la manufacture de Sèvres. Le président Vincent Auriol avait fait démolir l'alcôve pour installer à sa place un ascenseur. Il ne restait plus rien de sa splendeur initiale, en dehors du joli portrait de Madame de Pompadour par Boucher, sur lequel elle porte une fraise de dentelle autour du cou, portrait que le président Pompidou avait fait venir des réserves du Louvre pour décorer les salons modernes, et que j'avais déplacé pour lui faire retrouver sa chambre à coucher.

Anne-Aymone et Mme Senghor étaient assises sur le canapé et buvaient de la citronelle, dont je voyais le reflet vert-jaune dans leurs tasses. Nous nous tenions debout près de la cheminée où le feu crépitait doucement, avec le président Senghor et le ministre des Affaires étrangères, Louis de Guiringaud. Dans l'embrasure de la porte, Raymond Barre s'entretenait avec plusieurs ministres. Au-delà, comme dans les films, on apercevait des silhouettes imprécises et on entendait le bruissement sonore des conversations.

Le général Vanbremeersch est entré par la porte du salon des Portraits. Il était de permanence ce soir-là. Il s'approche de moi et me demande s'il peut me dire un mot en particulier. Je m'éloigne, en laissant Senghor et Guiringaud poursuivre leur tête-à-tête.

« Nous avons de mauvaises nouvelles de Kolwezi, me

dit-il. Ross vient de téléphoner. Il semble que le massacre des Européens ait commencé. Les Katangais, qui ont appris par la radio la possibilité d'une intervention belge, se préparent à repasser la frontière en emmenant les Européens en otage. Ross insiste pour que notre opération puisse être entreprise immédiatement. Il demande qu'elle ait lieu impérativement demain. »

Je lui pose la question :

« Mais où se trouve actuellement le 2e REP ? Est-ce qu'il est arrivé à Kinshasa ?

— Il est en route. Le premier avion doit se poser à 23 heures.

— Si l'opération a lieu demain, ils devront repartir à l'aube et ils auront encore quatre à cinq heures de vol à effectuer. Est-ce qu'ils ne seront pas trop fatigués pour réussir l'opération ? »

Vanbremeersch me répond :

« Avant de venir, j'ai eu le général Méry au téléphone. Je lui ai posé la question. Il pense que c'est très tendu, mais que ce serait réalisable. Par contre, il insiste pour avoir une décision tout de suite, car il faudrait commencer immédiatement les préparatifs.

— Attendez-moi un instant, lui dis-je. Je vais vous donner la réponse. »

Ma tête bourdonne comme une machine à écrire déréglée. Je ne veux pas que Senghor remarque quelque chose. Il est en visite chez nous et rien ne doit lui montrer que nous avons d'autres préoccupations que de bien le recevoir. Je le rejoins, ainsi que Guiringaud. Je lui demande de m'excuser pour cette interruption et je reprends la conversation avec eux. Elle porte sur le Sahara occidental et les chances d'un référendum d'autodétermination. Je suis le cours de leur entretien et lâche un mot de temps à autre pour manifester mon intérêt, pendant que ma pensée suit sa trajectoire dans une autre direction.

Si les massacres ont commencé, il faut intervenir tout de suite. Mais il est 22 heures 20 à la pendule de la cheminée. Le premier avion n'est même pas arrivé. Est-ce raisonnable de faire repartir ces hommes fatigués demain matin ? Surtout que, connaissant les habitudes de l'armée, cela signifie une mise en place à 4 ou 5 heures du matin ! Et s'ils se font cueillir par les Katangais à leur descente ? Ils offriront des cibles faciles au bout des cordes de leurs parachutes ! Cinquante morts ? Cent morts ?

Les maîtres d'hôtel reviennent. C'est l'heure du champagne et des jus de fruits. Je prends de la cerisette. J'aime son goût un peu aigre qui me rappelle les lointains goûters d'enfant.

Vanbremeersch attend toujours près de l'entrée. Si les massacres ont lieu, il n'y a pas d'hésitation possible. Le risque sera ce qu'il sera. Un peuple qui dispose de moyens militaires ne peut pas rester passif quand des soudards défoncent les portes et tirent à la mitraillette à l'intérieur des maisons... Je me rapproche du général Vanbremeersch.

Je lui demande :

« Ross vous a bien dit que les massacres commençaient à Kolwezi ?

— Oui, me répond-il, ils ont reçu par radio des appels au secours. Les massacres d'Européens ont commencé. La population est affolée. On nous supplie d'intervenir.

— Rappelez Méry tout de suite, lui dis-je, et donnez-lui mon accord pour une intervention immédiate. Prévenez aussi Ross. Dites-lui qu'on va agir aussi vite que possible. »

Le président Senghor a rejoint Anne-Aymone et son

épouse. Il s'est assis en face d'elles, dans un des fauteuils dorés, aux ramages de soie bleue. Guiringaud est resté près de la cheminée. Je me rapproche de lui et j'aperçois nos deux visages dans la glace. Ils paraissent curieusement bronzés à cause du tain du miroir et du col trop blanc de nos chemises.

« Je viens de donner mon accord pour que le 2e REP intervienne dès demain à Kolwezi. Il semble que le massacre des Européens ait commencé dans la ville. Les militaires et Ross sont prévenus. Mais il serait bon que vous informiez de votre côté les Belges. Ils préparent quelque chose, à partir de Kamina, sans doute pour samedi. L'idéal serait que nos deux opérations soient conjointes. Mais nous ne pouvons pas retarder la nôtre. Il faudrait qu'ils se décident vite ! »

Le président Senghor s'est levé. C'est le moment du départ. Malgré toute sa finesse, je pense qu'il ne s'est douté de rien. Lui seul le sait. Nous traversons lentement les salons, en serrant des mains. Senghor reconnaît beaucoup de monde. Ses yeux pétillent derrière ses lunettes. Sa voix a gardé le timbre aigu d'un parler d'étudiant. Je me sens soulagé par ma décision. Au moins ces malheureux Européens ne se sentiront pas abandonnés ! Mais personne ne doit connaître notre intervention. Si la radio se mettait à en parler, les parachutistes seraient attendus sur le terrain comme des cocardes de tir de foire. Nous nous séparons dans l'entrée. Le président Senghor a la courtoisie aisée des intellectuels. Son épouse, d'une ancienne famille normande, a trouvé une attitude extraordinairement juste, sans effort, ni condescendance, ni clin d'œil donné à son propre mérite. Senghor a enfilé son manteau. Ils descendent tous deux les marches de la cour. Leur voiture s'est placée pour les attendre, l'arrière tourné vers nous. Je vois les feux rouges et les fumerolles du pot d'échappement. L'auto démarre sur les graviers. Ils sont partis.

Je remonte dans l'appartement. Je coucherai à l'Élysée pour être plus directement accessible, bien qu'un fil direct relie également notre appartement de la rue Bénouville. Mais je préfère me sentir sur place, plus arrimé à ma fonction, plus proche des centres de décision. Anne-Aymone, dans sa robe de taffetas blanche et noire, dessinée comme toujours par notre vieil ami Jean-Louis Scherrer — que j'avais retrouvé dans la foule en 1974, lors de ma première réunion à Auxerre où son père était médecin —, Anne-Aymone repart se changer à la maison.

23 heures 25. Premier coup de téléphone :

« Ici Vanbremeersch. Je viens de recevoir un message de l'état-major des armées. Le premier avion s'est posé à Kinshasa. Les autres suivent.

— Bien. Tenez-moi au courant. »

23 heures 40. Cette fois, c'est Guiringaud :

« J'espère ne pas vous déranger, monsieur le Président ? »

Sa courtoisie gasconne survit à toutes les crises !

« Pas du tout ! Avez-vous pu communiquer avec les Belges ?

— Oui, j'ai réussi à joindre mon collègue Simonnet et je lui ai fait votre message. Il m'a confirmé qu'ils préparaient de leur côté une opération. Je l'ai senti très désireux que nous n'agissions pas sans eux. Il se rendait chez le Premier ministre. Il me rappellera dès son retour. Est-ce que je dois vous communiquer sa réponse ?

— Bien entendu, appelez-moi aussitôt. »

Je raccroche. L'appareil est posé sur la table de nuit, plutôt une table de jeu en marqueterie, transportée du ministère des Finances. Il y a deux appareils, l'un comporte une ligne directe, le second est branché sur le standard. De l'autre côté du lit, un poste de téléphone blanc, relié directement au PC nucléaire. Il restera silencieux pendant toute la durée de ma présidence.

J'hésite à m'endormir. Il vaut mieux que j'attende l'appel de Guiringaud. Il y aura une décision rapide à prendre, en fonction de la réponse du gouvernement belge, et il faut avoir l'esprit disponible. Je laisse la lampe de chevet allumée.

Vendredi : 1 heure 15. Guiringaud rappelle. Simonnet a vu le Premier ministre. Ils sont décidés à se joindre à notre intervention. Ils doivent se réunir à nouveau cette nuit. Il rappellera à 6 heures du matin et insiste pour que notre opération ne débute pas avant qu'ils ne nous aient donné leur réponse.

Je demande son avis à Guiringaud :

« Je crois qu'ils ne sont pas prêts, me répond-il. Mais ils sont très désireux d'éviter que nous agissions sans eux. Pour le moment, ils cherchent à gagner du temps. Mais ils souhaitent visiblement ne pas prendre la responsabilité de retarder l'opération. Les nouvelles qu'ils ont reçues sont aussi alarmantes que les nôtres.

— Il n'y a qu'à attendre leur réponse, lui dis-je, mais, de toute façon, je confirme à l'état-major de déclencher l'action demain matin. En coordination avec eux, j'espère, mais, à défaut, sans eux. »

Je demande au standardiste de l'Élysée de m'appeler le permanent de l'état-major. Je reconnais individuellement la voix des standardistes, tous masculins, que les P. et T. détachent à l'Élysée. Ils sont d'une efficacité remarquable. Je ne peux pas mettre de visage sur ces voix. Je serai surpris quand je les rencontrerai aux vœux annuels du personnel de la Présidence, de les retrouver si différents de ce que leur timbre de voix m'avait fait imaginer. Je confirme mes instructions pour le général Méry. Je demande à l'officier de permanence s'il a reçu des nouvelles :

« Oui, monsieur le Président, trois avions se sont posés. L'opération se met en route demain matin. Le briefing des officiers va commencer dans une heure.

— Le décollage est prévu pour quelle heure ?

— 7 heures du matin, heure locale. Il y a une heure de différence avec Paris. »

Nous aurons tout juste le temps de connaître la réponse belge. Il n'y a plus qu'à attendre. Il vaut mieux dormir, mais je laisserai la lampe allumée pour ne pas avoir à chercher le téléphone dans l'obscurité si on me rappelle. Sa lueur éclaire la photo de Jacinte, prise à huit ans devant un vase de jardin débordant de géraniums roses, un galet noir et blanc, portant le signe de l'infini, que j'ai ramassé sur la plage du Pylos, bref tout mon petit bric-à-brac sécurisant.

J'ai dû dormir profondément car le téléphone a d'abord grelotté dans mon sommeil avant de déclencher le geste de la main vers l'appareil. C'est à nouveau Guiringaud. Je regarde le réveil. Il est 6 heures.

« Mon collègue belge vient de me rappeler, me dit-il. Ils ne pourront pas être prêts à temps. Le Premier ministre lui a demandé de vous faire savoir que son gouvernement préférerait que vous puissiez attendre car ils pourraient sans doute opérer demain avec nous. Mais il comprend la difficulté de votre décision. Je l'ai assuré que je l'informerai de ce que vous déciderez. »

Je le remercie et j'ajoute :

« Rappelez-le pour lui dire que, dans ces conditions, nous maintenons l'opération, mais que nous ferons état de nos consultations et de leur volonté de coopérer. »

L'aube vient, grise, à travers les fentes des volets. Il y

a maintenant des ombres dans la chambre. Je rappelle l'état-major :

« Pouvez-vous confirmer au général Méry qu'il n'y a pas de changement et que l'opération doit débuter comme prévu.

— Malheureusement, monsieur le Président, nous sommes informés qu'il y aura du retard. On nous signale du brouillard à Kinshasa. Les deux derniers avions ne se sont pas encore posés. Le colonel Gras et le colonel Érulin sont au PC de N'Djili, près de l'aéroport. Ils nous préviendront dès que le décollage sera possible, sans doute entre 8 heures 30 et 9 heures, heure locale. »

Cela veut dire 7 heures 30 et 8 heures à Paris. Donc, dans une heure et demie. Les journaux ne sont pas encore arrivés. J'écoute les nouvelles à la radio, sur Europe n° 1. Pas un mot concernant notre expédition. Je fais couler un bain.

7 heures 20 : le téléphone sonne. Je suis couvert de savon. Pendant que je traverse la pièce, je me dis que, finalement, ils ont pu décoller, avec même un peu d'avance. Quand je décroche l'appareil, ce n'est pas la voix d'un militaire que j'entends mais, ô surprise ! celle de Louis de Guiringaud :

« Il y a un nouveau changement de l'attitude belge, me dit-il. Ils sont très préoccupés que notre opération commence sans eux. Ils tiennent absolument à ce que leurs commandos agissent en même temps que nous. C'est une question d'heures pour qu'ils soient prêts. Ils nous demandent un nouveau délai. Ils sont très insistants. Ils pourront confirmer leur accord dans une heure.

— Je crois que c'est trop tard, lui dis-je, nos avions ont déjà décollé. Je vais faire le point avec Méry. »

Je joins l'état-major. Le général Méry est au bout du fil. Je lui communique la demande belge. Je sens son irritation percer sous sa surface d'homme calme. Visiblement, il commence à se demander si la détermination des responsables politiques ne commence pas à flancher. Il me répond :

« C'est trop tard, mais je vais voir où ils en sont à Kinshasa. Je vous rappelle. »

Trois minutes plus tard, nouvelle sonnerie.

« Ici Méry. Nous ne pouvons plus rien faire. On m'informe que les légionnaires sont à bord, sur la piste, et que le premier avion a décollé. »

J'ai réfléchi dans l'intervalle. Tout cela est exaspérant, mais les Belges conservent des liens particuliers avec le Zaïre. Que dirions-nous si un cas semblable se présentait avec les Américains en Côte-d'Ivoire ou au Gabon ?

Je demande à Méry :

« Quelle est l'heure limite pour le départ de nos troupes ?

— Ils doivent sauter impérativement avant 15 heures, au maximum 15 heures 15 pour avoir le temps de se déployer dans la ville avant la tombée de la nuit. Il faut compter trois heures et demie pour le trajet, et une demi-heure pour le survol et le lâcher. Après 11 heures, c'est trop tard. Je ne prendrai pas la responsabilité de les faire partir. Je vous rappelle que la situation au sol est critique. »

Je raccroche l'appareil. Une tension d'imagination dans mon esprit : je vois les parachutistes harnachés avec leurs bretelles et leurs casques de saut, serrés les uns contre les autres, le dos arrondi et assis sur les banquettes de toile kaki lacées sur des tubulures grises, dans l'enceinte de métal sans hublot qui vibre sous la rotation des hélices. Ils constatent que l'avion tourne sur l'aile et qu'il commence à descendre ! Ils se demandent ce qui peut bien se passer.

J'appelle le général Vanbremeersch :

« Donnez à Méry de ma part l'ordre de faire reposer les avions. Je vois bien tous les inconvénients de cette décision pour nos hommes. Mais nous devons accéder à la demande belge : ils ont demandé une nouvelle heure de délai. Dites-lui que je le rappellerai dès qu'ils auront répondu et, au plus tard, à 8 heures 30. Il sera 9 heures 30 à Kinshasa. Nous aurons encore le temps d'opérer. »

Quelques minutes plus tard, l'état-major des armées expédie de Paris son ordre à Kinshasa : « Faites stopper l'opération Léopard ! »

J'ai su, par une lettre du colonel Gras, que les informations que nous avions reçues n'étaient pas exactes. A cause de difficultés mécaniques, aucun avion n'avait encore pris l'air. Le pneu d'un Transall avait éclaté. Mais les hommes étaient déjà installés dans les appareils.

8 heures 10 : Guiringaud me rappelle :

« Je viens d'avoir Simonet. Le gouvernement belge a finalement décidé qu'il n'était pas prêt pour une action immédiate. Il nous laisse la liberté d'agir. Il nous demande de parler d'une opération commune.

— Bien, merci ! »

Je n'ai pas l'esprit aux commentaires. Je demande au standard qu'on me passe le chef d'état-major.

« Allez-y, Méry ! lui dis-je.

— Bien, monsieur le Président. »

Je suis soulagé. Il est 8 heures 15. Compte tenu de la différence d'heure, ils ont encore une heure et demie pour décoller.

Le petit déjeuner est servi sur la table de jeu, dans la bibliothèque. A côté de la grande tasse à café au lait, en porcelaine de Limoges, les journaux du matin : *L'Aurore*, *Le Figaro*, *France-Soir*, *Libération*, le *New York Herald Tribune*. Je regarde les titres. Pas un mot sur notre expédition. Le secret n'a pas filtré.

A 10 heures 10, ma secrétaire ouvre la porte de mon bureau et me tend un message.

« L'état-major vous informe que tous nos avions sont partis. »

L'attente commence.

On m'a prévenu que, pour éviter de donner l'alerte, les avions n'enverront aucun message pendant leur vol. Le premier message radio sera retransmis par le colonel Érulin lorsqu'il sera au sol.

Je ne redoutais pas cette attente. Je m'étais dit à l'avance qu'il ne pouvait rien se passer pendant le vol et que je me donnais rendez-vous à moi-même pour le début de l'après-midi. J'ai des occupations de semi-routine. A 10 heures, je reçois le ministre des Affaires étrangères du Togo, M. Kodjo, candidat au secrétariat général de l'Organisation de l'Unité Africaine, et, à 10 heures 30, Louis de Guiringaud pour son tour d'horizon hebdomadaire de la situation internationale. Il me confirme en quelques mots le contenu de ses conversations de la nuit avec Simonet. Puis, à midi, un journaliste espagnol, M. Roldan, vient m'interroger sur les chances de l'Espagne d'entrer dans la Communauté européenne.

A midi trente, je quitte l'Élysée par la porte du parc pour me rendre chez le coiffeur, avenue Percier. Les secrétaires des Charbonnages de France, dont le siège est en face, me voient arriver, et me font des signes amicaux par les fenêtres. Je reviens par la rue de Miromesnil. Peu de circulation. La ruée des départs printaniers ne commencera que cet après-midi.

J'ai invité à déjeuner les nouveaux députés RPR qui viennent d'être élus aux élections législatives du mois de mars. Avant de les rejoindre, je regarde le journal télévisé sur la première chaîne. Yves Mourousi présente les nouvelles. Il décrit la situation à Kolwezi, l'anarchie, la violence, les craintes des familles interrogées en France et en Belgique. Aucune allusion à une opération en cours. Pendant ce temps les moteurs de nos six Transalls et des C-130 zaïrois qui les accompagnent ronronnent dans le ciel bleu de l'Afrique.

Au cours du repas, j'ai du mal à concentrer mon attention. Les convives doivent le remarquer, et l'attribuer à ma préoccupation devant la tension qui existe à l'Assemblée entre les deux groupes de la majorité. Je réponds aux questions des députés et les invite à adopter un comportement plus unitaire. La plupart d'entre eux me sont inconnus. Je remarque la forte personnalité et les sourcils charbonneux de Philippe Seguin, assis sur ma droite.

Je regagne mon bureau. J'appelle l'état-major particulier. Comme convenu, on n'a encore reçu aucune nouvelle. On me préviendra aussitôt qu'un message arrivera.

Quelque chose de lourd s'épaissit en moi. J'ai déjà connu cette angoisse de l'attente, située quelque part entre les poumons et l'estomac.

Sur la feuille de rendez-vous, posée sur la gauche de mon bureau, et où mon emploi du temps est inscrit de demi-heure en demi-heure, le premier visiteur est prévu pour 15 heures 30.

Le secrétaire général-adjoint de la présidence de la République, Yves Cannac, entre dans la pièce pour m'informer :

« La séance vient de reprendre à l'Assemblée nationale. Il règne une certaine agitation dans les couloirs. Le bruit court qu'une opération est en préparation au Zaïre. Les socialistes exigent des explications du gouvernement. Ils demandent que rien ne soit décidé avant que l'Assemblée nationale ait pu en délibérer. »

En délibérer, avec les stations de radio à l'affût, qui diffuseraient nécessairement des informations dont l'effet serait d'alerter les Katangais, en risquant de précipiter leur départ avec leurs centaines d'otages, ou qui leur permettraient de situer précisément le moment de notre intervention, pour cueillir les parachutistes à l'arrivée ?

Naturellement, il existe un problème. Le Parlement a un droit légitime d'être informé. Mais il ne s'agit pas aujourd'hui de guerre, pas même d'un risque indirect de guerre. Nous intervenons à la demande du gouvernement légitime du pays, pour porter secours à une population menacée des pires sévices. Nous n'avons aucune intention de rester sur place. En tout cas, me voilà renseigné sur les conséquences politiques d'un échec. J'imagine ce que serait le tumulte mardi prochain, les mises en accusation, la défense ambiguë de la majorité, si un de nos avions s'écrase au sol avec ses cent cinquante hommes, ou si nous arrivons trop tard pour empêcher le départ des otages.

« Dites au ministre en séance qu'il réponde que la situation sur place est très inquiétante, que le gouvernement en suit le développement d'heure en heure et que, pour des raisons évidentes de sécurité, il ne peut pas en dire davantage.

— C'est tout ?

— Oui, c'est tout. »

Il repart. Mais où sont nos avions ? Toujours pas de nouvelles. Il est 15 heures 20. A Kolwezi, il est donc 16 heures 20. A cette heure-là en Afrique, le ciel commence à s'assombrir. On m'avait pourtant dit qu'il était indispensable pour eux de sauter avant 16 heures locales, afin de pouvoir se déployer dans la ville avant la nuit !

L'huissier entre. Il pose sur ma table le papier qui annonce mon visiteur de 15 heures 30, Jean-Philippe

Lecat, nouveau ministre de la Culture. Il est en avance de dix minutes.

Et l'après-midi s'écoule sans nouvelles.

A 17 heures 30, j'assiste aux entretiens élargis qui concluent la visite du président Senghor. Les ministres des deux gouvernements rendent compte successivement des résultats de leurs entretiens. Ils sont largement positifs. La France apportera son aide au Sénégal dans la crise financière où le pays se débat. J'apprécie l'attitude compétente et réservée du Premier ministre Abdou Diouf. Et nous adoptons le communiqué commun.

Le soir, à 20 heures, le président Senghor offre un dîner à l'hôtel Marigny. La tenue est le smoking. Je me change dans ma chambre où le costume, la chemise empesée et les chaussettes noires sont préparés sur le lit. Bien que je me sois interdit d'appeler au téléphone dans l'après-midi, pour ne pas témoigner d'agitation, je fais une tentative auprès de l'état-major particulier. Non ! On n'a toujours pas reçu de nouvelles. Pour me rassurer sans doute, l'officier de service me rappelle que les parachutistes ne disposent pas de postes permettant des liaisons à longue distance. Je le sais. Mais ils devaient prévenir dès leur arrivée au sol, et les avions relaieraient leur message. Que s'est-il passé ?

Le dîner est interminable. Les sujets de conversation me paraissent tous épuisés et n'alimentent qu'un lassant bavardage. Heureusement les toasts de fin de repas sont brefs. Des remerciements, sincères de part et d'autre. J'essaie de mettre un peu de flamme dans le mien, pour témoigner ma sympathie et compenser mon attitude distraite. Nous montons dans l'auto, Anne-Aymone et moi, pour traverser l'avenue Marigny et regagner l'Élysée. Les gardes républicains présentent leur sabre pour saluer notre départ.

Je rentre dans ma chambre, j'enlève mon veston. Au moment où je commence à déboutonner le col de ma chemise, une sonnerie me fait sursauter.

J'avais oublié que le téléphone pouvait sonner si fort. Un standardiste est au bout du fil :

« Monsieur le Président, le général Vanbremeersch a demandé qu'on le prévienne dès votre retour. Il souhaite vous parler d'urgence.

— Merci, passez-le-moi. »

Une seconde d'attente, de vertige, entre la mauvaise nouvelle, à laquelle il faut que je sois prêt à faire face, et la délivrance que serait une bonne nouvelle.

« Monsieur le Président, ici le général Vanbremeersch. Je viens d'avoir Méry. L'état-major des armées a reçu à 20 heures 30 un message radio du colonel Gras disant : "Premier largage effectué, opération réussie." La première vague a sauté entre 15 heures 40 et 16 heures locales. Érulin a installé son PC au sol. Le choc est assez dur, mais il pense avoir la situation en main. »

Ainsi tout s'est passé comme nous le voulions, comme nous l'espérions ! Maintenant, connaissant la qualité des hommes, je ne doute pas qu'ils vont réussir.

Je prends ma tête entre les deux mains. Je ferme les yeux pour mieux respirer. Est-ce que je pleure ? Je n'en sais rien. Mais cela y ressemble.

Les derniers parachutistes du 2e REP quittèrent le Zaïre le 15 juin, moins d'un mois après leur saut.

Ils avaient eu cinq tués et vingt blessés, dont plusieurs gravement atteints. Il fallait leur témoigner la reconnaissance du pays.

Je demandais qu'on fasse les choses largement. Pour le colonel Érulin, la cravate de commandeur de la Légion d'honneur, que je lui remettrai personnellement dans la cour des Invalides. Pour les officiers, sous-officiers et soldats, des décorations en nombre et en rang suffisants pour leur témoigner qu'on sortait des règles routinières et pour qu'ils gardent un souvenir de leur glorieux exploit.

Un mois plus tard, je devais me rendre en Corse pour mon voyage officiel. Le 2e REP était en garnison près de Calvi. J'ai cherché à imaginer une manifestation où on lui rende honneur. Je me suis souvenu d'une tradition britannique selon laquelle, lorsqu'on passe en revue une unité qui vient de combattre, on laisse dans ses rangs des places vides pour marquer l'emplacement de ceux qui ont été tués, ou qui sont absents en raison de leurs blessures.

C'est ce qui a été fait sur la place Saint-Nicolas de Bastia.

Les rangs avaient été suffisamment espacés pour que je puisse passer entre eux, accompagné du colonel Érulin. J'ai été frappé par la taille des légionnaires : des colosses sportifs dont je voyais les muscles noueux sur l'avant-bras. Et aussi par leurs visages, bronzés par le soleil d'Afrique. C'est ce détail qui m'a ramené six semaines en arrière et qui m'a fait imaginer les cris terrorisés des enfants qu'ils venaient délivrer dans les maisons en enfonçant leurs portes à coups de pied, les tourbillons de poussière soulevés par les Jeeps devant les façades écaillées, et les courses-poursuites dans les rues, avec les claquements secs, méticuleusement débités, des armes automatiques. Il y avait aussi les vides dans les rangs, ici et là. Je marquais un bref temps d'arrêt, et je regardais les deux légionnaires voisins. Le disparu était-il leur ami, ou éprouvaient-ils une antipathie réciproque ? Avait-on ramené le corps du mort, ou bien l'avait-on enfoui dans l'immense terre ocre de l'Afrique, où il allait se dissoudre dans un anonymat éternel ?

La foule était silencieuse. La musique nous accompagnait, de son rythme lent. Les télévisions retransmettaient-elles les images de cette cérémonie ? J'aurais voulu que la France tout entière puisse être témoin, avec moi, de cette simplicité et de cette grandeur.

On m'a demandé s'il fallait faire défiler le 2e REP à l'occasion de la revue du 14 Juillet, qui avait lieu trois semaines plus tard.

Chaque année, nous choisissions un thème militaire pour cette revue, afin d'éviter les répétitions. Pour 1978, le ministre de la Défense, Yvon Bourges, m'avait proposé la présentation de la 27e division alpine, et de deux écoles militaires nouvellement créées. Le 2e REP n'y trouvait pas sa place naturelle.

L'avis des militaires était partagé. Les uns souhaitaient qu'on ne remette pas en question le programme minutieusement préparé. Les autres auraient voulu que le public parisien puisse applaudir — et soutenir — un succès de nos armes.

Les « politiques » étaient ardemment favorables. Ils y voyaient l'occasion d'exploiter auprès du public, et surtout des médias, la réussite de l'opération de Kolwezi. Ils étaient convaincus que le passage du 2e REP serait le clou du défilé, et qu'il « ferait un tabac » auprès de la foule.

Leurs arguments, au fur et à mesure qu'ils les développaient, me hérissaient davantage. L'idée de chercher à capitaliser sur le plan politique les résultats d'une opération décidée à des fins humanitaires, et de vouloir empocher, somme toute, le courage des autres, me paraissait répugnante. Je me suis souvenu des réactions irritées du général de Gaulle chaque fois qu'on souhaitait mettre en exergue, en Algérie ou ailleurs, les exploits d'une de nos unités. Il commentait d'une voix sourde :

« Il ne faut pas faire tant d'histoires. Ils font leur métier de militaire. C'est pour cela qu'ils l'ont choisi. »

Sa réaction m'a convaincu. C'était l'attitude naturelle d'un grand pays. Quelques années plus tard, le retour de l'expédition britannique aux Iles Falkland n'a été marqué par aucune parade militaire.

Et pourtant je sentais que ma décision allait décevoir ! Je n'étais nullement impressionné par les menaces du parti communiste, qui annonçait à grands cris son intention de manifester contre l'attitude du colonel Érulin, lorsqu'il commandait une unité en Algérie. Cette manifestation aurait fait long feu ! Mais je devinais que la sensibilité française telle qu'elle est, peut-être trop émotive, sans doute portée à transformer en acte prestigieux ce qui n'est, après tout, que la démonstration d'un courage tranquille, je devinais que cette sensibilité serait frustrée.

L'expérience m'a appris — et j'y reviendrai plus loin — qu'il fallait accepter comme une donnée la sensibilité du peuple qu'on est appelé à diriger, et non pas agir comme si cette sensibilité pouvait rapidement évoluer, même si on a d'excellentes raisons pour le souhaiter.

J'ai gardé depuis cette date, et sans doute avec d'autres, un défilé rentré.

VI

LES FEMMES DANS LA VIE PUBLIQUE

Pendant mon septennat, le gouvernement a toujours compté plusieurs femmes, chargées de responsabilités importantes. Cela répondait à une intention délibérée de ma part. Je pensais que le mouvement d'émancipation des femmes par rapport à la situation de dépendance où notre société les avait longtemps maintenues, était une occasion à saisir pour la France. Elles pouvaient apporter à notre vie publique les éléments dont celle-ci est souvent démunie : un plus grand réalisme, davantage de prudence dans la formulation du jugement, une intuition plus juste des réalités de la vie quotidienne.

Il m'avait fallu batailler pour les nommer, à l'exception de Simone Veil, pour laquelle Jacques Chirac m'avait donné immédiatement son accord.

Cette opposition tenait moins à leur nature de femme qu'au fait que les places étant rares, et les promesses nombreuses, le milieu politique ne voyait pas pourquoi on compliquerait encore le problème en « réservant » des places à des ministres féminins.

Je me suis réjoui de leur présence et de leur contribution aux travaux du Conseil des ministres. Trois d'entre elles y ont laissé une marque particulière.

***

Ce ne sont pas toujours les membres du gouvernement les plus connus du grand public qui accomplissent le meilleur travail. Ainsi, Christiane Scrivener a été un excellent secrétaire d'État à la Consommation.

Je l'avais connue au ministère de l'Économie et des Finances, lorsqu'elle dirigeait l'Agence pour la Coopération technique qui dépendait de la direction des Relations économiques extérieures. Elle avait réussi à lui donner une allure efficace et moderne, échappant à la pesanteur bureaucratique. Elle avait fait, je crois, des études supérieures aux États-Unis. En s'entourant d'une équipe réduite, mais de très bon niveau, elle a défini en quelques mois une politique de la consommation libérale et intelligente, évitant la provocation, sans céder pour autant aux lobbies. Les textes nécessaires ont été adoptés par le Parlement rapidement et sans bruit. On n'a pas fait mieux depuis.

Quand elle présentait au Conseil des ministres ses communications, elle était économe du temps des autres, et parlait d'une voix douce et précise, avec le charme serein des Alsaciennes et leur fermeté de caractère.

Je souhaitais qu'elle soit candidate aux élections de 1978, soit dans le Haut-Rhin, soit à Versailles, et qu'elle reste ainsi au gouvernement. Pour des raisons personnelles, elle l'a refusé. Un an plus tard, elle figurait en bonne place sur la liste européenne.

***

Simone Veil a atteint la notoriété à la suite du débat parlementaire sur l'interruption volontaire de grossesse.

On la connaissait déjà pour son passé : celui d'une jeune fille, belle et fraîche, arrêtée à Nice avec sa mère et sa sœur en raison de ses origines juives, sans même que son père, rassuré par son patriotisme traditionnel, ait vu venir l'arrestation. Elle fut ensuite déportée dans l'enfer d'Auschwitz, dont elle a traversé les humiliations, la volonté de destruction et de déchéance, pour en revenir profondément marquée, mais miraculeusement intacte.

Le problème de l'avortement était difficile à traiter pour moi. D'éducation et de conviction catholiques, très ignorant des données médicales et sociologiques, j'avais assisté, comme chacun, à la montée en intensité du problème.

La comparution de femmes soupçonnées d'avortement devant les tribunaux donnait lieu à des manifestations pénibles et grotesques, exploitées d'une manière indigne sur les écrans de la télévision par les adversaires ou les partisans de l'état de choses existant. La loi, signée à Rambouillet en 1917, prévoyait des peines de prison de six mois. Celles-ci étaient rarement décidées et jamais appliquées. Les législations libérales existant dans les pays voisins, en Grande-Bretagne, aux Pays-Bas et en Suisse, permettaient aux femmes de condition aisée de résoudre leurs problèmes par un rapide aller et retour, qui restait anonyme. Les autres en étaient réduites à la clandestinité et au recours à des moyens dégradants pour la dignité féminine, qui compromettaient souvent leur santé et laissaient des séquelles psychologiques durables.

On ne pouvait pas en rester là. La loi civile devait être rendue compatible avec l'état social réel. Il ne s'agissait pour personne, comme on l'a dit, « d'approuver » l'avortement, mais de transférer sur la responsabilité individuelle une partie de ce qui était jusqu'ici du domaine de la loi collective. Chacun devrait respecter les impératifs de sa conscience ou de sa foi, mais ne déciderait plus pour les autres.

Encore fallait-il prévoir des dispositions pour assurer

une information médicale sérieuse et pour obliger les femmes à réfléchir longuement aux conséquences de leur décision. C'est pourquoi des entretiens obligatoires et des délais étaient institués. Enfin, s'agissant d'une décision individuelle, volontaire et non pas subie, on avait écarté le remboursement par la Sécurité sociale, en réservant celui-ci aux seuls avortements médicaux.

La mise au point du projet de loi avait exigé plusieurs réunions. Celles-ci, qui se tenaient dans le salon des Aides de camp, au rez-de-chaussée de l'Élysée, réunissaient le Premier ministre, Jacques Chirac, assis en face de moi, Jean Lecanuet, ministre de la Justice, Simone Veil, ministre de la Santé, Michel Poniatowski, ministre de l'Intérieur, Michel Durafour, compétent pour la Sécurité sociale, et Jean-Pierre Fourcade, en raison des conséquences financières possibles du projet. Il fallait éviter les extrêmes : le blocage d'un côté, le dérèglement de l'autre Quand l'équilibre a été trouvé, le texte rapporté par Simone Veil a été approuvé par le Conseil des ministres, pratiquement sans débat, puis transmis au Parlement.

Je n'ai pas suivi le détail du débat parlementaire. Ce n'était pas ma responsabilité. Mais j'en lisais le compte rendu dans la presse, et j'en ai aperçu des images dans les journaux télévisés. Celle qui m'a le plus ému, dont je me souviens comme si je l'avais encore sous les yeux, est celle de Simone Veil, dans son tailleur de Chanel, que la caméra avait prise de haut au banc du gouvernement à la fin d'une séance de nuit, pleurant de détresse. Elle avait été grossièrement mise en cause, dans un débat qui pourtant n'avait pas manqué jusque-là de dignité. Elle avait craqué sous la fatigue, sous l'insulte et peut-être, lorsque les nerfs faiblissent, sous les souvenirs.

Cette image a bouleversé l'opinion. A l'Assemblée

nationale, comme au Sénat, une majorité a voté la loi, sans recours à une procédure de contrainte. Si la constitution me l'avait permis, j'aurais demandé aux électeurs de confirmer la loi par un référendum, et le dossier eût été refermé définitivement. Mais l'article 11, relatif aux sujets possibles de référendum, ne l'autorisait pas.

Le débat s'est poursuivi pendant les années suivantes, et une partie de l'opinion m'a tenu rancune de cette mesure, en oubliant les circonstances où elle était intervenue, et en déformant vicieusement sa nature comme si elle manifestait de ma part une « préférence » pour l'avortement.

***

Je me suis entretenu de ce sujet, en tête-à-tête, avec les deux papes, Paul VI et Jean-Paul II. Ils m'ont exprimé leur « préoccupation », mais j'ai bien senti que le mot juste eût été celui de « réprobation », plus marquée encore pour Jean-Paul II.

Je les ai rencontrés, l'un et l'autre, dans le même bureau où ils travaillent et où ils reçoivent leurs visiteurs. On l'appelle la Bibliothèque. J'avais traversé l'éclatante esplanade de Saint-Pierre, et je m'étais arrêté lors de ma première visite dans le bureau du cardinal Villot, alors secrétaire d'État.

Je l'avais trouvé différent du temps où, nommé très jeune évêque, long et filiforme, il était la gloire ecclésiastique de Saint-Amant-Tallende, dans le Puy-de-Dôme. Sa famille, dont il était le dernier rejeton, y résidait. On murmurait que l'abbé Villot avait des chances de devenir pape. Il prononçait une fois par an un sermon dans l'église du village, avec une grande aisance de diction, mais une voix accrochée dans le haut du nez, comme si elle s'y était incrustée dès l'enfance en témoignage de sa vocation ecclésiastique précoce.

Il s'était alourdi. L'âge et la maladie avaient enrobé sa jeune silhouette d'anneaux de graisse. Il s'est inquiété auprès de moi du sort de sa maison de famille qu'il destinait à abriter des prêtres retraités et dont il avait fait don à une congrégation. Or on venait de l'informer que celle-ci s'apprêtait à la revendre à la mairie. Pouvait-il, dans ces conditions, annuler sa donation ? Je lui ai promis de me renseigner et de lui répondre.

Puis j'ai suivi un dédale de couloirs et de salles, où des tableaux sont accrochés très haut sur les murs, avant d'attendre quelques instants dans l'antichambre en compagnie d'un camérier de l'aristocratie romaine, avec lequel j'échangeais, d'une voix assourdie, des remarques polies et insignifiantes.

Introduit dans la bibliothèque du pape, l'apparition de sa silhouette blanche, quand il est venu à ma rencontre, m'a impressionné et bouleversé. J'ai été brusquement ramené en arrière de plusieurs décennies, à l'âge de l'innocence, du respect des mystères, de la crainte vague des choses spirituelles qui jouent avec l'éternité et la mort.

Paul VI m'a moins touché que Jean-Paul II. J'éprouvais un certain malaise devant lui, comme s'il avait de la peine à réussir à être ce qu'on attendait qu'il fût. D'où une certaine application, une composition, presque un rôle.

Dans Jean-Paul II, ce qui m'a ému, c'est la perception directe du caractère impossible de sa tâche. Je l'ai senti profondément motivé, imprégné de la nécessité de l'œuvre à accomplir, vigoureux, détectant en lui-même les signes qui le rendaient porteur d'un message divin. Mais je me disais qu'il était condamné par notre époque à ramer contre un courant trop puissant, celui de l'incrédulité, du réalisme à court terme, des sarcasmes qu'il n'entendrait peut-être pas, mais qui corroderaient son message. Le contraste était poignant entre sa disponibilité à entreprendre tout ce qui serait possible et l'inaccessibilité visible du résultat.

« Je suis catholique, leur ai-je dit, mais je suis président de la République d'un État laïque. Je n'ai pas à imposer mes convictions personnelles à mes concitoyens, mais à veiller à ce que la loi corresponde à l'état réel de la société française, pour qu'elle soit respectée et puisse être appliquée. Je comprends tout à fait le point de vue de l'Église catholique et, comme chrétien, je le partage. Je juge légitime que l'Église demande à ceux qui pratiquent sa foi de respecter certaines interdictions. Mais ce n'est pas la loi civile qui peut les imposer, par des sanctions pénales, à l'ensemble du corps social. »

Je n'ai pas sollicité leur réponse, pour des raisons évidentes. Je ne cherchais pas à ébranler leur conviction ni à me justifier à leurs yeux, mais à leur faire ressentir le dilemme qui était le mien et que, dans la conscience de ma fonction, j'avais eu à trancher.

***

Un écrivain de la Renaissance italienne, décrivant le caractère des Français, s'étonnait déjà de leur goût du fait accompli. Une fois qu'une décision est acquise, même si elle a été précédée d'une furieuse bataille, elle est rapidement oubliée et, finalement, acceptée. On la remet rarement en cause.

Ainsi en est-il de la loi sur l'interruption volontaire de grossesse. Elle a été votée il y a quatorze ans, le 20 décembre 1974.

Le Conseil constitutionnel, saisi par des parlementaires, l'a déclarée conforme à la constitution, le 15 janvier 1975. On se souvient que la loi n'avait pas un caractère définitif : elle suspendait pour cinq ans l'application des dispositions du Code pénal. En 1979, le gouvernement de l'époque a proposé sa reconduction à quelques détails mineurs près. Le Parlement a adopté le texte, sans recours à une procédure contraignante.

Depuis, la France a connu plusieurs majorités : une majorité socialiste pendant cinq ans ; une majorité conservatrice et libérale à partir de mars 1986. Ces majorités allaient-elles remettre en chantier la loi, corriger ses défauts, revenir sur son principe ? J'ai suivi attentivement et silencieusement les initiatives des gouvernements successifs dans ce domaine.

Treize ans après son adoption, aucun gouvernement n'a proposé la révision de la loi de 1974, et n'a changé un mot, ni déplacé une virgule, de ses dispositions essentielles.

***

Alice Saunier-Seïté avait créé autour d'elle, parmi les ministres, une sorte d'aura affectueuse. Quand elle arrivait au Conseil, elle déclenchait une commotion : on l'interpellait, la tutoyait, l'embrassait.

Je partageais cette affection. Elle m'avait raconté sa jeunesse, dans cette boulangerie de l'Ardèche tenue par ses parents, qui respectaient scrupuleusement les valeurs traditionnelles, et se montraient impitoyables pour tous ceux qui s'en écartaient. Et les épreuves de sa vie de jeune fille, à la suite d'une passion réciproque pour un jeune homme que la déportation de celui-ci avait interrompue, confirmée, puis, lorsqu'il était enfin revenu, épuisé et irritable, conduite à une impasse tragique. C'était une femme décidée et courageuse, dans un milieu universitaire qui préfère les nuances et souvent les faux-semblants. Pour « me rendre service », on me mettait souvent en garde contre son intransigeance et son activisme.

Je lui avais fixé comme objectif d'améliorer la qualité de notre enseignement supérieur. S'il y a un domaine où la France peut viser l'excellence, c'est bien celui de la connaissance et de la culture. Alice a pris le sujet à bras-le-corps, sans jamais perdre de vue la direction fondamentale.

Certains de ses projets de réforme universitaire ont rencontré les réticences de l'entourage du Premier ministre, Raymond Barre. Elle venait m'en parler. J'avais pour règle de recevoir tous les ministres chaque fois qu'ils avaient une raison impérieuse de me voir. Mais je m'en tenais aussi à une seconde règle, qui était de ne jamais prendre une position d'arbitre entre le Premier ministre et les membres du gouvernement.

Aussi je conseillais à Alice Saunier-Seïté de présenter différemment ses projets, et j'en parlais ensuite à Raymond Barre. Celui-ci, comme tout universitaire consacré, ne me cachait pas son irritation devant des initiatives qu'il jugeait turbulentes et contre-productives.

Ses qualités personnelles avaient réussi à atteindre le grand public. Lorsqu'elle m'accompagnait pour un déplacement en province, où plusieurs ministres étaient présents autour de moi, c'est son nom qui déclenchait les applaudissements. Son visage, presque toujours tendu, éclatait alors d'un sourire joyeux. Elle laissait paraître son plaisir d'être comprise, et aussi, sans en faire de mystère, d'être distinguée de ses collègues, qu'elle jugeait pusillanimes.

Son mari, Jérôme Seïté, mort quelques années auparavant, était un personnage important du milieu de l'éducation. Il avait une ascendance corse, et Alice avait été élue conseiller municipal de la commune de Manso, où ils possédaient une maison. Comme elle en parlait souvent, beaucoup la croyaient corse. C'est pourquoi dans le programme de la campagne présidentielle de 1981, il avait été prévu qu'elle m'accompagnerait à Ajaccio. Elle a été associée à un des événements les plus curieux et resté, par absence complète de recherches, un des plus mystérieux de cette campagne.

***

Je m'étais rendu en visite officielle en Corse trois ans auparavant, au printemps de 1978. J'avais trouvé un pays encore placé sous le choc de la violence, après le traumatisme des événements d'Aléria et l'arrestation des dirigeants indépendantistes. J'avais beaucoup aimé ce que j'avais pu entr'apercevoir sous la croûte des manifestations officielles. Un peuple sombre et chaleureux, pessimiste et anxieux sous le soleil. Ses lointaines origines grecques lui faisaient enjamber la gaieté exagérée de l'Italie voisine, pour retrouver les attitudes et les expressions des tragédies helléniques classiques. J'aimais sa fidélité, au goût de sang. J'avais été aspergé de grains de riz par les femmes vêtues de noir sur les marches de la mairie d'Ajaccio. L'accueil avait été celui que je pouvais souhaiter : sincère et authentique. Les journalistes qui m'accompagnaient avaient distingué entre l'enthousiasme, ici, et la froideur ailleurs. Ce n'était pas mon baromètre.

Au banquet d'Ajaccio, populaire et enthousiaste, donné le jeudi soir dans la gare maritime, j'avais parlé à l'évêque, qui m'avait exprimé son trouble évangélique devant la violence, et sa crainte que le gouvernement ne respecte pas, voire qu'il brutalise, la sensibilité corse. J'avais réalisé qu'il n'était pas originaire de l'île. Je retrouvais dans ses analyses les thèmes de ceux qui raisonnaient de l'extérieur sur le problème corse, et non les impressions, plus contrastées et plus vigoureuses qui remontaient vers moi à partir du terrain.

A Corte, c'était la compétition politique ouverte entre tous ceux qui se sentaient la vocation et l'appétit de diriger la vie locale. Une joute rude, mais naturelle, entre des familles, des factions, des clans. Les discours étaient accueillants et timbrés. Les noms sonnaient comme des titres de nouvelles de Mérimée.

A Bastia, avant de présider une prise d'armes du 2e régiment étranger parachutiste, dont j'ai déjà parlé, j'avais traversé la place Saint-Nicolas pour entrer dans les rues étroites du vieux quartier, et me rendre à la mairie, fief de l'opposition. Les organisateurs de mon voyage redoutaient cette rencontre. Moi pas. Je savais qu'il existait une tradition politique locale, et que le pouvoir avait échappé aux piétristes et aux gavinistes pour passer entre les mains de leurs adversaires. Mais plus tard, il changerait à nouveau de camp ! La Corse, sans toujours se le dire, vivait en République. J'en étais le président, le leur. Je pensais qu'au-delà des excitations, des récupérations, il existait une légitimité que chacun ressentait en lui-même, les uns à la surface, les autres en profondeur, et qu'il était essentiel de leur montrer que je le savais et que je ne craignais rien d'eux.

Dans la châtaigneraie corse, nous avons déjeuné sur la place de l'église du village de La Porta d'Ampugnani, au pied de grands arbres. C'était une commune administrée par des élus « giscardiens ». On avait fait courir le bruit de ma parenté avec le maréchal Sébastiani, héros de ce village, où subsiste sa belle maison. Cette parenté était mythique, mais je n'avais pas le courage de la démentir et de créer une déception. Dans mon discours, j'ai prononcé son éloge avec des accents que certains pouvaient attribuer à la piété filiale ! On m'a remis un fusil en souvenir. Une femme maire d'un village du voisinage, Mme Campana, que j'avais connue comme ambassadrice, m'a accompagné dans ma voiture. Nous nous sommes arrêtés dans l'église, dont le campanile est célèbre. Je ressentais davantage de bien-être pendant cette étape, que dans les meetings, où je pensais aux longues files d'autocars affrétés pour donner l'illusion du nombre.

J'aimais cette Corse vivante, cherchant sa voie, et je ressentais les aspirations confuses, contradictoires, violentes et sensibles, de celles et ceux qui y vivaient. Je comprenais que le débat sur l'indépendance était un faux débat, à un moment où les frontières s'abaissaient, et où l'Europe cherchait à s'unir. Mais ce débat en dissimulait un autre plus profond, qui avait la nature d'un tourment : comment rester soi-même quand on a une personnalité originale dans un monde qui tend à l'uniformité, et comment atteindre le bien-être économique tout en conservant ses habitudes, et aussi une indolence qui est un art de vivre ? Un jeu politique trop lié au clientélisme et à la faveur locale peut-il encore être efficace pour régler les problèmes d'aujourd'hui ? Il y avait sans doute des réponses à toutes ces questions. Le temps, la patience, finiraient par les apporter, à condition que nos attitudes fondamentales restent nettes.

***

En avril 1981, ma tournée en Corse devait comporter deux étapes : un arrêt en Haute-Corse, à Bastia, et une réunion publique à Ajaccio, en Corse-du-Sud.

Cinq jours avant le premier tour de l'élection, on avait choisi, pour Bastia, d'éviter le centre de la ville. L'étape devait avoir lieu dans un parc, près de l'aéroport. On m'avait donné comme explication celle de l'heure : impossible de réunir un public nombreux au moment du déjeuner. Je n'en avais pas été convaincu, et j'avais regretté cette décision. Il était visible qu'elle était dictée par des raisons de sécurité : la crainte d'un attentat, ou celle d'un chantage obligeant à interrompre la réunion.

Le résultat avait été une rencontre amicale, quasi champêtre, avec des élus et des sympathisants. L'atmosphère était détendue, et plutôt confiante dans le résultat de la prochaine élection. Je suis parti avec regret, après avoir serré les mains des participants, en direction de l'aéroport.

Déjà, au moment où j'étais arrivé à Bastia, on avait insisté sur la nécessité de respecter de manière précise l'horaire prévu pour Ajaccio. La recommandation m'avait surpris, car le programme de l'après-midi n'était pas très chargé : une étape dans le local de mon comité de soutien, au cœur d'Ajaccio, puis une réception à l'hôtel de ville, par le maire, Charles Ornano, en présence des parlementaires et des élus et, pour finir, la réunion publique.

Pendant le court trajet du Mystère 20, l'inspecteur de police était venu me rejoindre près de mon siège pour me dire qu'il avait reçu un message d'Ajaccio, insistant à nouveau sur l'exactitude de notre arrivée, prévue pour 17 heures 30. Nous avons vérifié l'heure. Compte tenu de la faible distance restant encore à parcourir, nous tiendrons scrupuleusement le rendez-vous.

L'avion vire en direction du terrain. Il y a de gros nuages noirs au-dessus de la baie d'Ajaccio. Pendant notre approche finale, l'orage éclate, et nous nous posons au milieu d'une pluie diluvienne. L'avion s'arrête en bout de piste, pour attendre que les voitures viennent nous chercher. Au moment où le pilote coupe les moteurs, Philippe Sauzay entend une sourde déflagration. Il l'attribue à un bruit dans l'appareil. Il est 17 heures 30. Il y a une minute que notre avion s'est posé.

La tour de contrôle nous demande d'attendre. Dix longues minutes incompréhensibles, car il n'y a pas de trafic en vue sur le terrain. Les voitures arrivent, accompagnées d'officiers de police. Je sens une agitation dont je n'identifie pas la cause. José Rossi, président de mon comité de soutien en Corse-du-Sud, m'accueille. J'avance en direction de l'aérogare. Il m'arrête :

« Nous n'irons pas jusqu'à l'aérogare. Il pleut trop fort, me dit-il. Il vaut mieux partir directement. »

La permanence, rue Ottavy, est entourée de policiers. Elle est située au fond d'une petite impasse. Au moment d'entrer, Philippe Sauzay, qui m'accompagne, me glisse dans la main, discrètement, un papier plié. Je le mets dans ma poche. Je contemple les affiches collées sur les murs, les tracts qu'on me présente, et je remercie les militants. Mot d'accueil, adroit et chaleureux de José Rossi. Applaudissements enthousiastes. Nous sommes entre amis. Je repars pour la mairie.

Une fois dans la voiture, je déplie le papier et je lis : « On vient de m'apprendre qu'il y a eu un attentat à la bombe dans le hall de l'aérogare, à notre arrivée. Il y a plusieurs blessés, dont des femmes. Certains sont dans un état grave. »

Je me tourne vers José Rossi :

« Sauzay m'informe qu'il y a eu un attentat à l'aéroport, au moment de mon arrivée. »

Il me répond :

« Oui, je le sais. Nous étions là, à vous attendre dehors. La secousse a été très forte. J'espère qu'il n'y a pas eu trop de dégâts. Nous avons pensé qu'il valait mieux ne pas vous le dire, pour éviter de vous inquiéter.

— On me dit qu'il y a plusieurs blessés. Je vais demander à Sauzay de se renseigner. J'irai les voir avant de partir. »

Je monte l'escalier de la mairie pour me rendre dans le grand salon, où m'attend une foule compacte d'élus qui applaudissent mon entrée. Charles Ornano prononce une allocution de bienvenue. Pendant qu'il parle, je fais signe à Philippe Sauzay de se rapprocher, et je lui demande à l'oreille de se rendre à l'hôpital, pour s'informer de l'état des victimes et m'en rendre compte.

Je remercie le maire, et lance un appel aux élus pour leur demander de m'aider à poursuivre l'effort de modernisation entrepris en Corse. Charles Ornano nous invite à passer dans son bureau. Nous nous y asseyons avec les parlementaires et les principaux élus. Des coupes de champagne sont posées sur le marbre d'une table ronde avec dans un seau, une bouteille cravatée d'une serviette blanche.

Dans ce milieu professionnel, la conversation glisse inévitablement vers le jeu des pronostics. Le député de la circonscription, Jean Bozzi, qui appartient au corps préfectoral et qui a fait partie de l'équipe de Roger Frey, lorsque celui-ci était ministre de l'Intérieur, annonce les couleurs :

« Jacques Chirac sera en tête au premier tour, en Corse, et aussi sur le plan national. » Embarras de mes partisans, devant ce manque de tact. Ils contre-attaquent sur le terrain :

« Ici, Monsieur le Président, c'est vous qui serez en tête. Et largement ! »

Charles Ornano approuve de la tête. Contestation de Bozzi. Pour venir au secours des nôtres, j'avance une prévision :

« Je suis moins qualifié que vous pour donner un chiffre pour la Corse. Mais sur le plan national, je ne pense pas que Chirac dépasse 18 % des voix. »

Bozzi s'amuse :

« Je prends le pari contraire ! Et même à 19 %. »

Je réplique :

« Ne chipotons pas ! Je vous ai dit 18 %. Je tiens le pari. Et je prends comme témoin Charles Ornano ! »

On discute de l'enjeu : du champagne, six bouteilles. Pour interrompre cette scène ridicule, je demande au maire s'il peut me montrer l'habit vert de colonel des Chasseurs de la Garde, que portait l'Empereur, et dont j'avais demandé deux ans auparavant au musée de l'Armée qui venait de l'acquérir, de le remettre à la ville d'Ajaccio.

Il me conduit devant la vitrine où il est présenté : vert olive, avec de grands parements rouges. L'Empereur le portait sur un gilet blanc. Il est conforme à son image de légende, telle que chacun de nous l'a contemplée dans un livre d'enfant. C'est celui qu'il a choisi de porter sur son lit de mort, à Sainte-Hélène.

Le bruit de l'attentat s'est maintenant répandu. On en discute à mi-voix, sur un ton de réprobation. Bozzi s'excuse de ne pas pouvoir assister à ma réunion. « Pauvre majorité, et pauvre France », me dis-je. Nous partons sur la place, où le chapiteau est dressé.

Ce chapiteau est de taille moyenne, mais il est comble. Le premier orateur est le sénateur Paul d'Ornano, mon mandataire en Corse-du-Sud. Puis c'est le tour d'Alice.

Pour la première fois depuis le début de la campagne, quelqu'un parle de moi. Pas du président de la République, pas du candidat. D'une personne, d'un être, de moi. Je ne savais pas qu'Alice Saunier-Seïté m'avait observé, qu'elle avait deviné, ici et là, mes impressions, mes déceptions, mes blessures. Elle raconte ce que j'ai cherché à faire, mieux que je ne saurais l'exprimer. Je la regarde parler devant moi, tournée de trois quarts. Son corps est musclé, avec des mouvements d'une aisance féline, et des jambes qui me paraissent bronzées. Une pensée bizarre me traverse l'esprit : quand elle faisait l'amour, elle devait y mettre la même véhémence. Son auditoire est subjugué. Elle change soudain de sujet. La voici lancée sur la critique de la démagogie socialiste.

De tous les éloges que j'ai entendus, celui-ci est un des rares qui ne m'ait pas fait ressentir de gêne. Tant d'autres sonnaient faux, et ne se donnaient même pas un air de vraisemblance. Leurs auteurs les prononçaient comme les rites d'une liturgie dont les prêtres seraient devenus incroyants.

Alice s'est rassise. On l'applaudit longuement. Des rangs de spectateurs enthousiastes se lèvent au fond de la tente. Les Corses aiment l'éloquence et la flamme de la sincérité. Merci, Alice ! Si toute ma campagne pouvait ressembler à cette réunion ! Puis c'est à mon tour de parler.

A la fin de mon discours, nous sommes sortis par l'arrière du chapiteau, à travers une porte de toile dont on avait défait les lacets. Philippe Sauzay m'y rejoint. Il m'apprend que l'explosion de la bombe a blessé quatre touristes suisses, dont l'un, âgé de dix-neuf ans, très grièvement. Trois autres personnes sont criblées d'éclats de verre.

« On vous attend à l'hôpital, me dit-il. »

Nous arrivons dans le hall d'entrée, peint en blanc et éclairé au néon. Le responsable m'attend, avec deux personnes, venues sans doute de la préfecture. Nous montons l'escalier. Il m'explique que le blessé le plus sérieux est atteint aux yeux. Il risque de perdre la vue.

On est en train de lui donner des soins. Dès que ce sera possible, on le transférera à l'hôpital de Marseille.

Parmi les autres blessés, il y a des agents de l'aéroport, notamment une jeune femme, frappée par plusieurs éclats. Je demande à la voir. Elle est allongée sur un lit, dans un petit dortoir cubique dont les vitres s'ouvrent sur le couloir. Elle est très pâle, les traits creusés. Je lui exprime ma sympathie et mes regrets d'être la cause de son mal. Elle m'écoute, sans vraiment m'identifier. Auprès d'elle, puis des autres personnes étendues à ses côtés, je comprends ce que ressentent les victimes du terrorisme. Elles ont exactement le même regard, affolé de panique et d'incompréhension, que les personnes prises dans l'incendie d'un immeuble ou dans un accident de chemin de fer : la stupeur de se trouver frappé par un événement qui ne vous concerne pas. C'est très différent des blessés que j'ai côtoyés pendant la guerre : là, quel que soit son rang, on a le sentiment d'être impliqué, d'être acteur. Ici, au sens le plus fort, d'être victime.

En bas, près de la sortie, les télévisions m'attendent. Toujours ce même contraste entre le magnésium blanc des flashes et le velours de la nuit qui nous entoure, comme une draperie circulaire indéfiniment profonde. Je prononce quelques mots : les victimes, l'injustice, mes vœux de guérison. Je m'interromps car je sens venir les questions : « Quelles vont être les conséquences de cet attentat pour votre campagne ? Est-ce que le réflexe d'indignation de l'opinion ne va pas vous donner un avantage ? »

Nous repartons vers l'aérogare. Je fais un détour par le hall. La bombe devait être puissante : le sol est jonché de cette poussière de verre et de ciment que déposent toutes les catastrophes.

Y a-t-il eu une enquête judiciaire par la suite ? On ne

« Parmi les dirigeants de cette époque, le président Sadate était celui qui avait le plus d'allure. Allure physique car il était grand, élancé. Allure morale, surtout. Chez lui, rien de mesquin. Il savait décider et se faire obéir. Quand il le fallait, il prenait des initiatives risquées, comme celle de se rendre à Jérusalem, à la Knesset. »

« Dans Jean-Paul II, ce qui m'a ému, c'est la perception directe du caractère impossible de sa tâche. Je l'ai senti profondément motivé, imprégné de la nécessité de l'œuvre à accomplir. Mais je me disais qu'il était condamné par notre époque à ramer contre un courant trop fort, celui de l'incrédulité, du réalisme à court terme, des sarcasmes qu'il n'entendrait peut-être pas, mais qui corroderaient son message. »

« Je n'ai pas suivi directement le débat parlementaire sur la loi sur l'avortement. Ce n'était pas dans mes fonctions. Mais j'en voyais les images à la télévision. Celle qui m'a le plus ému, dont je me souviens encore comme si je l'avais sous les yeux, est celle de Simone Veil, à la fin d'une séance de nuit, pleurant de détresse. »

« J'ai fait aménager dans un ancien abri souterrain sous une aile de l'Élysée une pièce (que nous baptiserons "salle des cartes") où sont rassemblés les quelques moyens indispensables pour préparer et communiquer les décisions de défense, et aussi pour assurer 24 h sur 24 la "veille nucléaire". Je l'inaugurais avec le général Méry, chef d'état-major des Armées. »

« En mai 1978, les troupes gouvernementales du Tchad, composées de Noirs du sud du pays, sont en pleine déroute, dépaysées et affolées par l'univers de sable et de cailloux du Tibesti. Pour éviter que toute l'Afrique francophone ne bascule, il fallait les aider. »

« Monsieur le Président, ici le général Vanbremeersch. Je viens d'avoir Méry. L'état-major des armées a reçu un message radio du colonel Gras disant : "Premier largage effectué, opération réussie." La première vague a sauté sur Kolwezi entre 15 h 40 et 16 heures locales. Erulin a installé son PC au sol. Le choc est assez dur, mais il pense avoir la situation en main. »

« Un mois après l'exploit de nos parachutistes à Kolwezi, je me rendis en Corse, où le 2e REP était en garnison. J'ai cherché à imaginer une manifestation où on lui rende honneur. Je me suis souvenu d'une tradition britannique selon laquelle, lorsqu'on passe en revue une unité qui vient de combattre, on laisse dans ses rangs des places vides pour marquer l'emplacement de ceux qui ont été tués. »

DÉCRET

LE PRÉSIDENT DE LA RÉPUBLIQUE,

Vu la loi constitutionnelle du 4 octobre 1958,
Vu la loi organique du 22 décembre 1958,
Après avis du Conseil Supérieur de la Magistrature,

DÉCRÈTE

Est commuée en celle de détention criminelle à perpétuité

la peine de mort prononcée le 25 juin

par la Cour d'Assises de .

contre Joseph

Fait à Paris, le 8 JAN

PAR LE PRÉSIDENT DE LA RÉPUBLIQUE;

LE PREMIER MINISTRE,

LE MINISTRE D'ETAT,
~~le~~ GARDE DES SCEAUX,
Ministre de la Justice,

Formule utilisée par le président de la République lorsqu'il accorde la grâce.

LE PRÉSIDENT DE LA RÉPUBLIQUE,

Vu la loi constitutionnelle du 4 octobre 1958,

Vu la loi organique du 22 décembre 1958,

Après avis du Conseil Supérieur de la Magistrature,

Après examen du recours en grâce instruit à la suite de la condamnation capitale

prononcée le 10 Mars

par la Cour d'Assises de

contre

DÉCIDE

de laisser la justice suivre son cours.

A Paris, le 26 Juillet 19

Formule utilisée en cas de rejet de la grâce.

ENTREPRISE DE RECHERCHES

ET D'ACTIVITÉS PÉTROLIÈRES

LE PRÉSIDENT

Paris, le 2 juin 1976

Monsieur le Président,

Ainsi que le Président PINAY et moi-même avons pu vous l'exposer, le Groupe ELF AQUITAINE a signé le 28 mai, à Zürich, avec le Président de l'Union des Banques Suisses se portant fort pour des groupes techniques et financiers, un accord nous donnant une option exclusive, pendant un an, sur l'utilisation d'un procédé de prospection. Il s'agit d'une réalisation technique extraordinaire dont quatre directeurs de ma maison avaient pu éprouver les résultats dans le Sud-Ouest pendant huit jours et qui peut nous permettre en quelques mois de révéler des gisements de pétrole, de gaz, et de certains métaux (cuivre), en France, en Atlantique et dans un certain nombre de pays déjà agréés par nos co-contractants.

Des protections extraordinaires nous sont demandées et sont nécessaires pour assurer le secret de notre liaison et de ces opérations.

Pour assurer notre contribution (quatre versements trimestriels de 50 MFS, le premier ayant lieu le 15 juin) nous montons avec l'Union des Banques Suisses une filiale clandestine du Groupe au Liechtenstein. La nécessité d'opérer vite et en secret nous conduit à méconnaître les obligations de contrôle administratif et financier et de contrôle des changes. Cette situation ne pourra être régularisée que dans plusieurs mois, quand, comme nous l'espérons, notre entente avec l'inventeur et ses parrains financiers sera consolidée et étendue et que nous aurons pu vous rendre compte des premiers résultats.

Vous m'avez indiqué que vous me feriez connaître en temps utile à quelles hautes autorités françaises je devais faire part de cette affaire que je crois exceptionnelle non seulement pour notre Groupe mais pour les intérêts français.

Veuillez agréer, Monsieur le Président, l'expression de mon profond respect.

Lettre vue le 8 octobre 1976

Raymond Barre

Pierre GUILLAUMAT

Fac-similé de la lettre de Pierre Guillaumat présentant le projet de ce qui allait être connu sous le nom d'« avions-renifleurs », transmise au Premier ministre Raymond Barre, et contresignée par lui le 8 octobre.

« J'ai cherché à utiliser des symboles pour communiquer des convictions ou des attitudes que les mots pouvaient difficilement transmettre. C'est ainsi que j'avais demandé à Lartigue de rajeunir la traditionnelle photo officielle du président de la République. »

« Avant mon élection, les prisons avaient connu plusieurs révoltes de détenus. En juillet 1974, les mouvements se développent. Le ministre de la Justice me met en garde contre le risque d'une émeute généralisée. Je ressens le besoin de prendre une connaissance directe de la situation, et décide de visiter la prison de Saint-Paul, à Lyon. »

« Nous arrivons au réfectoire des détenus en détention préventive. Une phrase chemine dans mon cerveau : "Les prévenus sont présumés innocents." »

« Lors de mes premiers vœux à l'Élysée, j'ai voulu qu'ils s'adressent à tous, non seulement aux milieux fermés des "corps constitués", mais aussi à ceux qui sont les plus éloignés, les plus ignorés. Je n'accepte pas, en moi-même, l'inégalité des êtres. C'est pour tenter d'exprimer ce sentiment que j'ai décidé d'inviter ceux qui assuraient un travail de nuit autour de l'Élysée, et qui verraient passer Noël comme une fête dont ils seraient exclus. »

« On a beaucoup insisté sur le caractère artificiel de mes dîners chez des Français. Mais la réalité m'est apparue toute différente. Ces dîners ont été pour Anne-Aymone et pour moi des moments détendus, vécus sur un mode naturel, et dont nous parlions avec bonheur lorsque nous en revenions, tard dans la nuit. »

« Nous montons sur l'estrade. C'est maintenant que je peux voir, enfin, la totalité de la foule. Je réalise que depuis des heures, j'ai attendu ce moment-là. Pas de trace de trac, mais un bien-être physique devant ce public qui applaudit par vagues, comme si notre estrade était trop lointaine pour qu'il identifie ces petites silhouettes noires qui s'installent sur la scène. »

« Pouvez-vous imaginer l'intensité, la chaleur de la sensation que l'on éprouve lorsqu'on se trouve serrant la main de personnes inconnues, pressées autour de vous, et qui vous souhaitent bonne chance ? »

« J'avais rencontré à plusieurs reprises le président du Mali, le colonel Moussa Traoré, dont j'appréciais la droiture et la volonté de redresser le pays. »

« A l'arrivée à Tombouctou, tout au long de la route, des deux côtés, des Touareg étaient alignés. Des centaines de Touareg, peut-être des milliers, côte à côte, immobiles. La beauté de ces images m'a d'abord ému, mais leur accumulation, l'entrecroisement incessant de ces milliers de pattes qui piétinent le sable, ces yeux sombres sous les voiles de couleur, leur maintien extraordinairement calme, toute cette vision me remuait jusqu'au fond de moi-même. Jamais, me disais-je, jamais je ne reverrai un spectacle comme celui-là. »

viendra jamais chercher de renseignements auprès de moi. S'il est vrai que j'étais en campagne électorale, l'attentat visait celui qui était pour quelques semaines encore, le président de la République ! Après le 10 mai 1981, personne ne me demandera mon témoignage, ni celui de l'officier de police qui m'accompagnait. La seule indication que j'aurais pu donner était celle de ce message insistant sur la nécessité d'arriver à l'heure précise à Ajaccio, message transmis deux fois par des filières que l'on aurait pu, peut-être, remonter vers leur source.

***

Au cours d'une conversation avec des journalistes, à l'automne de 1980, j'ai fait mention d'un « secret pour les femmes ». L'expression a éveillé la curiosité. On m'a interrogé à son sujet pendant la campagne présidentielle. J'ai répondu que je ne révélerai ce secret qu'après l'élection, car je ne voulais pas l'utiliser pendant ma campagne. L'élection a eu lieu, l'attention s'est détournée, et on ne m'en a plus reparlé.

Quel était ce secret ? J'avais cherché à le formuler de la manière la plus exacte, et j'avais abouti à l'expression suivante : « Pendant mon septennat, j'ai été amoureux de dix-sept millions de Françaises. » On peut, bien sûr, crier à la banalité ou à la démagogie. Mais le plus curieux, la nature même de mon secret, c'est que c'était rigoureusement exact ! Et quand j'y pensais, je riais en me disant qu'Henri IV avait été un enfant de chœur !

Un journaliste a écrit que ma conception de l'attitude présidentielle était fondée sur le regard. C'est un fait que dans toutes les manifestations, les défilés, les rencontres, je m'efforçais de regarder individuellement toutes celles et tous ceux qui se trouvaient devant moi. Y avait-il du procédé dans cette manière de faire, une sorte de truc pour influencer et pour séduire ? Sans doute, mais ce n'était pas l'essentiel.

En le faisant, je recevais cette forme particulière de rayonnement, d'énergie, qui circule d'un être à l'autre, et cette perception m'était agréable et m'encourageait. A force de regarder les Françaises, je les ai vues, et j'en suis tombé amoureux. Il faut prendre le mot dans son sens le plus précis. Je n'ignore pas bien entendu que cette déclaration va susciter l'ironie, et que les lecteurs de langue anglaise qui me feront l'amitié de lire ce passage, la trouveront « very french » ! Mais il est vrai que je resssentais directement la présence des Françaises dans la foule, que je devinais leur silhouette, et que je m'attardais juste un peu plus longtemps pour les regarder, la durée de cette demi-seconde supplémentaire où apparaît tout à coup dans les yeux la nudité de l'être.

J'aime beaucoup les foules, l'admirable élégance des membres et des gestes des foules asiatiques, l'ondoiement nonchalant de la foule latine, la danse, qui ressemble à un piétinement sur place, de la foule africaine. Mais ce sont des spectacles que je regarde et que je goûte en étranger.

Pour les Françaises, il y avait la sécurité du chez soi ! Leur manière de se tenir droites, pour mettre leur taille en valeur, leur démarche naturelle, précise, sans raideur ni volonté trop visible d'accrocher l'attention, et surtout leur sourire, leur délicieux sourire, où se retrouvent à chaque instant les deux faces de la féminité, l'aimante et la maternelle, faisaient que c'était un plaisir pour moi de les attendre et de les retrouver dans chacun de mes voyages. Un plaisir et une attente que je ne peux pas décrire de manière plus exacte qu'en les assimilant aux sensations que l'on éprouve lorsqu'on est amoureux.

VII

LA PEINE DE MORT

Pendant la durée de mon septennat, la peine de mort était applicable en France. Elle a été appliquée trois fois.

Beaucoup de mes amis, beaucoup des personnes que je rencontrais et qui me parlaient de la fonction présidentielle, me disaient : « Le plus dur pour vous, cela doit être de décider l'application de la peine de mort. C'est une responsabilité terrible. » Je voyais qu'ils pensaient à eux-mêmes, au soulagement qu'ils éprouvaient de ne pas avoir à être placés devant des choix si lourds, lorsqu'ils ajoutaient : « Je vous plains d'avoir à prendre de telles décisions ! »

Ils croyaient que la seule relation entre la fonction présidentielle et la mort était l'application de la peine capitale. Pour moi la réalité était différente, plus complexe, plus mystérieuse. Chargé, jusqu'à un certain point, de la responsabilité de l'existence d'une collectivité de cinquante-cinq millions de personnes, je ressentais, plus ou moins consciemment, que la mort y était constamment présente.

Elle était évidemment présente dans les décisions d'intervention militaire en Afrique. Elle l'était aussi dans les accidents ou les drames du travail, que nous ne réussissions pas suffisamment à éviter. Elle l'était à l'occasion des commémorations publiques, surtout celle du 11 Novembre. Elle l'était dans les épidémies, les maladies nouvelles, les catastrophes naturelles.

Je ressentais avec une particulière acuité les accidents qui se produisaient dans les mines, et les naufrages des chalutiers en mer, sans doute en raison de ce que j'avais lu sur la détresse des familles, leur attente pendant qu'elles déchiffrent la liste des noms, leur incapacité à contenir et à exprimer leur émotion, et les enfants, les yeux étonnés, dans leurs premiers vêtements de deuil. Il me semblait que la cruauté du XIXe siècle, ce siècle si dur pour les plus modestes, survivait dans ces drames jusqu'à nous.

Et j'étais choqué par l'inégalité devant la mort qui subsiste dans nos sociétés, la mort presque honteuse et anonyme de ceux que la société ne connaît pas, et dont on dirait qu'elle souhaite se débarrasser au plus vite, et la mort ostentatoire, respectée, célébrée, de ceux auxquels la société prête une importance qui vient confirmer la sienne. Choqué aussi par le contraste entre les cercueils alignés sur des tréteaux de bois dans les chapelles improvisées auprès des lieux des accidents, et les cercueils cravatés de noir des grandes commémorations parisiennes.

***

L'opinion publique était persuadée que le président de la République « décidait » d'appliquer la peine de mort, et que, finalement, il décidait seul. Elle souhaitait qu'il le fasse en son âme et conscience, mais elle était impressionnée et craintive devant cette survivance d'un pouvoir absolu, du pouvoir le plus absolu, celui qui consiste à retirer la vie.

En réalité le président de la République ne se prononçait pas sur la condamnation à mort, mais sur un recours en grâce. Le dire n'est pas essayer de jouer sur les mots, ce qui serait horrible en la circonstance, ni une manière d'esquiver les responsabilités, mais c'est évoquer une situation précise, celle à laquelle j'ai dû faire face.

***

Avant la condamnation, la justice est saisie, longuement, minutieusement. Le jugement est prononcé par une cour d'assises, composée de jurés choisis par tirage au sort.

L'avocat du condamné peut ensuite introduire un pourvoi devant la Cour de cassation. Il le fait pratiquement toujours.

Si la Cour de cassation casse le jugement, il faut recommencer toute la procédure.

Si elle rejette le pourvoi, le jugement devient définitif. Mais il ne peut être appliqué qu'après que le président de la République a refusé la grâce, que lui demande l'avocat du condamné.

La presse est informée des conclusions de la Cour de cassation, car celles-ci sont publiques. Elle sait alors que l'exécution ne dépend plus que du recours en grâce. Le suspense commence. Et comme le seul événement attendu est la décision du président de la République, tout le reste paraît subitement effacé : la longue instruction de l'affaire par la police et par la justice, les débats de la cour d'assises, les plaidoiries des avocats de la défense, le verdict des jurés. Le destin ne tient plus qu'à un fil. Que va décider le président de la République ?

***

Pour me prononcer, je disposais matériellement de

trois éléments : un dossier préparé par le ministère de la Justice, une réunion du Conseil supérieur de la magistrature, et un entretien en tête-à-tête avec l'avocat du condamné.

Le dossier est épais, en carton beige, avec une étiquette qui mentionne le nom de l'intéressé. C'est le secrétaire général du Conseil supérieur de la magistrature, un jeune magistrat, au début de mon septennat, puis une femme magistrat, Nicole Pradain — à partir de 1979 —, qui me l'apporte et qui m'en présente le contenu.

J'y trouve un rapport établi par le bureau des grâces du ministère de la Justice, qui décrit de façon détaillée, et avec un effort d'objectivité, l'ensemble de l'affaire : les éléments concernant la personne de l'accusé, les circonstances de sa vie, son environnement et, éventuellement, ses antécédents judiciaires ; la conduite de l'enquête ; les expertises des psychiatres et des médecins ; le déroulement des débats, puis le verdict. Ce rapport se termine par l'indication de l'avis donné sur la grâce par trois magistrats : l'avocat général, c'est-à-dire celui qui a requis contre l'accusé devant la cour d'assises, le président des assises qui a conduit les délibérations des jurés, et le procureur général auprès de la cour d'appel.

Chacun de ces magistrats a, lui aussi, établi un rapport qui figure au dossier. Le plus détaillé est généralement celui de l'avocat général.

Enfin, par un usage très ancien, et sur l'utilité duquel je m'interrogeais, le dossier a été soumis à l'ensemble des directeurs du ministère de la Justice, et l'avis de chacun d'eux est recueilli par écrit.

Lorsque le premier de ces dossiers m'est parvenu, en janvier 1976 — dix-huit mois après mon élection —, il concernait un condamné à mort alors âgé de dix-neuf ans, et qui n'avait que dix-sept ans lorsqu'il avait commis son crime. Je l'ai reçu avec l'impression qu'il pesait lourd, plus lourd en tout cas que son apparence matérielle ne le laissait supposer. J'étais décidé à en prendre connaissance dans le moindre détail, comme je l'ai fait ensuite pour chacun d'eux.

Jamais, jusque-là, je n'avais étudié de dossier de justice. Je connaissais mal les détails de la procédure. Je ne voulais pas être dérangé dans ma lecture, aussi je me suis installé en fin d'après-midi dans la bibliothèque de l'appartement privé. J'ai commencé par le rapport de synthèse, puis j'ai lu chacun des rapports annexes. Il m'a fallu y revenir pendant trois jours. Ces rapports étaient clairs, minutieux. On y sentait l'effort des rédacteurs. La présentation matérielle souffrait de la fatalité qui paraissait peser, à l'époque, sur les machines à écrire de l'appareil de justice : des caractères désuets, des marges irrégulières. Il y avait des redites entre les documents, comme il était inévitable, mais, peu à peu, la réalité humaine du drame se composait, se clarifiait dans la lecture. Je trouvais, ici et là, des approximations, des zones d'ombre. J'allais rechercher des compléments d'information dans les autres pièces du dossier.

J'ai relu une deuxième fois l'ensemble des documents. Dans les discussions que j'ai eues ensuite au Conseil supérieur de la magistrature, puis avec les avocats, il m'a semblé que j'étais allé aussi loin que mes interlocuteurs dans la connaissance des faits, du moins telle qu'elle pouvait résulter de l'étude d'un dossier.

Pendant cette période, je m'interdisais d'aboutir à toute conclusion ; chaque fois que je sentais une impulsion en direction d'une attitude définitive, je la bloquais. Je ne devrai me décider que plus tard, une fois que j'aurai recueilli tous les avis. Jusque-là, mon effort ne devait avoir qu'un seul objectif : essayer de bien connaître les faits matériels et psychologiques et, sans essayer de les juger, de pénétrer dans leur déroulement.

***

Le Conseil supérieur de la magistrature se réunit habituellement dans le salon des Aides de camp, autour d'une grande table, installée pour la circonstance, et recouverte de l'habituel tapis de feutre vert. De petits cartons blancs marquent la place de chacun. En face de moi, le ministre de la Justice, d'abord Jean Lecanuet, ensuite Olivier Guichard et Alain Peyrefitte. Puis les neuf membres du Conseil supérieur : trois sont des magistrats de la Cour de cassation, dont un avocat général, trois autres des magistrats des cours d'appel et des tribunaux ; le septième vient du Conseil d'État, et les deux derniers, qui n'appartiennent pas à la magistrature, sont désignés en raison de leur compétence.

Un rapporteur a été désigné. C'est lui qui présente le dossier. L'atmosphère est grave, car chacun sera appelé à donner son avis.

Après la lecture du rapport s'ouvre une brève discussion. Quelques questions rapides pour vérifier des dates ou des points de procédure. Puis je commence le tour de table, en demandant à chacun des membres de m'indiquer sa conclusion. Faut-il, selon l'expression consacrée, « laisser la justice suivre son cours » ? Faut-il exercer le droit de grâce ?

Je connais individuellement chacun des membres du Conseil, car ils en font partie pour une durée de quatre ans, en étant renouvelables une fois. Comme ils font précéder leur avis d'une explication, d'une sorte d'exposé des motifs où ils font part de leurs hésitations, des éléments qui ont formé leur jugement, puis de leur conclusion, j'ai fini par connaître leur tempérament, leur caractère, leurs penchants. Aussi je peux identifier à l'avance ceux qui se prononceront vraisemblablement pour le cours de la justice, ceux qui recommanderont la grâce, et les deux ou trois dont je devine qu'ils hésiteront plus longtemps avant de se prononcer.

Cette connaissance rend important le sens que je choisis pour le tour de table. Si je commence d'un côté où je vois que se trouve, sans doute, une majorité qui penche pour la grâce, ou de l'autre côté, où ceux qui donneront l'avis de laisser la justice suivre son cours me paraissent les plus nombreux, leur prise de position influera sur l'attitude des hésitants. Aussi, pour éviter toute interférence, je commence toujours par le côté où siège le rapporteur.

Mais, en même temps, je mesure les limites de la justice humaine. Tous ces magistrats sont scrupuleux. Je les ai vus travailler avec soin, présenter leur dossier en faisant un effort appliqué et presque pathétique d'objectivité. Et pourtant, moi qui les rencontre rarement, une fois par trimestre environ, je peux deviner, avec une presque certitude, le sens de leurs conclusions. Parfois, il est vrai, je suis surpris par un brusque retournement, une réaction imprévisible de l'un d'entre eux, comme si un élément trouvé dans le dossier avait touché chez lui un nerf à vif et l'avait fait sursauter.

Pendant qu'ils concluent, je note sur une feuille de papier le sens de l'avis de chacun. Assis derrière sa petite table, dans l'angle de la pièce situé près de la fenêtre, le secrétaire général du Conseil de la magistrature fait de même.

Les membres du Conseil supérieur sont tenus au secret professionnel. Celui-ci sera toujours respecté, sauf une fois où une indiscrétion, exacte, sur le sens de leurs conclusions paraîtra dans la presse.

Je respecterai ce secret, en indiquant seulement que leurs avis ont presque toujours été divisés, et qu'ils n'ont été unanimes qu'une seule fois, à la fin de mon septennat.

Quand le tour de table est terminé, je lève la séance, puis je prends congé de chacun des participants. Nous n'échangeons pas un mot. Nous avons la gorge trop serrée pour avoir envie de parler.

***

Dans la semaine suivante, je recevais l'avocat.

J'ai été impressionné par la qualité, très souvent remarquable, des avocats de province, notamment ceux des petits barreaux. Ceux que j'ai reçus avaient l'intelligence de ne pas chercher à me convaincre. Ils me montraient qu'ils partageaient mes doutes, et se contentaient d'attirer mon attention sur quelques points, dont ils pensaient qu'ils avaient pu m'échapper.

En les écoutant développer leurs arguments — et je pense particulièrement à l'un d'entre eux —, j'avais le sentiment de retrouver le fil d'une justice différente de celle que façonne notre civilisation industrielle et urbaine : une justice sereine, proche des réalités humaines, éloignée des pressions et des intérêts. Désignés le plus souvent au titre de l'assistance judiciaire, ils ne touchaient qu'une rémunération symbolique.

L'un d'entre eux est venu plaider la grâce d'un condamné dont le crime était particulièrement odieux et sauvage, et qui avait déjà subi une autre condamnation. J'ai senti qu'il était persuadé de n'avoir aucune chance de me convaincre, et pourtant il s'appliquait à rechercher les meilleurs arguments pour m'ébranler. Bien qu'il fût assis avec moi dans mon bureau ruisselant de soleil, car c'était au mois de juillet, il était visible que sa pensée était ailleurs, dans la cellule d'une maison d'arrêt, auprès de son client, buté, traqué, haineux, dans lequel il avait pourtant décelé une lueur d'humanité, ne serait-ce que celle de la terreur du châtiment qui se cachait, au plus profond de lui, sous sa fureur. Il tenait à ce qu'il ait été défendu aussi complètement qu'il était possible et que, si celui-ci devait être exécuté, il n'ait pas, du moins, l'impression d'avoir été abandonné. Je l'écoutais avec la plus grande attention. Je ne l'ai jamais revu. Des années plus tard, sa démarche et sa conviction me touchent encore.

Parfois l'argument utilisé me surprenait : c'était celui de la non-culpabilité, de l'innocence du condamné. Cet argument n'aurait pas dû s'adresser à moi, mais à la cour d'assises, car ma fonction ne me permettait pas de remettre en cause le fonctionnement de la justice. Je devais tenir son jugement pour normalement acquis. Seuls des éléments inconnus des jurés pouvaient, à la limite, être pris en compte. Mais les faits que l'avocat me citait avaient déjà été évoqués et discutés aux assises. Une fois même, j'ai eu le sentiment qu'un élément décisif, qui avait fini par emporter la conviction des jurés, et que j'avais retrouvé longuement développé dans le dossier, n'était pas resté présent à l'esprit du défenseur, lorsqu'il était venu plaider devant moi l'erreur judiciaire et l'innocence du condamné.

Un jour, au moment où je reconduisais un avocat à la porte de mon bureau après l'avoir écouté, celui-ci m'a lancé comme dernier argument : « Mon client m'a chargé de vous dire que si vous le grâciez, tout ce qu'il demandera, c'est qu'on lui remette deux cent mille francs. Il s'engage à partir en Amérique du Sud, et à ce que vous n'entendiez plus jamais parler de lui. »

Que voulait dire cet absurde message ? De la part du

condamné une dernière tentative, suggérée par l'affolement, pour se faire croire à lui-même qu'il pouvait encore détourner le sort en donnant consistance à un fantasme. Mais de la part de son défenseur, pourquoi m'avoir transmis cette demande après être venu plaider l'innocence ? Je ne lui ai pas répondu. Je me suis senti glacé de crainte devant la manière, l'ultime manière dont son client était défendu. Et je me suis dit que je m'interdirais de tenir compte, au moment de ma réflexion finale, non du contenu de ce pauvre message, mais du fait même qu'il m'ait été transmis.

Quand l'avocat me quittait, je voyais qu'il cherchait à lire dans mes yeux ce que serait ma décision. Il croyait sans doute qu'elle était prise. Elle ne l'était pas. C'était maintenant seulement, à partir de ce que j'avais appris et de ce que j'avais écouté, qu'il me fallait rentrer en moi et conclure.

***

Alors venait le moment de décider.

Jusqu'au dernier instant, le condamné restait dans l'incertitude. En cas de rejet de son recours, il ne connaissait la réponse que le matin de son exécution.

Je gardais deux ou trois jours pour réfléchir, afin d'être sûr d'avoir pris en compte tous les éléments, mais pas davantage, car j'étais conscient de la barbarie de l'attente.

Peu à peu, les éléments se clarifiaient. Contrairement à ce qu'imaginait l'opinion, j'estimais que je n'avais pas à juger à nouveau. Toutes les garanties possibles avaient été prises par la loi. La sûreté de mon jugement n'était pas supérieure à celle des jurés. Je retenais leur décision comme celle qui était conforme à l'ensemble des éléments dont ils avaient eu connaissance, à la totalité des faits qui leur avaient été soumis. Je ne devais pas prétendre rectifier leur verdict. La seule question qui m'était posée était celle de savoir s'il existait des motifs assez puissants pour ne pas appliquer leur décision.

Il n'y avait pas lieu d'y faire entrer ma préférence personnelle sur l'existence de la peine de mort. Si j'en avais les moyens, mon intention était de procéder par étapes, en poursuivant l'évolution historique qui avait progressivement réduit son champ d'application. Cette peine ne serait restée applicable, dans un premier temps, que dans le cas de crimes atroces, créant des traumatismes profonds dans la société, tels que les enlèvements d'enfants suivis de meurtres, les sévices infligés aux personnes âgées entraînant la mort, les prises d'otages débouchant sur un assassinat, ou le meurtre de gardiens de prison. Il aurait fallu se donner ensuite un délai pour apprécier l'effet dissuasif de la peine, avant de prononcer de nouvelles restrictions. Le ministre de la Justice, Alain Peyrefitte, avait préparé à ma demande un projet de loi visant ces quatre cas. Il proposait d'ajouter aux meurtres de gardiens de prison ceux de policiers et de gendarmes. Ce texte a été retiré au dernier moment de l'ordre du jour du Conseil des ministres, à la prière instante du ministre de l'Intérieur, Christian Bonnet, qui redoutait les conséquences de sa discussion sur le moral de ses agents.

Mais il ne s'agissait pas de mon opinion. Comme président de la République, j'avais pour mission de veiller au fonctionnement de notre système institutionnel et légal. Si j'estimais qu'il devait être modifié, mon rôle était de faire appel aux méthodes régulières pour entreprendre cette modification, en proposant de mettre en route la procédure normale du changement. Je n'avais pas le droit de le réaliser au moyen d'une série de décisions personnelles, qui aurait annulé en fait les dispositions de la loi.

Je ne pouvais pas davantage dégager une jurisprudence personnelle, comme le suggéraient certains commentateurs, car cela aurait consisté à placer au bout de la procédure judiciaire une autre procédure, rectifiant après coup les décisions prises par la justice.

Il m'apparaissait donc que mon rôle, dans la longue suite de ceux qui avaient eu comme moi, en France et dans le monde, à se prononcer sur ces cruels problèmes, consistait, je le répète, à examiner s'il existait des motifs de ne pas appliquer la décision régulièrement prise par la justice.

***

Quels pouvaient être ces motifs ? Il n'était pas question de les imaginer tous à l'avance, car ils étaient du domaine de l'exception, de l'indicible, de l'imprévisible. Aussi me fallait-il explorer chaque fois toutes les directions possibles.

Concernant le jugement prononcé par les tribunaux, il n'était pas question pour moi, je l'ai dit, de vouloir le rectifier. Mais j'étais conscient que toutes les garanties prises par l'esprit humain pour éliminer les causes d'erreur ne réussissent jamais à faire disparaître le risque d'une erreur finale, de l'ultime exception.

Les règlements les plus stricts des chemins de fer, les doubles et triples précautions, ne suffisent pas à empêcher les collisions des trains finalement aiguillés sur la même voie. Il me fallait chercher si ce risque n'existait pas, caché dans le repli d'un dossier, dans un document mal transcrit, dans un témoignage perdu en route. C'était une recherche faite sans guide, au hasard des pistes. Elle supposait la lecture attentive, minutieuse, de tous les rapports qui m'étaient remis. Dans les cas dont j'ai eu à connaître, cette recherche n'a jamais abouti à un résultat positif.

Les autres éléments pouvant conduire à ne pas appliquer la décision ressortaient du domaine des impondérables. Par hypothèse, ils n'avaient pas pu être pris en compte par les jurés. Ils dépendaient de facteurs lointains, extérieurs, susceptibles d'avoir une incidence sur la relation invisible entre le condamné et la société qui allait l'éliminer.

L'un pouvait être celui de l'âge.

Le premier condamné à mort dont le dossier m'ait été transmis, avait commis son assassinat, comme je l'ai indiqué, à dix-sept ans et demi. Les circonstances et le motif de son acte ne se prêtaient à aucune excuse. Mais, au moment du crime, la majorité légale était encore fixée à vingt et un ans. La cour d'assises des mineurs de l'Oise n'avait pas pris cet élément en considération. J'avais proposé d'abaisser l'âge électoral à dix-huit ans. Le Parlement, qui m'avait suivi, était allé plus loin que ma proposition en fixant désormais à dix-huit ans l'âge de la majorité légale. Un long débat s'était instauré dans l'opinion sur le degré de responsabilité des jeunes, sur leur capacité de décider, sur l'impossibilité de faire confiance à leurs actions irréfléchies. La même société pouvait-elle à la fois mettre en doute le sens de la responsabilité des jeunes, et le confirmer jusqu'à son application la plus extrême ? Cet élément a pesé dans ma décision. J'ai prononcé la grâce.

Un autre cas concernait un Français musulman, qui avait sauvagement assassiné à coups de couteau à la gorge, malgré ses cris d'angoisse et ses supplications, une vieille femme de quatre-vingt-trois ans, pour s'emparer de ses petites économies. Il avait provoqué délibérément les jurés et le président. Quand celui-ci lui avait rappelé qu'il pouvait se pourvoir en cassation, il avait répliqué : « Je m'en fous pas mal. Je ne veux pas de votre pourvoi. La mort, c'est zéro. » L'enquête de personnalité lue à l'audience le décrivait comme « un individu nuisible et malfaisant dont la société a le devoir de se débarrasser ». Les jurés l'avaient condamné à mort.

Le dossier contenait des informations sur sa vie. Il était né en Algérie, dans une famille paysanne. Un de ses frères avait été assassiné par le FLN. En 1961, il s'était engagé dans l'armée française. Sa femme l'avait alors abandonné en emmenant ses enfants. Au moment de l'indépendance, l'armée l'avait ramené en France comme ancien harki puis, un an plus tard, le renvoyait à la vie civile. La SNCF l'embauchait comme manœuvre et le licenciait après dix-huit mois. Ensuite, il était devenu chômeur, vivant de rapines et de petits vols. Il nomadisait, rôdait. Une tentative de viol lui avait valu six ans de prison. Après sa libération, il commettait son horrible crime. La cour d'assises l'avait condamné à mort.

Aucune question ne se posait concernant sa propre culpabilité. Il n'y avait aucun motif d'interrompre le cours de la justice. Mais une question se posait par rapport à nous, par rapport à notre société qui l'avait entraîné loin de chez lui, loin de sa ferme des plateaux du Constantinois où séchaient des taches de sang ; notre société qui lui avait fait croire que notre communauté saurait être plus accueillante pour lui, mais qui avait été incapable de le prendre en charge, et qui l'avait laissé errer comme une bête solitaire, devenue haineuse et cruelle. J'avais du mal à imaginer qu'une lueur d'humanité ait pu subsister dans ce fatras d'horreur et d'épreuves.

Mais s'il en subsistait une seule, quelle aversion et

quel mépris lui ferait-elle ressentir pour cette société, puissante et glacée, au moment où il en verrait les représentants surgir devant lui pour lui annoncer qu'elle ne l'avait pas oublié, et qu'elle renouait avec lui, juste le temps de lui appliquer sa rigueur.

J'ai commué sa peine en détention à perpétuité.

***

Dans cette interrogation lente et douloureuse, je devais faire entrer le sort des victimes.

Chacun de nous est porté, selon sa nature, son caractère et sa culture, à assumer davantage les problèmes des coupables ou ceux des victimes. Je ne crois pas qu'il faille s'en faire grief et se le jeter à la tête. Cela dépend des expériences vécues, de l'intuition des responsabilités, de la manière dont les images nous ont été transmises et l'information reçue. Ces deux attitudes sont moins antagonistes qu'elles ne sont complémentaires. C'est le même mal qui enrage les uns et qui frappe les autres. Il se trouve que je me sens, par instinct, du côté des victimes, car je vois, dans le monde autour de moi, trop de signes de l'innocence assassinée.

Un jour, pendant que j'examinais à nouveau le dossier d'un condamné, entre la réunion du Conseil supérieur de la magistrature et le rendez-vous donné à son avocat, j'ai reçu par la poste une lettre de la mère de la victime. Comment avait-elle été détectée dans le flot de plusieurs centaines de lettres qui parvenait chaque matin à l'Élysée, et comment l'avait-on acheminée jusque sur mon bureau ? L'enveloppe avait été ouverte. Au dos, le nom et l'adresse de l'expéditrice : le nom d'une famille d'immigrés espagnols. Dans l'enveloppe, une feuille pliée. Elle est couverte d'une écriture irrégulière. Sans doute celle qui l'a écrite s'est-elle fait aider par un voisin.

Je la lis. L'auteur commence par se présenter : c'est bien la mère de la victime. Puis elle s'adresse à moi pour me demander de ne pas m'opposer à l'exécution de l'assassin de sa fille. Sinon, m'écrit-elle, « je ne croirai plus jamais à la justice ».

Ce sont des mots simples, mais tellement forts ! Ce n'est pas un cri de vengeance. Je repose le feuillet sur mon bureau. Je regarde les rayures du papier d'écolier et la grosse écriture appliquée. Je cherche à comprendre exactement ce que cette femme a voulu me dire, ce que représente pour elle cette protestation, cette forme de supplication et de menace : « Je ne croirai plus jamais à la justice ! »

J'ai laissé la justice suivre son cours.

***

J'avais eu une discussion sur l'application de la peine de mort avec Edgar Faure. Son esprit, un des plus aiguisés de notre temps, est aussi un des rares qui soit authentiquement libéral. Il connaît dans le détail le fonctionnement de notre appareil judiciaire.

J'ai cherché à recueillir son avis sur un sujet controversé : celui de l'effet dissuasif de la peine capitale.

Il m'a répondu :

« Il existe certainement un effet dissuasif, mais il n'est pas prouvable. Le sentiment de crainte qu'inspire la peine de mort est sans commune mesure avec celui du risque de la détention perpétuelle. D'ailleurs, personne ne croit qu'elle soit perpétuelle ! A certains moments, pour certains criminels en puissance, cette différence doit exercer une influence sur leur comportement. J'en suis sûr, mais je répète que ce n'est pas prouvable. »

Parmi les dossiers qui m'ont été soumis, plusieurs

concernaient des assassinats d'enfants. Tous avaient été précédés de violences. Cela signifiait que l'enfant n'avait pas été surpris par la mort, mais qu'il avait eu l'angoisse de la voir venir. Il avait eu le temps de se débattre, il avait appelé, il avait crié. Il y a dans les cris d'enfants, les cris de peur ou les cris de plaisir, une note stridente, suraiguë, presque sans vibration, qu'on ne retrouve jamais dans aucune autre manifestation de la voix humaine. Elle jaillit d'un cristal encore intact.

Peut-être ce court moment avant de consommer le crime était-il un de ceux pendant lequel le rôle dissuasif de la peine de mort pouvait exercer son effet. Je ne me suis pas fait une règle de le croire, car, dans ce domaine, branché sur les remous les plus mystérieux de l'être, aucune codification n'était possible ; mais j'en ai tenu compte dans chaque cas. La presse et les médias l'ont pressenti et s'en sont fait l'écho. On l'a répété dans les prisons : « Giscard ne gracie pas les meurtriers d'enfants. » En est-il résulté, même une seule fois, un instant de répit ? une hésitation permettant à la véhémence perverse de se décrisper ou à une intervention extérieure de venir interrompre, providentiellement, l'engrenage de la violence ? Je ne le sais pas.

Pendant que je m'interrogeais, je ne pouvais pas m'empêcher de penser au conte de Guy de Maupassant, *La Petite Roque*, dans lequel il fait le récit du meurtre d'une petite fille par le maire du village où elle habite. Celui-ci l'a surprise sous la futaie, en train de se baigner dans une rivière, appelée la Brindille. Il l'a violée puis, pris de peur, étranglée. Au hasard de sa tournée, le facteur découvre le corps. Personne ne soupçonne le maire. La honte et le remords pendant la nuit, la crainte d'être découvert pendant le jour, le rongent et le détruisent peu à peu. Au moment où il réalise qu'il ne va plus pouvoir empêcher la vérité d'être révélée, il saute du haut d'une tour et s'écrase sur une roche qu'entoure la rivière La Brindille, sur laquelle on a vu alors couler un long filet rose de cervelle et de sang mêlés.

***

En juillet 1976, pour la première fois, j'ai refusé la grâce.

On m'avait informé que la direction des Affaires criminelles du ministère de la Justice prendrait les dispositions matérielles et ferait connaître au Parquet de la ville où devait avoir lieu l'exécution, le jour fixé pour celle-ci. Le condamné ne serait prévenu du rejet de sa demande de grâce que le matin de son exécution.

Le ministère de la Justice m'a indiqué la veille le jour qu'il avait retenu. Je savais, comme chacun, que les exécutions ont lieu à l'aube. J'ai demandé que tout soit fait pour en abréger la durée. Plutôt que de rentrer rue Bénouville, j'ai décidé de passer la nuit à l'Élysée.

J'ai pensé me rendre, le matin, au premier office de Saint-Germain-l'Auxerrois, près du Louvre. J'aurais préféré me trouver dans un endroit détaché des habitudes de vie quotidienne, où j'aurais pu penser plus intensément au déroulement de cet événement et assumer la part qui m'en revenait. Ma présence serait passée difficilement inaperçue. Il aurait été ridicule d'essayer de me cacher. Une partie de la presse y aurait vu un « gadget », une excuse commode pour débarrasser ma conscience d'un fardeau, que je ne pouvais transmettre à d'autres. Je suis resté à l'Élysée. J'ai regardé sur un calendrier l'heure calculée pour le lever du jour. J'ai remonté mon réveil et mis la sonnerie à l'heure.

A 4 heures du matin, la nuit était encore noire, malgré

la saison. Pas un bruit dans la rue. J'ai ouvert les rideaux. Dans le lointain, le glissement huilé des balayeuses municipales. Je cherchais à reproduire, dans mon cerveau brumeux et ensommeillé, la séquence des événements : l'ouverture de la porte de la cellule, la traversée des couloirs, l'arrivée dans la cour.

Soudain, je m'aperçois que le ciel est devenu gris clair, avec une frange de lumière en bordure des arbres. Je regarde le cadran du réveil : 6 heures ! Peut-être me suis-je rendormi ? L'exécution a dû avoir lieu. Je fais un signe de croix. Pourquoi le dire ? Mais j'écris ce que j'ai vécu.

J'allume la radio. J'écoute le bulletin de 6 heures. Le journaliste lit un communiqué qui a été affiché sur la porte de la prison : le condamné à mort a été exécuté ce matin un peu après 4 heures.

Je reste étendu. Je suis fatigué. En moi, rien ne bouge.

[illegible] dans [illegible] les [illegible] Dans le moment [illegible] des [illegible] municipales, je [illegible], [illegible] et [illegible], la [illegible] des [illegible] l'ouverture de la porte de [illegible], la [illegible] du couloir, l'arrivée dans la cour.

Soudain, je [illegible] que [illegible] y a été, avec une [illegible] de [illegible] en bord [illegible] Alors je regarde [illegible] du [illegible] heures ! Peut-être me suis-je [illegible] ? [illegible] avoir lieu. Je fais un signe de croix. Pourquoi [illegible] que j'ai [illegible] la [illegible] de [illegible] communiqué qui a été affiché sur la porte de la prison : le condamné [illegible] a été exécuté ce matin un peu après [illegible].

Je reste [illegible] de stupeur. [illegible]

VIII

LES SYMBOLES

J'ai cherché à utiliser des symboles pour communiquer des convictions ou des attitudes que les mots pouvaient difficilement transmettre. Ces symboles ont dû être assez puissants, car ils ont déclenché des polémiques.

Certains d'entre eux ont été bien compris par l'opinion. D'autres, en raison d'une insuffisante explication de ma part, ont été déformés. D'autres enfin, qui heurtaient des attitudes traditionnelles de l'opinion publique, ont fait l'objet d'un véritable rejet.

Mais ils ont tous eu un trait en commun : l'opinion des milieux politiques, c'est-à-dire celle qui est façonnée par les commentateurs spécialisés, a ressenti pour eux une aversion immédiate et profonde. Ils troublaient le jeu. Ils déplaçaient le débat vers un terrain où on ne désirait pas le situer, car trop de préjugés conventionnels devaient être remis en cause. Un mot a été découvert pour les qualifier : celui de « gadget ». Mot ingénieux, efficace et destructeur. Il faisait ressortir ces symboles comme des subterfuges, comme des « trucs », destinés à abuser les naïfs dans un pays où la naïveté est vécue comme une humiliation. Il colorait mon action d'un mélange de ruse et de démagogie.

Et pourtant, ils représentaient réellement pour moi des symboles, c'est-à-dire des tentatives de souligner par des gestes l'importance de valeurs qui me paraissaient essentielles, bien que difficiles à communiquer.

***

Le premier symbole est né fortuitement au cours d'une visite dans une prison.

Avant mon élection, les prisons avaient connu plusieurs révoltes de détenus. En mai 1973, des prisonniers avaient occupé les toits de la prison Saint-Paul de Lyon. L'intervention des CRS avait provoqué la mort d'un détenu. Des événements semblables s'étaient produits en janvier 1974 à la prison de Melun.

Manifestement, le problème du fonctionnement de nos prisons méritait d'être traité. L'administration ne réussissait pas à le résoudre. Aussi ai-je eu l'idée de créer un secrétariat d'État à la Condition pénitentiaire, placé à côté du ministère de la Justice. J'ai choisi, pour occuper ce poste, une femme médecin du travail, Hélène Dorlhac, que j'avais rencontrée à Nîmes pendant la campagne présidentielle. Il m'a semblé qu'elle possédait les capacités nécessaires pour analyser les causes humaines et psychologiques de la tension dans les prisons.

Je l'ai reçue le 29 mai 1974 à l'Élysée, pour lui faire part de mon intention. Elle m'a dit son hésitation devant une tâche pour laquelle elle se sentait insuffisamment préparée. Je l'ai convaincue d'accepter. Le lendemain — cas unique dans la longue histoire de la formation des gouvernements ! —, elle a téléphoné de Nîmes à Philippe Sauzay pour le charger de me dire que, finalement, elle ne se sentait pas capable d'être membre du gouvernement. J'ai refusé sa rétractation, et je l'ai nommée secrétaire d'État à la Condition pénitentiaire, en même temps que je nommais vingt autres secrétaires d'État, le 8 juin 1974.

Je n'ai pas regretté sa désignation. Elle a démontré dans sa fonction de grandes qualités de perspicacité et de générosité.

Mais l'agitation continuait. Une mutinerie éclatait à la centrale de Clairvaux le 19 juillet, et entraînait deux morts. La contagion gagnait Nîmes, Lille, Riom, Toulouse et Lyon. Le 27 juillet, des détenus montaient sur les toits de la prison de Rennes. Le lendemain, il y avait un mort à Saint-Étienne. Le 31 juillet, des prisonniers s'installaient sur les toits de la prison d'Avignon, puis sur ceux de la prison d'Arras. La presse en montrait les photos. Les établissements étaient cernés par des cordons de gendarmes.

Le nouveau ministre de la Justice, Jean Lecanuet, vient me mettre en garde contre le risque d'une émeute généralisée. Il insiste sur le malaise qui règne parmi les membres du personnel pénitentiaire, qui se sentent insuffisamment soutenus et menacent de faire grève. Je ressens le besoin de prendre une connaissance directe de la situation. Aussi, le 10 août 1974, devant rejoindre Anne-Aymone et nos enfants dans une villa de Saint-Jean-Cap-Ferrat, prêtée par des amis irlandais pour nos premières vacances présidentielles improvisées, je décide de faire escale à Lyon pour visiter une prison. On m'avait cité le directeur de la prison de Saint-Paul où s'étaient produits les graves incidents de l'année précédente, M. Ossola, comme particulièrement compétent et averti des problèmes du personnel pénitentiaire.

Je quitte l'Élysée pour Villacoublay, et de là je pars en avion pour Lyon. Hélène Dorlhac m'accompagne. Le préfet du Rhône, Pierre Doueil, m'attend à l'aéroport de Bron, suivi du directeur de l'établissement. Pendant le trajet en voiture en direction de la prison, située sur la rive droite du Rhône, le directeur me décrit les conditions de vie et de surveillance des prisonniers et les difficultés que rencontrent ses agents. Je vérifie qu'il connaît bien son problème, et qu'il garde la tête froide. Notre auto longe les murs de l'établissement, de hauts murs en pierres crépies percés de fenêtres en demi-lunes, et nous arrivons dans l'entrée.

Le directeur a rassemblé son petit état-major. Présentation et poignées de main. Les gardiens sont réunis pour nous accompagner. Je suis surpris par leurs grandes casquettes plates. Je leur serre la main avec chaleur pour leur manifester l'estime que leur porte l'État, que je représente à leurs yeux. Ils passent devant nous pour nous montrer le chemin. Avec l'aide de trousseaux de clés d'acier brillant, ils ouvrent des portes et des grilles successives. Une trentaine de femmes de prisonniers, venues pour l'heure habituelle des visites qui coïncidait avec celle de mon arrivée, nous emboîtent le pas.

Nous arrivons près d'un réfectoire. Des prisonniers sont assis sur des bancs, le long des murs. Je demande au directeur qui ils sont.

« Ce sont des détenus en détention préventive, me répond-il. Ils sont ici en attendant d'être jugés.

— Combien de temps restent-ils en prison ?

— Cela dépend de la longueur de l'instruction et de l'encombrement des tribunaux. Actuellement, le tribunal est très chargé, et puis nous abordons la période des vacances. Plusieurs mois. Je vous dirais cinq ou six mois en moyenne.

— Y en a-t-il qui restent plus d'un an ?

— Oui, cela peut se produire quand l'instruction est difficile et qu'il y a besoin de faire plusieurs expertises. Nous en avons un certain nombre. »

Les détenus se sont rapprochés. Ils forment un demi-cercle autour de nous. Je me décide à les interroger :

« Depuis combien de temps êtes-vous ici ? »

Les réponses fusent, avec des voix assourdies :

« “Trois mois”, “Six semaines”, “Huit mois”...

— Avez-vous déjà été jugés ?

— Non, pas ceux qui sont ici ! Nous sommes en détention préventive. »

Je me tourne vers M. Ossola, qui suit le dialogue, et je lui demande :

« Ce sont tous des prévenus ?

— Dans ce quartier, il n'y a que des prévenus. Les condamnés sont dans d'autres quartiers. Nous les verrons tout à l'heure. »

Une phrase chemine dans mon cerveau : « Les prévenus sont présumés innocents. » Des présomptions pèsent sur eux, mais ils n'ont pas encore été jugés.

Je cherche à savoir de quoi ils sont accusés. Brouhaha de voix qui protestent. Je comprends qu'il s'agit de vols, d'escroqueries. Le directeur m'en indique deux, qui se tiennent à l'écart, plus âgés, avec des cheveux gris : « Ils sont accusés de proxénétisme. Pour eux, le problème est de réunir des témoignages. » Près de moi, un gros homme volubile s'embarque dans une histoire de vache pâturant à l'intérieur d'un pré qui lui appartient, mais qui avait été volée à ses voisins. J'ai du mal à croire que cela explique son incarcération.

Le directeur me fait signe. Il faut continuer la visite. Mes interlocuteurs me regardent de leurs yeux lourds, rusés, naïfs. Je représente pour eux le pouvoir et la force. Un ennemi. Mais aussi une espèce de chef de la société, bien qu'ils me reconnaissent à peine, et donc responsable de l'ordre et de la justice. La même phrase continue de trotter en moi : « Les prévenus sont présumés innocents. » Ce sont des prévenus. Je vais leur dire au revoir.

Je leur tends la main. Ils la serrent sans conviction,

avec étonnement et une sorte de malaise craintif. Le photographe de presse qui m'accompagne prend ses clichés. Il ne reste plus qu'à mettre le titre : « Giscard serre la main des condamnés. »

J'ai serré la main des prévenus.

Nous avons poursuivi la visite par les quartiers des condamnés. L'atmosphère y était plus lourde. Je sentais les gardiens sur le qui-vive. L'ouverture et la fermeture des grilles acquéraient un sens précis.

Nous sommes montés par des escaliers de fer, et nous avons suivi les rambardes le long des cellules. Le parcours s'est achevé dans le quartier des condamnés aux peines de longue durée. Je me suis renseigné sur la sécurité, sur les risques encourus par les gardiens, sur le nombre d'évasions, sur le rythme de vie des détenus. On a ouvert pour moi les portes de quelques cellules : certains prisonniers sont restés assis, d'autres se sont levés. J'apercevais des journaux posés sur les lits, des romans aux couvertures criardes et, dans le coin, un appareil transistor. Pas question de serrement de main.

J'ai demandé à visiter la cour de promenade, un trapèze de ciment surplombé de hauts murs. Je faisais en moi-même le raisonnement de tous ceux qui les regardent : à cette hauteur, sont-ils franchissables ? Une rumeur et un vacarme métallique ont annoncé l'heure du repas. Je suis revenu dans le bureau du directeur.

Il m'a analysé la situation, calmement, sans forcer la note. Les difficultés de travail du personnel en tenue ; l'irritante question de la comparaison des primes avec celles des agents de police et des douaniers ; la nature du recrutement ; les horaires de nuit et des jours de fête.

J'ai compris que le problème était peu suivi, peu « piloté », et que c'était même un miracle que la crise ne fût pas plus générale et plus violente. On ne s'en tirerait pas par quelques aménagements de détail. Il fallait reprendre en main l'ensemble, et donc mettre en place des responsables nouveaux pour traiter à fond le sujet.

Il était également indispensable de réorganiser l'administration, de rétablir l'autorité, et de faire passer un courant de confiance entre les dirigeants et le personnel.

Trois ans plus tard, lorsqu'à la suite des négligences relevées à l'occasion de l'évasion du tristement célèbre Mesrine, il fallut désigner un nouveau directeur de l'administration pénitentiaire, poste particulièrement délicat et ingrat dans les circonstances que nous traversions, et pour lequel les candidats ne se pressaient pas, Alain Peyrefitte m'a suggéré de faire appel à un jeune préfet, Christian Dablanc, âgé de quarante-sept ans, qui avait déjà été remarqué par le président Pompidou.

Je l'ai reçu avant qu'il soit nommé. Il m'a expliqué qu'il n'était pas candidat, qu'il souhaitait être affecté dans une préfecture, mais qu'il s'efforcerait d'agir au mieux s'il était désigné. Je lui ai indiqué qu'en raison de la difficulté de la situation et de l'étendue de la remise en ordre à accomplir, c'était une fonction qui avait besoin d'être exercée pendant une certaine durée. Deux ans me paraissaient un minimum. Il a acquiescé.

Le travail considérable qu'il a accompli avec intelligence, doigté, et fermeté a permis de détendre, puis de rétablir durablement la situation. Jusqu'à la fin de mon septennat, l'opinion n'a plus entendu parler du problème des prisons.

Mais ce qu'elle a retenu, et ce qui l'a marquée, c'est la poignée de main que j'ai donnée aux détenus. « Si Giscard leur a serré la main, c'est qu'il est de leur côté. Il a eu plus de considération pour eux que pour nous autres, les victimes ! »

***

A la fin de l'année 1974, j'ai vu venir le moment où je devrais présenter pour la première fois mes vœux de bonheur aux Français. Je savais qu'ils seraient suivis le lendemain par un long rituel qui débuterait lorsque le gouvernement, conduit par Jacques Chirac, viendrait m'exprimer ses souhaits de bonheur et de réussite.

J'ai demandé que l'on modifie le programme des vœux, en en réduisant l'aspect formel, et en simplifiant la tenue vestimentaire, mais aussi en élargissant les catégories invitées aux cérémonies. Même réformé, ce programme conservait à mes yeux une lacune évidente : il ne touchait que des milieux restreints, composés de responsables et d'élus, qui se congratulaient entre eux. C'était la liturgie interne d'une société hiérarchisée.

Or les vœux, s'ils veulent avoir un sens, doivent s'adresser également à d'autres personnes, à celles qui sont les plus éloignées du pouvoir, les plus ignorées, et pour lesquelles, sans doute, leur expression serait la plus fortement ressentie.

Dans ma recherche qui visait à atténuer les situations de clivage en France entre les groupes sociaux et entre les partis, je ne voulais pas me laisser enfermer par une logique de classe. Il était visible que cette tactique était celle de mes adversaires politiques, qui prétendaient rassembler sous la bannière du Programme commun la majorité « sociologique » du pays, et nous faire apparaître comme les représentants de quelques catégories privilégiées, dont nous nous contentions de défendre les intérêts. Ce n'est pourtant pas le motif qui me déterminait à agir !

Si je reconnais comme une évidence la hiérarchie des fonctions, si j'accepte comme un corollaire inévitable de la recherche du dynamisme économique une certaine inégalité des ressources, je ne me résigne pas, en moi-même, à reconnaître l'inégalité des êtres. Et d'ailleurs, à dire vrai, je crois que je n'en éprouve pas la sensation. Je suis aussi sensible à l'impression que font sur moi les qualités de courage, de dignité ou d'intelligence, lorsque je les rencontre chez des personnes démunies d'influence ou de ressources, que lorsque je retrouve ces mêmes qualités chez de hauts responsables.

Pouvais-je compléter mes vœux par un symbole qui soulignerait l'égalité des êtres ? J'ai essayé de le faire le jour de Noël. J'ai pensé à ceux qui assuraient un travail de nuit autour de l'Élysée, et pour lesquels le passage de Noël serait une fête dont ils se sentiraient exclus.

Jusqu'à la veille au soir, je n'ai prévenu personne, mais avant de partir pour le traditionnel repas avec mes enfants rue Bénouville, j'ai demandé à Guy Hennequin qu'un petit déjeuner soit préparé le lendemain dans la salle à manger de l'appartement du rez-de-chaussée, pour une dizaine de personnes. Puis j'ai fait part de mon projet à Philippe Sauzay. Je lui ai suggéré de ne pas prévenir les grands médias, mais de faire venir un photographe de l'Agence France-Presse.

Sa réprobation était visible. Il pensait que mon geste, même s'il était bien intentionné, serait mal compris et se retournerait contre moi. Mais je tenais à mon idée : il y avait une banquise à fissurer ! Après s'être renseigné, Sauzay m'a indiqué le moment du passage des éboueurs : vers 6 heures 30 du matin.

Le matin, à 6 heures, Philippe Sauzay est allé attendre l'équipe des éboueurs avenue de Marigny. Il a vu arriver leur benne de loin, et il l'a arrêtée. Ils sont entrés à l'Élysée par la porte Marigny, en laissant leur camion stationné dans l'avenue. Philippe Sauzay les a mis au courant de mon invitation. L'équipe se composait d'un

Français, le chauffeur, M. Vallade, de deux Maliens et d'un Sénégalais. Ils se sont débarrassés d'une partie de leurs vêtements, et m'ont rejoint dans la salle à manger. Le chauffeur portait une veste de cuir, et les trois éboueurs avaient conservé leur blouson de sécurité, en caoutchouc rouge phosphorescent. Deux des Africains, égarés dans ce matin froid, gardaient leur passe-montagne de laine kaki.

Nous nous sommes assis autour de la table et nous avons pris du café et des croissants. Je les ai interrogés sur leur lieu d'origine, sur la nature de leur tâche. Ils m'ont parlé de leurs conditions de travail, avec une certaine réserve, mais sans artifice ni agressivité. Le chauffeur m'a expliqué qu'il occupait un poste d'intérimaire. Le fait de les rencontrer n'était pas nouveau pour moi. J'avais connu leurs collègues, en tant que maire de ma petite ville de Chamalières, où les contacts sont plus faciles. Quand le café a été terminé, ils se sont levés. J'avais demandé qu'on prépare un cadeau pour chacun, de la dinde et une bouteille de champagne. Ils ont pris leur paquet, sauf un des Maliens qui, musulman, a refusé le champagne, et ils sont partis. Je les ai raccompagnés jusqu'au perron.

Un photographe était présent. Il a su se montrer discret vis-à-vis de mes invités. La photo de ce petit déjeuner a paru dans les éditions des journaux du soir.

Cette innovation, qui a choqué beaucoup de monde, n'en était pas une. Toutes les sociétés, même les plus hiérarchisées, ont cherché à utiliser des signes pour souligner la dignité ultime de leurs membres. Je n'en citerai pas d'exemples, car la comparaison ferait sourire en raison de la différence des mœurs et des époques. Et chacun de ces signes s'accompagnait pour les dirigeants d'une manifestation d'humilité.

Dans un premier temps, le symbole a commencé par étonner. On a souri, en le mettant sur le compte de ma volonté — maladroite — de nouveauté. Puis l'irritation a grandi : pourquoi chercher à troubler les règles du jeu établies ? pourquoi prendre des initiatives réservées jusque-là aux autres tendances politiques ? pourquoi chercher à faire croire qu'une société libérale n'est pas nécessairement une société égoïste et confite dans la considération des seules hiérarchies matérielles ? et pourquoi, surtout, pourquoi commencer à réussir à faire passer ce message ?

Je m'en tiens à ce que j'ai fait. De tous les repas que j'ai donnés à l'Élysée durant mon septennat, ce n'est pas, et de loin, celui où je me suis senti le plus inconfortable. Et d'ailleurs, je m'en souviens, mieux que d'autres *.

***

Quelques jours plus tard, en janvier 1975, j'ai reçu les journalistes accrédités à l'Élysée pour l'échange rituel des vœux. C'est une rencontre ambiguë : en principe le journaliste qui préside l'association de la « presse présidentielle » m'adresse quelques mots, sur un mode détendu et humoristique, et je dois lui répondre sur le même ton. Puis on bavarde auprès du buffet. Mais le responsable de mon service de presse, Xavier Gouyou-Beauchamp, m'a prévenu qu'en réalité les journalistes souhaitaient et attendaient quelques informations qui faciliteraient leur travail, en faisant les titres des journaux du lendemain.

Je leur annonce donc mes prochains déplacements, quelques sujets de réforme, et, concernant mes projets personnels, une phrase me vient aux lèvres, à propos

* En décembre 1987, le président de la République de Corée, au lendemain de son élection, a rendu visite aux éboueurs de Séoul. La presse a salué son geste.

d'une intention à laquelle j'ai fait allusion le 1er janvier sur Europe n° 1 : « Je compte me rendre chez des personnes qui m'ont invité pour prendre un repas chez elles. »

C'est une idée, en vérité, banale. Chacun se rend à de telles invitations dans sa vie privée. Pourquoi ne pas continuer à le faire quand on est élu ? L'intérêt en est évident : maintenir une occasion de contacts directs, de langage familier, pour ne pas se laisser enfermer, retrancher, dans le hautain isolement du pouvoir.

La critique est évidemment d'insister sur le caractère artificiel de ces rencontres, sur l'impossibilité d'y nouer une conversation véritable, en raison de la timidité et de la réserve des uns, et de l'encombrement excessif et toujours présent de la fonction présidentielle.

On peut en effet le croire, mais la réalité m'est apparue toute différente. Ces dîners ont été pour Anne-Aymone et pour moi des moments détendus, vécus sur un mode naturel, et dont nous parlions avec bonheur, lorsque nous en revenions, tard dans la nuit. Après les premières minutes, inévitablement marquées par la raideur — comme cela arrive souvent dans toutes les réunions de ce type —, le plaisir de la connaissance mutuelle prenait le dessus. Pour ceux qui nous invitaient, le premier sujet, toujours de rigueur, était de me comparer au personnage aperçu sur l'écran de la télévision. Puis venait l'évocation, dans ce grand village qu'est la France, du lien que chacun entretient, au hasard d'une parenté ou d'une amitié, avec quelqu'un qui a travaillé, vécu, ou servi comme militaire, à la Présidence de la République, ou dans l'une de ses dépendances.

Ce fut pour moi la confirmation de cette conviction acquise depuis longtemps, sans doute du fait de mon passage pendant la guerre dans un régiment venu d'Algérie où se pratiquait largement le brassage des couches sociales, de l'unité culturelle profonde de notre peuple. Dès qu'on se délivre de quelques préjugés — il est vrai solides —, et de quelques tabous, les rapports personnels deviennent faciles dans un pays qui aime les anecdotes, participe facilement à la gaieté, et goûte longuement le plaisir d'être à table. Le troisième verre de vin fait davantage pour délier les langues, que le fait d'avoir partagé les enseignements d'une même grande école !

Cette initiative, aussitôt critiquée et narguée par la presse d'opposition, a eu un large écho dans le monde, et je me réjouissais de penser qu'elle donnait de la France une image inventive et détendue, qui renouvelait les vieux clichés, moins favorables, qu'on garde d'elle.

Lorsque Jimmy Carter est venu en France en janvier 1977, nous avons pris le train pour revenir de Normandie, où nous avions visité ensemble les plages du débarquement américain et la ville de Bayeux. Après le déjeuner, pendant que nous prenions le café dans notre wagon, il m'a interrogé :

« J'ai lu dans la presse que vous alliez de temps en temps prendre un repas dans une famille française. C'est une très bonne idée. J'ai envie de faire comme vous. Mais n'y a-t-il pas des problèmes d'organisation et de sécurité ? Chez nous, comme vous le savez, les questions de sécurité sont très importantes. Est-ce que vous verriez une objection à ce que l'un de mes collaborateurs se mette en rapport avec ceux des vôtres qui organisent ces dîners ?

— Aucune objection, bien entendu. L'organisation de ces dîners ne pose pas beaucoup de problèmes. Je réponds à des invitations qu'on m'adresse. Et en France, surtout en province, les questions de sécurité sont faciles à résoudre. Votre collaborateur sera le bienvenu. Je préviendrai les miens. »

Pendant mon voyage officiel en Chine, en octobre 1980, j'ai eu un entretien avec Deng Xiaoping, devenu le maître incontesté du parti communiste chinois et du pays tout entier, après les humiliations qu'il avait subies pendant la Révolution culturelle. Nous étions assis dans une salle du Palais du Peuple, sur la place Tian An Men, séparés par un crachoir d'émail blanc rempli d'eau. Son élocution, qui couvre un large registre de tons de voix, peut être véhémente ou douce. Elle était calme et interrogative :

« Notre ambassadeur m'a dit que vous alliez visiter des familles chez elles. Vous avez raison. J'aimerais faire comme vous. Il faut se rapprocher des gens. On est toujours trop loin d'eux. C'est pour eux que nous gouvernons. Il faut les connaître davantage. Vous avez raison. C'est une bonne idée. »

Il reste un instant immobile, les yeux vagues. Ces yeux chinois, noirs et opaques, faits pour observer, pour recueillir, pour absorber. Sa tête oscille lentement, comme pour retourner l'idée sous toutes ses facettes, avant de l'approuver. Il tient sa cigarette verticalement entre les doigts. La fumée monte d'un seul trait.

L'interprète répète :

« C'est une bonne idée. »

Les problèmes d'organisation étaient réglés par Éliane Signorini, chef-adjoint de mon Cabinet. C'était une fonctionnaire de l'administration des Finances, originaire de Toulouse, que j'avais remarquée à l'occasion de sa participation aux travaux des Clubs Perspectives et Réalités, car la présence d'un fonctionnaire des Finances dans un cercle de réflexion libéral était une exception rare à l'époque.

Le service du courrier lui transmettait les invitations, qui ont commencé à arriver aussitôt après l'information donnée aux journalistes. Des dizaines d'abord, puis des centaines, réparties entre la région parisienne et la province.

Elle en faisait le tri, puis me suggérait différentes possibilités. Mon intention était d'aller à un de ces dîners une fois par mois, généralement le mardi, et de le faire également pendant mes voyages à l'étranger, en nous rendant, Anne-Aymone et moi, chez des Français résidant sur place, ce que nous avons fait à Téhéran, à Moscou, à Dakar, à Casablanca. Dans ses propositions, elle essayait de doser les invitations qui venaient de Paris et celles qui venaient de province, et de rechercher une certaine répartition entre les activités professionnelles. Finalement son choix se limitait à quatre ou cinq noms. J'en parlais avec Anne-Aymone et nous décidions de l'invitation à retenir.

Éliane Signorini entrait en rapport avec les personnes concernées. Comme elle est très minutieuse, je lui demandais de ne pas trop entrer dans les détails. Mais c'est souvent vers elle que venaient les questions : « Quels sont leurs plats préférés ? Quels sont ceux de nos amis qu'ils souhaiteraient rencontrer ? » Une auto « suiveuse » de la police allait reconnaître l'itinéraire. Le jour convenu, Éliane Signorini me remettait un petit dossier contenant quelques informations sur les intéressés, sur leur carrière et leurs enfants, et aussi les « profils » de leurs invités. Nous partions dans une seule voiture, escortée par l'auto suiveuse, nous arrivions devant la maison, nous montions l'escalier, et nous sonnions à la porte, derrière laquelle nous entendions le brouhaha des derniers préparatifs.

Notre première visite a eu lieu chez un artisan-encadreur de Paris, M. Claude Cucchiarini. Nous avons été reçus par M. Cucchiarini, son épouse et son fils. Ils avaient réuni une dizaine d'amis, de professions variées, imprimeur, métreur, kinésithérapeute... Le lendemain, une équipe de la première chaîne de télévision est venue interviewer en direct nos hôtes. La table n'était pas encore desservie. On y apercevait des bouteilles d'eau minérale, et aussi du saint-émilion. Mme Cucchiarini a répondu avec beaucoup d'aisance : « Que le chef de l'État vienne de temps en temps dîner chez des Français, moi je trouve ça formidable. L'atmosphère était très détendue. »

Le mois suivant, nous sommes allés à Voisins-le-Bretonneux, dans les Yvelines, chez M. et Mme Jacques Demagny. M. Demagny est chauffeur de poids lourd et conseiller municipal. Son épouse est employée dans un supermarché. Ils ont huit enfants. Quatre d'entre eux étaient présents. Le benjamin était allé cueillir des jonquilles dans l'après-midi pour décorer la table. Ses sœurs nous passaient les plats, qui avaient été préparés par leur mère. Nous sommes arrivés dans ma Peugeot 504, avec un quart d'heure de retard, car j'ai eu du mal à trouver la maison, située dans une rue latérale. Le lendemain, les journalistes sont venus interroger Mme Demagny sur sa conversation avec Anne-Aymone. Elle leur a affirmé : « Finalement, même si nos familles sont de milieux très différents, on peut se rendre compte que les problèmes d'éducation, de santé et de scolarité des enfants sont sensiblement les mêmes. » Et elle a ajouté : « Nous avons oublié que nous avions affaire au président de la République et à son épouse pour les considérer comme des amis. »

Les dîners se sont succédé, nous renvoyant chaque fois une image différente de la France : à Tours, chez un ménage de jeunes cadres, M. et Mme Bourgeois ; à Paris, chez un sergent de sapeurs-pompiers, M. Furet ; dans l'Eure, chez un garde-champêtre ; à Orléans, chez un éducateur spécialisé ; à Malansac, dans le Morbihan, chez un couple d'agriculteurs, au moment de la grande sécheresse, qui faisait craqueler les pâturages, raclés jusqu'à la racine par les animaux ; à Herblay, dans la Cité de transit du quart monde, où je viens d'apprendre que notre hôte, M. Macaud, est décédé ; à Paris, de nouveau, rue du Petit-Musc, chez un sous-chef de bureau de la SNCF, M. Magail, avec lequel nous sommes restés en relation, et échangeons régulièrement nos vœux. Et beaucoup d'autres...

Le rythme de ces dîners s'est espacé. Anne-Aymone insistait beaucoup pour que je le maintienne. Mais je cédais, trop souvent sans doute, à la surcharge de mon emploi du temps. Et je sentais aussi que la France était reprise par son démon politique. Après chacun de nos repas, les médias de l'opposition cherchaient à faire parler nos hôtes. Je réalisais leur embarras, et les difficultés que cela pouvait leur créer dans leur environnement professionnel. Un cas m'a personnellement blessé. De mauvais plaisants se sont rendus au domicile d'un couple de salariés, dans la ZUP de l'Aurence, près de Limoges, et lui ont annoncé notre prochaine visite. Ils avaient choisi une famille de onze enfants, dont le père est chauffeur dans une usine. Les intéressés, d'abord sceptiques, se sont finalement laissé convaincre. Ils ont préparé un repas et nous ont attendus.

Nous ne sommes évidemment pas arrivés, et le bruit de cette mauvaise plaisanterie s'est répandu dans le voisinage. La presse locale en a eu connaissance et nous en a informés.

Pour leur exprimer notre sympathie et les remercier des préparatifs que nous leur avions imposés sans le savoir, nous leur avons fait parvenir des produits de l'Auvergne voisine, accompagnés d'une lettre personnelle. Notre hôte malheureux, M. Jean Girac, a eu le mot de la fin, sévère pour ceux qui l'avaient abusé : « C'est dégoûtant, ce qu'on nous a fait. Mais notre plaisir aujourd'hui est grand. Nous répondrons à la lettre du président que, nous aussi, nous avons vivement regretté de ne pas l'avoir vu. »

Nous avons encore accepté des invitations en 1979 et en 1980, mais déjà la compétition électorale pointait à l'horizon.

Ce que je peux dire, avec le recul du temps, c'est que chacune de ces rencontres valait la peine d'être vécue, que chacune nous a apporté quelque chose d'important, parfois même de précieux, et que je remercie encore celles et ceux qui ont eu la bienveillance et le courage d'agir contre les préjugés, pour abolir, ne serait-ce que le temps d'un dîner, la distance trop large qui sépare dans notre pays le pouvoir de la vie.

***

J'ai souhaité rendre à *La Marseillaise* son caractère d'hymne national.

La musique accompagne toute ma vie. Je l'ai étudiée, aimée, pratiquée, mais sans y acquérir de véritable maîtrise. Dans une manifestation publique, une commémoration, un office religieux, c'est à la musique que j'attache le plus d'importance. Quand j'étais ministre des Finances, j'avais la chance de pouvoir me rendre à l'Opéra le soir, et de gagner ma place habituelle dans l'obscurité, au premier rang de la corbeille pendant que le rideau se levait. Je dois détenir, à l'exception des artistes, le record du nombre de représentations des *Noces de Figaro* auxquelles j'ai assisté, dans le clair-obscur de la merveilleuse mise en scène de Giorgio Strehler.

Pendant ma campagne présidentielle, j'ai utilisé deux thèmes sonores : pour la musique d'ambiance des réunions publiques, la *Quatrième Symphonie* de Gustav Mahler, et pour les manifestations d'enthousiasme, le *Chant du Départ*, repris en chœur par la foule. J'ai appris ce chant dans la 1re armée française, en 1944, où l'on s'évertuait à nous obliger à chanter pendant les marches d'exercice. J'aime son assurance, triomphante et cuivrée. C'est un hymne composé davantage pour les voix que pour les instruments.

L'exécution de *La Marseillaise* par nos musiques militaires et par nos fanfares m'a toujours surpris. On la joue à un rythme endiablé, allègre, comme s'il s'agissait d'une danse joyeuse. Or la musique de l'époque où elle a été composée est une musique grave et lente, comme celle de toutes les marches militaires de l'Ancien Régime et de l'épopée impériale, qui encadrent sa naissance. Pourquoi donc, et depuis quand, la joue-t-on si vite ?

André Malraux s'était posé la même question et avait fait appel, dans quelques occasions solennelles, à l'orchestration de Berlioz.

Je suis retourné aux sources.

Une amie m'avait offert un livre consacré à l'histoire de *La Marseillaise*. J'y ai retrouvé, fidèlement reproduite, la première page du manuscrit de Rouget de l'Isle. Deux découvertes ! D'abord, les trois premières notes qu'exécutent nos musiciens — ré, ré, ré — ne sont pas celles choisies par le compositeur. Il a écrit : ré, si, ré, ce qui donne à la mélodie une attaque beaucoup plus entraînante et solennelle que la simple répétition des tons. Et à l'endroit placé au-dessus de la portée et à droite, où on inscrit habituellement la manière dont la musique doit être interprétée, « andante cantabile », « allegro capriccioso », etc., Rouget de l'Isle a fait figurer la mention : « hymne révolutionnaire ». *La Marseillaise* est donc un hymne fait pour être exécuté et chanté à la cadence qui est celle des hymnes !

C'est à partir du Second Empire, période où la musique a glissé vers des rythmes endiablés sous l'influence d'Offenbach et de ses opérettes, que l'on a commencé à accélérer *La Marseillaise*.

Les grands hymnes britannique, allemand, russe et américain sont exécutés dans un mouvement lent. Il m'a semblé que *La Marseillaise*, qui est sans doute l'hymne national le plus original et le plus célèbre du monde, devait être interprétée selon son écriture initiale, et retrouver ainsi une tonalité plus vigoureuse, évocatrice de la grandeur française. J'étais frappé, dans nos défilés militaires, par la préférence de la foule pour la musique de la Légion étrangère, qui l'impressionnait par la lenteur de sa cadence.

C'était évidemment une question mineure, et j'aurais pu m'abstenir de la traiter ! Mais ma fonction faisait de moi l'auditeur le plus assidu de *La Marseillaise* et, à force de l'entendre, je souhaitais en améliorer l'exécution. Aussi j'ai demandé au chef de musique de la garde républicaine d'examiner ce qui pouvait être entrepris.

Il m'a fait parvenir un enregistrement où il avait fait exécuter *La Marseillaise* par son orchestre selon trois rythmes différents : le rythme actuel, un autre plus lent, et un troisième très lent. La comparaison était très instructive : le rythme actuel paraissait inutilement précipité, le rythme très lent s'étirait en longueur, et faisait perdre sa force à l'appel aux armes. Le rythme lent, en revanche, donnait immédiatement le sentiment que *La Marseillaise* avait été libérée de ses adjuvants et retrouvait son timbre de musique forte et entraînante. J'ai demandé que désormais elle soit jouée à cette cadence.

Je ne pensais pas déchaîner une tempête. Or mon initiative a été perçue comme sacrilège ! L'exécution de *La Marseillaise*, telle qu'on y était habitué, était jugée intouchable. C'était le rythme auquel elle avait été exécutée, et c'était exact, pendant les deux guerres mondiales !

Les musiques des régiments, encadrés dans la discipline militaire, adoptaient aussitôt la nouvelle cadence. Mais dans la plupart des manifestations publiques où je me rendais, notamment en province, les fanfares municipales ou locales, pour manifester leur attachement à l'exécution traditionnelle, en accéléraient encore le rythme, à la manière dont dom Balaguère précipitait sa messe dans *Les trois messes basses* !

Le paradoxe a voulu que la plus belle exécution de *La Marseillaise* qu'il m'ait été donné d'entendre a été le fait d'un chef d'orchestre autrichien, le grand Karl Böhm. Lors de la visite officielle en France de Walter Scheel, président de la République fédérale d'Allemagne, dont je connaissais les goûts musicaux, je souhaitais que la France rende hommage à l'extraordinaire contribution que la musique doit aux compositeurs allemands. C'était en avril 1975. L'Opéra avait alors à son répertoire une œuvre monumentale de Richard Strauss, *Elektra*, dont la représentation dure une heure trois quarts, sans aucune interruption, et sans que l'héroïne principale, incarnée pour cette représentation par la célèbre Birgit Nilsson, quitte un instant la scène ! J'ai convié le président allemand à l'entendre.

Nous étions installés dans la loge centrale, en compagnie du Premier ministre, qui ne m'avait jamais dissimulé son aversion pour la musique. Spéculant sur la longueur de l'œuvre et sur l'obscurité de la salle, chacun avait pris ses dispositions pour pouvoir traverser, dans les meilleures conditions possibles de quiétude, la durée de la représentation. Les têtes s'appuyaient sur le dos des fauteuils et les bras s'alanguissaient sur les accoudoirs. Le malheur a voulu que l'horaire de ce spectacle coïncidât avec la grande panne d'électricité qui a plongé ce soir-là la moitié de Paris dans l'obscurité. Le dispositif de sécurité de l'Opéra déclenche automatiquement, en cas de panne, une énorme ampoule de secours, accrochée sous le grand lustre, et branchée sur des groupes électrogènes. C'est ainsi que la lumière s'est brusquement rallumée, et a révélé, devant nous et autour de nous, un spectacle surréaliste, celui d'une salle complètement endormie, dans laquelle les spectateurs écrasés sur leurs sièges venaient d'être brutalement arrachés aux délices de leurs rêves, et où, partagés entre la surprise et la crainte d'un attentat, ils essayaient hâtivement d'identifier le lieu où ils pouvaient bien se trouver et de se rendre une contenance.

Avant le lever du rideau, l'orchestre avait exécuté, selon l'usage, les deux hymnes nationaux allemand et français. Karl Böhm tenait la baguette. Il a dirigé les deux œuvres au même rythme, avec une admirable cadence et une netteté qui les débarrassait de toutes les impuretés sonores. Ainsi rendue, *La Marseillaise* distançait, et de loin, sa rivale.

Lorsqu'un peu plus tard le roi du Maroc est revenu faire une visite en France, la musique de la garde républicaine l'attendait devant le pavillon d'honneur d'Orly. Le roi, qui se tenait informé de tous les détails de la vie politique française, connaissait déjà la querelle ouverte sur la cadence de *La Marseillaise*.

La première chose qu'il m'a dite, en arrivant dans l'antichambre de l'Élysée, portait sur ce mince sujet :

« Je me suis demandé pourquoi vous vous étiez préoccupé de changer le rythme de *La Marseillaise*, auquel tout le monde était habitué. Je l'ai entendue pour la première fois tout à l'heure, à Orly, exécutée selon la nouvelle manière. C'est vrai qu'elle a beaucoup plus de grandeur. Elle est plus digne de la France. Je l'ai trouvée très belle ! »

La Marseillaise était plus belle, mais j'avais tort. Dans notre pays profondément individualiste, où chacun décide sur ce qui lui appartient, je ne m'étais pas rendu compte que *La Marseillaise* était la propriété individuelle de chaque Français. Peut-être ont-ils tort d'entourer chacune de leurs maisons d'une clôture ? Peut-être se trompent-ils en jouant *La Marseillaise* à un rythme qui n'est pas le meilleur possible ? Mais c'est leur droit, et c'est leur bien.

Dans la France telle qu'elle est, l'hymne national n'est pas la propriété des dirigeants du pays. Ils ne peuvent ni le changer, ni même lui apporter des améliorations. On ne doit pas desserrer les doigts qui se crispent sur la hampe d'un drapeau. La vérité de la musique n'est pas toute la vérité.

La Marseillaise eût sans doute été plus solennelle, plus éclatante, et plus belle à entendre pour les Français. Mais ce n'était pas la leur.

***

Le 8 mai 1945, nous nous trouvions, mes camarades du 2e régiment de dragons et moi, dans une prairie attenante à un petit village, au nord du lac de Constance, assis sur le rebord de la tourelle de nos chars, en attendant l'ordre de reprendre notre progression en direction du Vorarlberg.

L'heure tardait. Comme le printemps était arrivé, le temps était doux et le soleil faisait briller une mousse claire dans l'herbe, où pointaient les têtes de fleurs minuscules. Nous avions relevé les manches de nos combinaisons de toile et, tranquillement, paisiblement si je puis dire, nous attendions. La guerre commençait à ressembler à une promenade. Comme nous progressions dans le sud de l'Allemagne, nous n'avions pas eu à traverser de villes détruites, à l'exception de Donaueschingen en flammes, et nous n'avions pas connu l'atroce bonheur de libérer des camps de déportés.

Du bout de la prairie, un de nos camarades surgit en courant. Je le reconnais. C'est le chauffeur de la Jeep de notre lieutenant, un juif algérien de petite taille, Atlan. Il nous crie :

« C'est fini, les gars ! la guerre est finie ! On a signé l'armistice ! »

Nous nous penchons du haut de nos chars. On l'interpelle. Il détaille la nouvelle :

« Le lieutenant vient de l'entendre à la radio. On signe ce matin. De Lattre est à Berlin. C'est fini ! »

Il est tellement énervé, excité, que sur son visage je ne distingue pas les grimaces de rires et celles de larmes. Les voix fusent. Chacun veut en savoir plus.

En moi, un grand silence. C'est donc fini ! Je m'étais tellement habitué à cette guerre, depuis six ans, que je me sens devenir brusquement inutile, décontenancé par ce temps qui s'ouvre devant nous, étrangement vide, dont je ne sais pas de quoi il pourra bien être fait puisque la guerre, qui remplissait tout, vient de cesser d'exister.

Le brouhaha qui s'enfle autour de moi me paraît lointain, comme des voix dans la brume. On parle de déboucher des fioles de schnaps. Je me souviens alors d'une autre phrase, celle qui avait ouvert cette gigantesque parenthèse : « La guerre est déclarée. » C'est ma mère qui me l'a annoncé, à Chanonat. Elle l'avait appris, elle aussi, à la radio. Ainsi n'ai-je entendu directement ni la nouvelle de la déclaration de guerre, ni celle de l'armistice ! En 1939, le mot de guerre me paraissait redoutable, mais surtout mystérieux. Et comme, lorsque l'on est très jeune, on est avide de connaître ce qui est mystérieux, j'avais senti percer en moi une curiosité, presque une impatience, un goût coupable, de découvrir ce monde inconnu qui allait se révéler à nous, et entraîner notre paisible vie quotidienne dans le tourbillon inouï de ses forces.

La mobilisation était commencée. Nous sommes partis pour le village voisin de Saint-Amant-Tallende, où l'on rassemblait tous les chevaux que l'armée réquisitionnait auprès des agriculteurs du canton. Il y en avait plusieurs milliers. Je n'en ai jamais revu un tel nombre. Les paysans, en blouse grise, discutaient les prix et touchaient leur argent. Quelques-uns tapotaient le museau de leur animal, d'un geste maladroit et timide, pour lui prouver leur regret au moment de s'en séparer.

Je ne passe jamais, aujourd'hui encore, par ce carrefour situé sur la route de Tallende, sans y retrouver l'image de ces milliers de chevaux, secouant leur lourde encolure, partis pour un carrousel inutile, dont aucun n'est jamais revenu.

Mais je me réveille de ces souvenirs. Je bondis devant l'appel joyeux : « Qu'est-ce que tu attends pour descendre, Valéry ? On trinque ! » Je saute en bas du char. Les bouteilles d'alcool se renversent dans les tasses qui lui donnent leur goût de fer blanc.

C'est fini, la guerre !

Chaque fois que j'ai assisté depuis, comme député ou

comme ministre, aux cérémonies commémoratives du 8 Mai, je me suis posé mentalement la question : parmi ceux qui officient à ces cérémonies quels sont ceux qui, le 8 mai 1945, âgés alors de plus de dix-huit ans, faisaient partie d'une unité combattante ou étaient détenus dans un camp ? Je cherche, et je les dénombre.

Le président Pompidou, comme le général de Gaulle, commémorait le 8 Mai en se rendant à l'Arc de Triomphe. La journée n'était pas chômée. La cérémonie était brève. Je réalisais que pour le général de Gaulle, ce jour n'était pas véritablement le sien. Il lui préférait le 18 juin, anniversaire de l'appel qu'il avait lancé.

Un mercredi soir, au terme d'un de nos entretiens hebdomadaires, au moment où je sentais que l'intérêt du général de Gaulle pour les questions financières que je venais lui exposer commençait à se relâcher, et où le ton glissait peu à peu vers la confidence, je me suis permis de lui poser une question :

« Entre les différentes époques où vous avez agi, mon général, d'abord pendant la guerre, et maintenant à la tête de la France, si l'Histoire ne devait en retenir qu'une seule, quelle est celle que vous choisiriez ?

— Vous ne vous posez pas vraiment la question ! me répondit-il. La guerre, évidemment, de 1940 à 1944 ! C'était le moment où il y avait à faire de grandes choses, et où on pouvait agir sur de grands événements. Alors que maintenant... »

Le gouvernement était invité à assister aux cérémonies. Le public s'est progressivement raréfié. Dans les dernières années du mandat du président Pompidou, en dehors de la place de l'Étoile où les corps constitués et le corps diplomatique étaient installés sur des tribunes et où se rassemblaient les associations d'Anciens combattants, il n'y avait pratiquement plus de spectateurs présents.

En 1977, le sommet des pays industrialisés devait se tenir à Londres. C'était le premier auquel assistait le président nouvellement élu des États-Unis, Jimmy Carter. James Callaghan, qui avait la charge de l'organiser, nous proposa de nous réunir du 7 au 9 mai. J'ai été surpris de sa suggestion car j'imaginais que le 8 mai était férié en Grande-Bretagne. Notre ambassadeur à Londres, interrogé, me fait répondre par la négative : le 8 mai est un jour d'activité normale.

Nous nous sommes retrouvés dans les locaux du Premier ministre, au 10 Downing Street, bien assez vastes pour nous abriter tous, car les « sommets » gardaient encore des dimensions raisonnables. Et sur la table où j'écris aujourd'hui, je range mon stylo dans une coupe de cristal que James Callaghan nous avait offerte en souvenir de cette rencontre et qui porte l'inscription gravée : Summit Meeting, Downing Street, 7-8 May 1977.

L'après-midi du 7 mai, j'ai demandé si nous tiendrions séance le lendemain matin. Personne n'a compris l'objet de ma question, que je n'ai pas voulu préciser davantage, en raison de la présence de nos partenaires allemands et japonais. Il n'y a même pas eu de discussion : la séance se tiendrait à son heure normale.

Et le jour du 8 mai, j'ai observé l'attitude de mes interlocuteurs britanniques et américains : une journée de travail semblable aux autres. Je me suis rendu en fin de matinée devant la maison située au numéro 4 de Carlton Gardens, qui avait abrité l'état-major de la France libre, pour y déposer une gerbe de fleurs. Le souvenir du 8 mai était présent parmi les vainqueurs du conflit, et aussi sans doute parmi les vaincus qui participaient à notre rencontre. Mais sans manifestation extérieure, ni ostentation.

Au début de mon septennat, j'ai maintenu la pratique instituée par mes prédécesseurs. La cérémonie s'est déroulée à la même heure, et selon le même rite, le 8 mai 1975. Comme au cours des années précédentes, l'avenue des Champs-Élysées et les alentours de la place de l'Étoile étaient pratiquement déserts.

Devant la quasi-absence du public à ces manifestations, j'ai pensé qu'il n'y avait pas place dans notre pays pour deux grandes commémorations nationales, le 11 Novembre et le 8 Mai, et qu'il fallait préciser la signification de chacune d'elles : le 11 Novembre deviendrait peu à peu la journée nationale du souvenir, où la France se recueillerait dans la pensée des morts de toutes les guerres, et le 8 Mai serait la célébration de l'armistice de la Seconde Guerre mondiale.

Le choix du 11 Novembre s'imposait comme journée nationale du souvenir. Cette date évoquait à la fois la guerre la plus meurtrière de l'histoire de France, avec son million et demi de morts au combat, et la dernière victoire remportée par la France, sous ses propres couleurs, dans un conflit mondial. Au moment de l'offensive finale de 1918, l'ensemble des forces alliées était en effet placé sous commandement français.

Pour illustrer le fait que cette manifestation, entourée d'une solennité militaire, ne s'adressait pas aux seuls combattants de la guerre de 1914-1918, j'ai pris l'initiative de décorer sur la place de l'Étoile des hommes et des femmes ayant combattu dans tous les conflits de ce siècle, ou ayant souffert dans les prisons et dans les camps de concentration. Beaucoup d'entre eux étaient âgés, d'autres mutilés. Les femmes portaient sur leur visage et dans leur regard les signes du courage qui leur avait permis d'endurer l'impossible. Pour chacun d'eux j'essayais d'imaginer, en quelques secondes, les souvenirs qu'ils conservaient de ces combats et de ces horreurs. Je leur disais quelques mots, en les embrassant. Je me réjouis que cette tradition ait été maintenue depuis.

Quant au 8 Mai, je voulais souligner son caractère de victoire militaire sur le nazisme, où la France, sans la conduire, était présente. Le 7 mai 1975, le premier de mon septennat, je me suis rendu au camp de Mourmelon, en Champagne, où une division blindée complète avait été rassemblée pour une veillée, suivie d'un défilé dans l'éclat des projecteurs. L'organisation, due au général Delaunay, a été d'une précision parfaite, et la télévision, qui retransmettait la soirée en direct, a donné au public des images dignes de notre passé militaire. Chacune des années suivantes, une manifestation comparable a été organisée.

Mais cela ne suffisait pas à l'attente et à la pression de ceux qui voulaient obtenir que le 8 Mai devienne une journée fériée et chômée. J'avais du mal à comprendre leur insistance. Le général de Gaulle, mieux qualifié que quiconque pour le faire, ne l'avait pas décidé. Les Assemblées de la IVe République, pourtant sensibles aux attentes de l'opinion publique, ne l'avaient pas voté. Je me souvenais des manifestations qui avaient lieu alors, en fin de journée, devant le Monument aux morts du ministère des Finances, et auxquelles j'assistais comme ministre. Et je vérifiais que les associations les plus directement concernées, celle des anciens de la 2e DB, et l'Association Rhin-et-Danube, dont je faisais partie, n'appuyaient pas cette demande.

Pourtant la rumeur grandissait, prenait de l'ampleur, gagnait le Parlement : il fallait faire du 8 Mai un jour férié ! C'était la seule manière, affirmait-on, de rendre aux victimes de la guerre, combattants et déportés, l'hommage qui leur était dû.

Je me suis renseigné pour savoir quels étaient, parmi les alliés occidentaux, les pays où le 8 Mai était férié et chômé : le seul cas qui me fut cité était celui de l'Italie. Comme je l'avais constaté en 1977, les deux grands états victorieux du conflit, les États-Unis et la Grande-Bretagne, n'en avaient pas fait un jour férié. Je préférais que la France se range de leur côté.

Et je me préoccupais du sort de ce malheureux mois de mai, déjà parsemé de fêtes civiles et religieuses, où l'effort de travail de notre pays vient se briser sur les piles des ponts !

Aussi je décidais de m'en tenir à la règle qu'avait fixée mon illustre prédécesseur : une commémoration solennelle, sans jour chômé, accompagnée de toutes les facilités requises dans les entreprises et dans les administrations, pour permettre à ceux qui le souhaiteraient de s'absenter pour participer à une cérémonie du souvenir. Le Premier ministre défendait courageusement devant le Parlement la ligne que nous avions arrêtée.

Mais la pression montait. Elle attendait son heure. Je savais qu'un jour elle serait la plus forte.

***

Je crois que j'ai été élu président de la République grâce à une phrase de dix mots :

« Mais, monsieur Mitterrand, vous n'avez pas le monopole du cœur ! »

Cette phrase était une improvisation.

François Mitterrand, assis en face de moi pour un débat télévisé, énumérait toutes les catégories sociales vers lesquelles allait sa sollicitude. Implicitement, son attitude signifiait qu'il avait une vocation naturelle à défendre ces catégories et à agir pour améliorer leur sort, tandis que moi, le représentant des nantis, je n'avais pas à pénétrer dans cette chasse soigneusement gardée. Mon irritation a grandi. Je n'ai pas pu la contenir. La moutarde m'est montée au nez. Et j'ai explosé : « Vous n'avez pas le monopole du cœur. »

Les études faites par les politologues sur la campagne de 1974 ont abouti à la conclusion que la phrase que j'ai prononcée ce soir-là m'a fait gagner aux alentours de 500 000 voix. J'ai conservé ces voix par la suite, et ce sont elles qui ont assuré ma victoire finale.

En même temps, et sans le savoir, j'étais entré dans le monde de la communication moderne où, selon les spécialistes, le message doit être court, indéformable, accessible davantage à la sensibilité qu'au raisonnement, et surtout intensément vécu.

Il était intensément vécu !

Je savais que dans la longue histoire de la coupure de nos sociétés industrielles en deux catégories, celle des possédants et celle des démunis, il était entendu depuis Karl Marx que chacun se classait inévitablement dans l'une ou l'autre de ces catégories, et que la ligne de partage entre elles était infranchissable ! J'étais bien décidé à la franchir.

Ce que je voyais autour de moi me montrait un paysage sensiblement différent de celui que mes adversaires décrivaient : on trouvait des possédants et des démunis dans chacun des deux camps. Mon électorat du Puy-de-Dôme n'était pas plus opulent que celui qui assurait, dans d'autres circonscriptions, l'élection de nos concurrents. Et la formation économique que j'avais reçue m'avait amplement démontré que les sociétés qui pratiquent l'économie de marché se donnent les moyens de réaliser davantage d'ouvertures sociales que celles qui sont tirées vers le bas par la pesanteur de l'économie étatique.

J'étais décidé à apporter la preuve qu'une sociéte libérale, éprise de justice sociale, peut aller plus vite et plus loin dans le progrès social qu'une société étatique, à condition, bien entendu, d'écouter attentivement les battements de son cœur.

Pour en exprimer le symbole, j'ai pensé que l'action devait porter par priorité sur deux catégories qui n'étaient pas directement branchées sur le progrès économique, et qui n'en recevaient donc pas directement leur juste part : les personnes âgées et les handicapés.

L'effort en faveur des personnes âgées a été considérable. On peut dire qu'il a changé leur condition. Tout le monde y a contribué, le gouvernement, le Parlement qui a voté les ressources, les communes qui ont facilité l'extraordinaire foisonnement des clubs de personnes âgées. L'ensemble de ces mesures a desserré les contraintes matérielles qui pesaient sur leur vie quotidienne, les ont aidées à se rencontrer, à retrouver une vie sociale, à voyager. Bref, sans forcer les mots, elles les ont fait revivre.

Le cas des handicapés était beaucoup plus difficile à traiter. La diversité des situations, suivant l'âge et la gravité du handicap, la crainte d'une partie de l'opinion de se trouver impliquée dans la prise en compte de situations trop éprouvantes, la volonté de discrétion de certains parents, ne rendaient pas simple la recherche de solutions adaptées.

Ma première visite en province, en juillet 1974, eut lieu en Lozère, à La Canourgue à l'invitation de son maire, le docteur Jacques Blanc. Celui-ci m'a fait visiter un établissement spécialisé pour les enfants souffrant de handicaps profonds. La rencontre avec chacun d'eux était impressionnante, et j'avais du mal à démêler le tumulte de mes impressions : que ressentaient-ils ? Les mots que nous employons, le bonheur, le malheur, l'espoir, l'avenir, avaient-ils le même sens pour eux ? Les éducateurs et les infirmières m'ont expliqué la nature des soins qu'ils donnaient, et les résultats qu'ils espéraient pouvoir atteindre. Par la suite, les associations de parents nous ont aidés par la documentation qu'elles avaient réunie et par leurs suggestions, utiles et raisonnables.

C'est le ministre de la Santé, Simone Veil, qui a pris en charge la présentation et la défense devant le Parlement du projet de loi, qui avait fait l'objet d'une première préparation sous le gouvernement de Pierre Messmer. Elle était assistée par le secrétaire d'État à l'Action sociale, René Lenoir, que j'avais nommé après avoir lu le livre, d'une générosité remarquable, qu'il avait consacré aux catégories en détresse. Les arbitrages financiers ont été difficiles, car les prestations nouvelles que nous souhaitions créer atteignaient un coût élevé — un milliard sept cents millions de francs en année pleine dans une première évaluation qui a été rapidement dépassée — si on voulait qu'elles puissent être efficaces.

Le débat s'est ouvert devant l'Assemblée nationale le 13 décembre 1974. Jacques Blanc avait été désigné comme rapporteur du projet de loi. René Lenoir a présenté notre dispositif, car Simone Veil était retenue au Sénat. Il a rappelé qu'il concernait le sort de 285 000 grands handicapés, et de 35 000 handicapés légers. L'examen des articles a été sérieux et approfondi. Et la loi a été définitivement adoptée le 13 juin 1975, par l'unanimité de la nouvelle majorité présidentielle — UDR, Républicains Indépendants et Centristes — et par elle seule, les groupes de l'opposition s'étant abstenus pour des raisons incompréhensibles. Il ne me restait plus qu'à signer la loi, ce que j'ai fait avec joie, le 30 juin 1975.

La France se trouvait ainsi dotée du système le plus avancé du monde pour le soutien aux personnes handicapées démunies de ressources, et pour l'aide à leur réinsertion dans la vie active.

C'était une fierté pour moi de penser que notre pays se plaçait à l'avant-garde d'un des combats les plus difficiles, les plus éprouvants et les plus justifiés qui puissent être. Ainsi, sans bruit inutile, notre société donnait la preuve qu'elle pouvait appliquer sa solidarité à ceux pour lesquels sa signification, clairement ou obscurément perçue, allait le plus profondément à la rencontre de la solitude désespérée de l'être.

IX

TEMPS FORTS

J'ai souhaité connaître des temps forts, des moments de participation intense où un échange s'établit, dans les deux sens, entre la foule et soi, et où l'on peut faire avancer par grandes poussées les évolutions que l'on juge souhaitables.

C'est le rôle des campagnes électorales que de créer de tels moments, aussi ai-je voulu prolonger la mienne. Un événement s'y était produit. Cette campagne avait commencé petitement, en avril 1974, par des sauts de puce en avion, de la Sarthe vers la Bretagne. Puis j'avais vu les auditoires se gonfler, le fond des salles se remplir, l'enthousiasme monter, et ce qui n'était qu'un mince courant, joyeux et indéfinissable, gagner, jour après jour, la force d'un torrent.

J'en ai eu le signe révélateur à Nantes. Je connaissais mal cette ville, où je n'étais venu que deux fois. Ma réunion avait été fixée à la date incommode du 1er Mai. Je redoutais que nous n'ayons pas beaucoup de monde pour un jour férié or, à notre arrivée, le hall du palais de la foire était comble. Assis dans les premiers rangs, beaucoup d'élus. Et malgré la faiblesse de ma structure initiale de campagne, tout était organisé d'une manière parfaite, depuis l'accueil en T-shirt jusqu'au service d'ordre débonnaire, entièrement à l'initiative des éléments locaux. Quand je suis sorti de la salle pour regagner Paris, je suis passé lentement entre les rangs compacts du public. Ceux-ci étaient composés surtout de femmes. Certaines tenaient du muguet à la main. L'une d'entre elles m'a murmuré « Bonne chance ! » Et le mot s'est mis à courir, à m'accompagner tout le long de mon trajet : « Bonne chance ! Bonne chance ! » S'était-on donné la consigne, ou était-ce seulement l'expression spontanée de ce que nous ressentions les uns vis-à-vis des autres, dans cette campagne improvisée et ardente ? J'en ai été profondément ému, ma tête bourdonnait de reconnaissance. Et j'ai retrouvé par la suite, à la fin de réunions tenues dans d'autres villes, ce même mot, repris par d'autres lèvres, qui me souhaitaient bonne chance à leur tour.

Pouvez-vous imaginer l'intensité, la chaleur de la sensation que l'on éprouve lorsqu'on serre les mains de personnes inconnues, pressées autour de vous, et qui vous souhaitent bonne chance ?

Je ne voulais pas que cet échange s'interrompe.

Six semaines après la fin de la campagne, j'ai réuni toutes celles et tous ceux qui m'avaient aidé — plusieurs dizaines de milliers de personnes — dans le parc de Bagatelle, au bois de Boulogne. La bousculade a été mémorable. Peu m'importait la fatigue, car le courant passait toujours. Et je pensais qu'il y avait des choses que nous ne réussirions à accomplir en France que si nous nous mettions en position de mouvement, à la manière des coureurs qui se déséquilibrent vers l'avant, en précédant le coup de pistolet du départ. Et pour qu'il puisse y avoir un tel mouvement, il fallait des femmes et des hommes qui l'entraînent. C'est ce qui s'était produit pour ma campagne. Il nous fallait le continuer.

J'ai demandé qu'on m'organise une ou deux grandes réunions par an en province, à l'occasion d'un événement local, en souhaitant qu'elles soient généralement centrées sur un thème. Une cellule s'est constituée sous l'autorité de Hubert Bassot, conseiller général de l'Orne. Elle s'est d'abord installée dans un petit bureau situé à l'Élysée, puis dans le bâtiment qui abritait les écuries de la présidence de la République au siècle dernier, et que les automobilistes longent sur leur droite lorsqu'ils suivent le quai Branly, juste avant d'arriver au carrefour du pont de l'Alma.

Je ne voulais pas que ces manifestations soient préparées par les partis politiques, mais qu'elles reflètent l'unité de la « majorité présidentielle » qui m'avait élu. Et je recommandais qu'on évite le ton partisan et agressif, qui ne devait pas être celui de ma fonction. Ce n'était pas facile, car l'opposition, crispée sur son espoir de conquête du pouvoir, était véhémente et parfois violente. Elle recherchait toutes les occasions de démonstration dans la rue. Le leader du parti communiste, Georges Marchais, alors au meilleur de sa forme, feignait d'ignorer les règles de la simple correction vis-à-vis du président de la République. Sur ce point, ses auditoires ne le suivaient pas toujours. Lorsque le journal télévisé que je regardais en fin de soirée donnait des images de ses meetings, je remarquais que, lorsqu'il poussait trop loin ses attaques contre moi, son auditoire, parfois, restait silencieux au lieu de l'applaudir.

La ligne que je m'étais fixée était celle de la décrispation. Elle me paraissait évidente : chacun agissait selon ses convictions, se battait passionnément pour gagner les élections, mais en même temps reconnaissait et acceptait l'existence des autres acteurs de la vie publique et discutait avec eux, sur un mode raisonnable, des sujets d'intérêt commun. Pour retrouver l'atmosphère de l'époque, il faut se souvenir que cette idée pourtant bien normale, presque banale, était jugée provocante et révolutionnaire !

Les Espagnols m'ont donné une leçon de décrispation. Pendant le voyage officiel que nous avons fait en Espagne, Anne-Aymone et moi, en juin 1978, le roi Juan Carlos nous avait logés au palais d'Aranjuez, situé au sud de Madrid, sur le Tage, et que les touristes connaissent bien pour la beauté de ses jardins. Nous devions y offrir le dîner de retour. Les services de l'Élysée avaient bien fait les choses en l'honneur de nos voisins espagnols : ils avaient apporté de la vaisselle de Sèvres, des vins sélectionnés avec passion par le caviste, M. Kürtz, des tapisseries et des fleurs pour décorer la salle à manger. Des invitations avaient été adressées à tout l'éventail politique et social de Madrid. Après le dîner, nous avons fait le tour des salons pour saluer les invités, et c'est ainsi que j'ai pu retrouver, s'entretenant dans la même pièce, le roi d'Espagne et ses sœurs, le vieux leader communiste Santiago Carrillo, rentré de son long exil en Union soviétique, la veuve du général Franco, le Premier ministre Adolfo Suarez, et le tout jeune secrétaire général du parti socialiste, Felipe Gonzalez et son épouse. Qui pourrait imaginer en France une semblable réunion ? Et pourquoi donc, à partir de quels préjugés, de quelles haines recuites, reste-t-elle impossible ?

Mes premières grandes réunions ont été organisées en février 1977, à Ploërmel, en Bretagne, pour clore une journée consacrée aux problèmes de l'environnement et marquée par l'installation du conservatoire du littoral à Vannes, puis, le 16 décembre 1977, à Vassy, en Basse-Normandie, où je devais traiter des problèmes de l'agriculture.

Il existe des leçons de choses ; il devrait exister aussi des leçons d'hommes ! Ces rencontres ont été chaque fois, pour moi, des leçons d'hommes, en me donnant l'occasion de découvrir certaines réalités humaines que je connaissais mal.

En Bretagne, des représentants d'associations culturelles situées à la lisière des mouvements autonomistes, ont demandé à me rencontrer. Je les ai reçus dans une petite salle, dépendant de la mairie, juste avant de rejoindre la réunion, dont j'entendais gronder au-dehors la marée humaine montante. Dans leur désarroi provocant, dans le caractère apparemment dérisoire mais justifié de certaines de leurs demandes, j'ai pu constater l'effet d'écrasement de notre volonté centralisatrice. Comment se faisait-il que cette culture celte, superbe, authentique, qui avait rayonné sur l'Irlande et tout le sud-ouest de la Grande-Bretagne, avec ses rites, ses poèmes épiques, et ses grands monastères du haut Moyen Âge, en soit réduite à la mendicité d'exister ?

Quant aux Normands, la visite à Vassy était pour moi une rencontre avec la littérature ! Du Flaubert et du Maupassant en action ! La réunion était précédée d'un banquet. Des chapiteaux gigantesques avaient été dressés dans un pré. Compte tenu de l'affluence, il avait fallu en installer plusieurs. On m'a recommandé de traverser ceux où je n'avais pas pris la parole, et où mon discours avait seulement été relayé sur des écrans. Une partie de la foule était déjà en train de partir. On voyait sur les tables de grandes flaques de vin rouge et des gobelets de carton renversés. J'apercevais les agriculteurs de dos, jusqu'à ce qu'ils se retournent pour me saluer. Des visages allumés par le repas, avec des envies de rire. Nous nous serrions les mains, et ils m'encourageaient avec une bonhomie joyeuse qui gardait ses distances. Les femmes étaient souvent grandes, avec leurs cheveux jaune paille hérités des Vikings, désormais coupés court. Elles me souriaient, et j'aimais cette lumière douce et forte qu'elles mettaient dans leur sourire comme, sans doute, lorsqu'elles regardaient leurs enfants.

A la fin de ces réunions, je prononçais des discours. C'était un exercice difficile. Il fallait d'abord que mes propos réussissent à capter l'intérêt de mes auditeurs, trop nombreux pour pouvoir rester longtemps attentifs. A l'époque de mes premiers discours, je n'entendais ma voix que renvoyée de loin par les haut-parleurs. Elle me paraissait trop faible, et j'essayais de forcer le ton. Je terminais presque toujours aphone.

Les organisateurs ont eu ensuite l'idée d'installer près de la tribune des haut-parleurs rapprochés, qui me donnaient une idée plus juste du son. Mais je continuais de parler trop fort, avec sans doute l'espoir de submerger mon auditoire sous la pression de la parole pour le convaincre, à l'exemple de Richard Strauss, dirigeant l'orchestre de l'opéra de Dresde et criant à ses musiciens : « Plus fort ! plus fort ! On entend encore les chanteurs ! » Cette exagération vocale a perdu aujourd'hui toute efficacité avec la familiarité grandissante de la télévision et de son ton nouveau, proche de celui de la conversation.

La plupart de ces discours étaient retransmis en direct par les médias. Des forêts de micros hérissaient mon pupitre, pour mieux capter le son. Je n'aimais pas cet écran métallique qui me séparait de mon auditoire, mais on m'avait expliqué qu'il n'y avait rien à faire pour l'éliminer, car la technique toute puissante commandait. Avec le temps, on a réussi à regrouper les transmissions à l'intérieur des mêmes fils. Il ne restait plus que trois micros à Carpentras.

Les télévisions installaient leurs projecteurs sur des échafaudages, de chaque côté de mon podium. Souvent ils atteignaient des hauteurs invraisemblables, que je découvrais pendant que je traversais l'arrière-scène, avant de gravir les marches de l'estrade. L'avantage de cette hauteur était de ne pas m'aveugler en dirigeant la lumière dans les yeux, ce qui me permettait de regarder mon public, en suivant d'abord les lignes précises des premiers rangs où les visages étaient encore nettement dessinés et souvent identifiables, jusqu'aux grappes noires entassées dans le fond.

Pendant que je parlais, je pensais que je m'adressais également aux téléspectateurs, installés tranquillement chez eux, par groupes de deux ou trois, ainsi qu'aux journalistes de la presse écrite, installés le long de tables sur lesquelles ils prenaient des notes. Le texte de mon discours leur était distribué, mais généralement après que je l'avais prononcé, pour éviter l'impression démoralisante des feuillets que l'on voit tourner au fur et à mesure que l'on retourne les siens, car je lisais mes discours.

***

Plusieurs semaines avant la date de la réunion, je demandais à Jean Serisé de venir réfléchir avec moi au sujet que j'avais l'intention de traiter.

Jean Serisé portait le titre de chargé de mission, ce qui signifiait qu'il n'avait pas de responsabilité administrative directe mais qu'il m'aidait de ses conseils, de son jugement, et parfois aussi des contacts que je lui demandais de prendre, en mon nom, à l'extérieur.

De son origine béarnaise, il garde la finesse et une attitude de gaîté bienveillante. Sorti de l'École nationale d'administration, il avait figuré dans la pépinière des conseillers de Pierre Mendès France. J'avais fait sa connaissance au ministère des Finances où il travaillait, avec Claude Gruson, à établir les premiers comptes de la nation. Après avoir été longtemps mon collaborateur, il est devenu un de mes amis les plus sûrs.

Il appartenait à une espèce rare, celle des grands auteurs de discours. J'ai connu quelques-uns des plus célèbres d'entre eux.

Claude Libersart, issu de l'Inspection des Finances, avait le goût des phrases balancées en deux temps, et il avait composé des textes remarquables, scandés comme des vers libres, qui avaient contribué au succès d'Antoine Pinay. Dominique Leca, dont la légende voulait qu'il eût écrit les deux discours prononcés sur le même sujet le même jour, au Sénat, dans l'immédiat avant-guerre, l'un par Paul Reynaud, président du Conseil, et l'autre par le chef de l'opposition. La légende ne disait pas lequel avait été le plus convaincant ! Il passait pour être l'auteur de certaines des formules qui ont fait la fortune, et le malheur, de Paul Reynaud : « Nous vaincrons parce que nous sommes les plus forts » et « La route du fer est coupée ! » Il avait même réussi la performance — j'en ai été le témoin — de doter Joseph Laniel d'une véritable éloquence, en composant pour lui, lorsqu'il était président du Conseil, des déclarations de grand style.

Pendant l'été de 1953, le gouvernement avait dû faire face à une puissante vague de grèves dans les services publics. Le Parlement avait été réuni en session extraordinaire. Laniel a impressionné les députés en ayant recours aux formules chocs de Leca : « Je dis non à la grève ! », puis « Je vous ai tenu le langage de l'homme, je vais vous tenir celui de l'État ! » Dominique Leca a atteint un des sommets de son art, dans un moment dramatique, lorsqu'il avait rédigé le discours par lequel Laniel est venu annoncer aux députés la chute de Diên Biên Phu. Je l'ai entendu par hasard, en venant rejoindre à l'entrée de la salle des séances Edgar Faure, dont j'étais le collaborateur. Les députés s'étaient levés pour entendre Laniel. Son texte était si émouvant, à la manière des oraisons classiques, que je garde encore le souvenir — l'illusion ! — d'avoir vu un demi-crépuscule tomber sur l'hémicycle.

J'avais demandé à Dominique Leca de m'initier à ses secrets. Il m'avait reçu dans le minuscule bureau de l'hôtel Matignon où il composait ses discours, et m'avait donné ses conseils. Il m'a recommandé de rédiger des phrases très courtes, d'éviter les adverbes, et surtout, surtout, a-t-il insisté, d'écrire tout le texte à la main ! Il se servait lui-même d'un porte-plume, et m'a mis en garde contre les textes dictés : « La dictée délaie la pensée, me disait-il, alors qu'il faut la resserrer ! »

Jean Serisé appartient à cette même race d'écrivains de discours. A la fin de notre conversation, je lui demandais de me préparer un avant-projet. Quinze jours plus tard, il m'apportait un texte, de quinze à vingt feuillets. Et je me mettais au travail.

Presque toujours, je commençais par rédiger une nouvelle introduction. Souvent Serisé me la laissait même en blanc. L'approche d'un auditoire ne peut être que personnelle et intuitive. La conclusion, la chute, le moment où l'on quitte son auditoire, doivent aussi être marqués par un sentiment vécu et suffisamment ressenti, concentré, pour être facilement retenu par cœur.

Suivant le conseil de Dominique Leca, j'écrivais alors à la main l'ensemble de mon texte, retenant certaines des phrases préparées, en ajoutant d'autres. Puis je corrigeais deux ou trois fois la frappe, et mon discours était prêt.

Jean Serisé me suggérait des formules. C'est lui qui eut l'idée, pour Vassy, de me faire raconter une fable : celle des maçons qui doivent achever une maison avant l'hiver. Les uns proposent de tout détruire et de recommencer. Les autres préfèrent partir de ce qui existe déjà, et ils réussissent ainsi à terminer le toit avant que ne surviennent les premières intempéries.

Quand il rédigeait un passage politique, cet homme si doux et bienveillant utilisait une plume acerbe et parfois même d'une violence qui me surprenait. Un jour où je devais répliquer à Georges Marchais, qui avait tenu sur le président de la République des propos outrageants et inacceptables, j'avais eu la surprise de voir Serisé recourir à la fureur incendiaire de Savonarole ! Et j'avais dû en faire rentrer l'expression dans le moule présidentiel.

Je recherchais avec soin les formules qui pourraient faire image, afin d'essayer de les faire pénétrer dans les mémoires pour qu'elles s'y installent, comme l'avaient réussi le « oui-mais », et le « je regarderai la France au fond des yeux ». Je les retournais longtemps dans ma tête, jusqu'à atteindre la simplicité requise pour accroître leur impact. A Vassy, désireux de soutenir le moral chancelant des agriculteurs, j'ai décrit l'agriculture comme étant « le pétrole vert de la France ».

Mais j'avais un problème de persuasion beaucoup plus difficile à traiter. L'échéance des élections législatives de mars 1978 se rapprochait. A partir du printemps de 1977, aussitôt après les élections municipales qui avaient divisé la majorité et qui nous avaient été défavorables, j'ai commencé à la préparer.

***

Mon objectif était clair : gagner les élections de 1978.

Je n'entrais plus dans les raisonnements de ceux qui pensaient qu'une expérience socialiste de courte durée aiderait les Français à prendre une vue plus réaliste de la situation économique. Le programme annoncé, le fameux Programme commun, était trop coûteux pour notre pays. Il désorganiserait pour longtemps les structures de notre économie, affaiblirait notre effort de travail et freinerait nos investissements. Nous ne pouvions pas nous offrir une telle aventure. Il fallait gagner.

La stratégie victorieuse me paraissait reposer sur deux éléments : de meilleurs résultats économiques s'ils étaient à notre portée, et un effort intense de communication.

Le gouvernement avait engagé, sous la conduite de Raymond Barre, une politique de redressement. L'horizon international, bouché en 1975 et en 1976, donnait des signes d'éclaircissement. Nous commencions à digérer le premier choc pétrolier. La hausse des prix, encore trop forte, se ralentissait. Je demandais qu'un effort supplémentaire soit accompli en faveur de l'emploi. Christian Beullac mettait en route son premier pacte national pour l'emploi des jeunes, et le gouvernement renonçait à ses vacances d'été pour en assurer la réussite.

Quant à la communication, c'était à moi d'en imaginer la stratégie. Les partis politiques de la majorité présidentielle, dont le RPR qui venait d'être fondé six mois plus tôt, et la toute jeune Union pour la Démocratie française, étaient encore meurtris par les affrontements des élections municipales. Leur rôle serait d'intervenir plus tard, au moment où débuterait la campagne proprement dite.

J'ai pensé qu'il fallait procéder en deux temps : planter le décor juste avant l'été pour commencer à préparer les esprits, et venir poser les termes du débat devant l'opinion six mois plus tard, juste au début de l'année 1978. Cela me conduisait à prévoir deux grandes manifestations : l'une à Carpentras, le 8 juillet 1977, et l'autre à Verdun-sur-le-Doubs, en janvier 1978.

* * *

Le choix de Carpentras tenait sans doute à l'insistance de son maire. Mais plusieurs arguments jouaient aussi en sa faveur.

Pour gagner, il nous fallait faire basculer des régions acquises depuis longtemps au vote de gauche, notamment le long du pourtour méditerranéen. Carpentras, dont la municipalité avait été récemment gagnée par les libéraux, constituait une bonne référence. Au début de l'été, la France commençait sa longue migration en direction du soleil et de la mer. Il était souhaitable de l'accompagner et de venir la retrouver sur place. La date du 8 juillet a été choisie. C'était un vendredi, afin de permettre aux personnes qui travaillaient de se libérer, et à celles qui viendraient de loin de profiter du week-end pour rentrer chez elles.

Nous sommes partis, Anne-Aymone et moi, de Paris par avion. J'étais accompagné de mon aide de camp et de deux inspecteurs de police. Mes autres collaborateurs m'avaient précédé sur place.

L'avion s'est posé à 18 heures 30 sur la piste de la base militaire d'Orange. Nous avons rejoint Carpentras par la route. Au début, la circulation était peu dense. Elle s'épaississait au fur et à mesure que nous nous rapprochions de la ville. A dix kilomètres de Carpentras, elle était déjà bouchée, mais la gendarmerie avait jalonné notre parcours et nous ouvrait la route.

Nous suivons une avenue bordée de grands platanes de Provence et nous arrivons à la mairie. Le maire, Maurice Charretier, nous accueille avec son conseil municipal et des élus du voisinage. Les socialistes sont absents. Le mot de bienvenue du maire est adroit et chaleureux, bien que sa nervosité soit visible. Elle est compréhensible : sa ville est envahie par une foule d'environ quarante mille personnes, et des messagers se succèdent entre la salle de la mairie et son secrétariat pour recueillir au téléphone les ordres et les contre-ordres, qui nous préviennent que le public a fini de s'installer et que notre cortège peut se mettre en route.

Le maire a eu l'heureuse idée de prévoir un trajet à pied. Le public est joyeux, chaleureux. Une fois encore, il est encagé derrière des barrières métalliques. Je demande aux responsables du service d'ordre de les faire ouvrir. La foule se débride, dans une bousculade émaillée de plaisanteries. Nous traversons une place, au pied de l'église, où les commerçants ont dressé des tréteaux pour présenter les produits du voisinage. Des pêches et des melons, bien entendu, des santons de Provence, mais aussi des bouteilles de vin du mont Ventoux tout proche. Un taxidermiste a disposé sur son étal des animaux naturalisés, et des sifflets de bois pour appeler les oiseaux. Nous échangeons quelques mots. Je lui dis mes regrets de ne pouvoir m'arrêter. Il me répond :

« Ça ne fait rien ! Vous reviendrez une autre fois ! »

Je suis revenu deux ans plus tard, de Brégançon, le retrouver dans son atelier et je lui ai acheté deux perdreaux naturalisés.

Au loin la silhouette de la synagogue rappelle l'importance et l'ancienneté de la communauté juive de Carpentras.

Nous montons dans les voitures pour effectuer le trajet final. Ce sont les légionnaires du 1er régiment étranger de cavalerie, venus d'Aubagne, qui font la haie, coiffés de leurs képis blancs. J'ai souhaité qu'ils soient présents car j'avais demandé, sans succès, à être affecté dans leur unité pendant mon passage dans la 1re armée. Derrière eux, la foule s'est massée. Certaines personnes sont déjà parties, pour rejoindre l'esplanade. Mais d'autres ont choisi de rester pour attendre notre passage, sans doute pour me voir de plus près. Elles se penchent, pliées en deux sur les barrières métalliques, et elles s'interpellent : « Tu l'as vu ! C'est Giscard ! » Le maire est assis dans l'auto à côté de moi. Il feuillette son texte car c'est lui qui, tout à l'heure, devra prendre la parole en premier. Je pense à la conclusion de mon discours. Je l'ai laissée dans le vague. Il faudra que je trouve quelque chose à dire, dans ce pays de l'éloquence et de la langue sonore, pour remercier tous ceux qui sont venus.

Nous arrivons derrière la tente, ou plutôt derrière l'auvent qui abrite le podium. Il nous cache la place, située de l'autre côté. Nous avançons, toujours entre des barrières métalliques, jusqu'à l'entrée. On me fait signe de monter un escalier de bois. J'arrive sur l'estrade. Elle est surélevée de plusieurs mètres et je vois, presque au-dessous de nous, les personnalités assises dans les premiers rangs, les ministres qui m'accompagnent, Alain Peyrefitte et Alice Saunier-Seïté, Christian Bonnet et Jacques Dominati ; le médiateur, Aimé Paquet, l'ami incomparable par son honnêteté d'esprit et sa fidélité, descendu du Dauphiné voisin ; les parlementaires de la région de Provence, Jean-Claude Gaudin en tête ; d'autres venus de l'Ardèche, et même de la lointaine Lozère.

Devant nous, la foule. Elle s'étend sur toute la place, bordée au loin par une rangée d'arbres. Elle applaudit, mais par plaques et par vagues, comme si notre estrade était trop lointaine pour qu'elle identifie ces petites silhouettes noires qui s'installent sur la scène. C'est la première fois que je tiens ainsi une réunion en plein air. Pas de bâche, pas de toit. La sonorité est différente, assourdie, comme si les sons montaient vers le ciel et s'y dissolvaient en fumée.

C'est au maire, Maurice Charretier, de parler. Il remercie les personnalités et me souhaite la bienvenue. Je le vois de dos, comme il m'apercevra tout à l'heure. On l'applaudit. Il sait être bref. C'est maintenant à mon tour.

Je dois monter encore pour atteindre le pupitre. Quatre marches de plus. Je me sens perché comme un ouistiti sur un arbre. Anne-Aymone est assise dans un fauteuil, derrière moi et à droite, à côté du maire. Elle porte une robe claire, avec de grandes fleurs imprimées.

C'est maintenant que je peux voir, enfin, la totalité de la foule. Je prends conscience que depuis des heures j'ai attendu ce moment-là. Je voulais savoir si elle serait présente, si elle serait nombreuse, si elle serait chaleureuse. Pas de trace de trac, mais un bien-être physique devant ce public et cet espace qu'apaise la lumière de la fin de l'après-midi. Je me cale sur mes jambes, en essayant de les garder souples. Je ne suis pas capable d'évaluer de manière précise l'assistance, mais je cherche à repérer ses limites. Chaque fois, ainsi que le font sans doute les acteurs, je jauge le public, en m'efforçant de voir s'il est serré ou clairsemé, et s'il y a des espaces plus faiblement garnis. Sur la droite, une avenue qui est vide : c'est celle par laquelle nous sommes arrivés. Au fond, y a-t-il du monde ? Oui, je vois des gens qui bougent sous les arbres. C'est le moment de commencer, d'y aller. J'ai posé mon texte sur le pupitre. Celui-ci, pour une fois, est à la bonne hauteur. Je saisis les côtés des deux mains, et j'ouvre :

« Monsieur le Maire, chers amis de Carpentras et de Provence, Françaises et Français ! »

M'inspirant du conseil de Dominique Leca, j'ai bâti mon discours autour de deux phrases : « Je suis venu vous parler de la France », « Je suis venu vous parler de l'avenir ».

Pour la France, je souhaite faire passer quatre messages.

Un message d'encouragement et de confiance dans le succès du redressement économique. La crise est longue, elle use les nerfs. Mais les résultats de la politique commencent à apparaître. Mon ton, je le crains, pèche par excès d'optimisme. L'assistance m'applaudit. Elle sait qu'il y a un léger mieux. Elle me montre qu'elle attend encore d'être persuadée qu'il sera durable.

Puis une invitation à accomplir un effort intense en faveur de l'emploi des jeunes. Je propose une formule : « Tout jeune doit être assuré d'être soit au travail, soit en formation. » Les gouvernements successifs la reprendront à leur compte !

Je désire aussi m'adresser aux rapatriés. Ils sont nombreux dans le midi de la France. Beaucoup m'ont soutenu dans ma campagne de 1974. Je sais qu'ils sont présents devant moi, dans mon auditoire. On m'a mis en garde contre des manifestations possibles. Je ne les redoute pas. Leur plaie au cœur n'est pas refermée. Leurs demandes sont souvent exprimées de manière maladroite mais, sur le fond, elles sont justifiées. Je le leur dis : « Comme président de la République, j'invite le gouvernement à préparer une loi d'indemnisation complétant de façon équitable la contribution décidée en 1970. » Les applaudissements fusent. Dans cette assemblée immense, les claquements de mains crépitent au loin à la surface de la foule. Des voix crient « Bravo ! »

Mon dernier message sera plus difficile à faire acclamer. Mais il faut commencer à le faire passer ici, dans le midi de la France. Il concerne l'entrée de l'Espagne dans la Communauté européenne. Presque tout le monde y est hostile. Dans la majorité présidentielle, Jacques Chirac s'y oppose avec l'appui résolu du syndicalisme agricole. Et l'opposition de gauche la dénonce, en prophétisant la ruine de la viticulture méridionale.

Mais je me souviens du matin du 27 novembre 1975, où je suis allé à Madrid, seul des dirigeants européens, entraînant avec moi le président Scheel, saluer la renaissance de la démocratie espagnole, en souhaitant que la France puisse en être un peu la marraine. Je pense au petit déjeuner pris en tête-à-tête au palais de la Zarzuela avec Juan Carlos, se préparant pour la cérémonie, et à son tout jeune fils, intimidé, venant nous observer par la porte.

L'Europe tout entière, maintenant, se prépare à accueillir l'Espagne. La France, sa seule voisine, latine comme elle, ne doit pas être la dernière à l'accepter ! Aussi j'affirme : « Maintenant qu'ils sont revenus à la démocratie, certains pays vont demander à rejoindre l'Europe. La France, fidèle à son rôle, est prête à les y aider ! » Je marque un temps d'arrêt pour sonder l'auditoire. Des applaudissements saluent ma phrase, plus nombreux que je le pensais, nettement majoritaires. Je m'attendais à quelques sifflets. Rien. Je me dis que la sagesse populaire est en marche, qu'elle admet que l'adhésion de l'Espagne est justifiée, en quelque sorte naturelle. Je pourrai donc m'appuyer sur elle ! Et j'enchaîne mon propos sur le thème de la défense légitime des intérêts de l'agriculture méditerranéenne dans cette négociation.

C'est maintenant le moment de préparer l'avenir, en jalonnant le parcours politique des Français jusqu'à l'échéance de 1978.

Je souhaite qu'ils puissent s'imprégner de deux idées.

D'abord celle que je resterai à mon poste, quoi qu'il arrive. Aucune pression, aucune manœuvre, aucun calcul personnel ne m'en feront partir. J'ai une aversion instinctive pour la désertion : je ne déserterai pas ma fonction. Pour en persuader les Français, il faut utiliser le cas extrême. Le parti communiste vient de publier une brochure où il détaille les conditions auxquelles le président de la République devra se soumettre s'il souhaite rester en fonction. Je réplique : « La constitution de la France a été ratifiée par le peuple français. Elle ne sera pas modifiée par des rédacteurs de brochures ! Je veillerai, en toutes circonstances, à ce que la constitution de la France soit respectée. Je ferai appel, s'il le faut, à tous les démocrates et on verra s'il existe, dans notre pays républicain, des amateurs de coups d'État ! »

Tonnerre d'applaudissements. Une houle de plaisir fait onduler la foule. Les bouches s'ouvrent pour crier. Ici et là, des délégations en grappes agitent leurs pancartes. Au pied de la tribune, les parlementaires continuent d'applaudir. Je les sens heureux et émus de la riposte. Décidément, la France est un pays politique !

L'autre idée est une annonce, un rendez-vous :

« J'indiquerai le bon choix pour la France. J'entends placer les Françaises et les Français devant toutes les conséquences de leur choix ! »

J'ai choisi soigneusement mes mots. Le « bon choix » doit signifier à la fois qu'il n'y en a pas d'autre possible, qu'il ne peut pas être dicté par des considérations mesquines, et qu'il sera bénéfique au total pour ceux qui le feront. Et si j'ajoute « pour la France », c'est afin de faire passer le message qu'il ne s'agit pas d'une affaire de parti, ou d'intérêt de groupe, mais de quelque chose qui englobe tout l'ensemble, les personnes, le territoire, l'intérêt national.

La formule est lancée, le rendez-vous est pris : oui, je resterai à mon poste et, le moment venu, je proposerai le bon choix.

Il me reste maintenant à conclure. J'ai été trop long. A tel ou tel moment, j'ai perçu que l'attention se détachait. A l'approche de la conclusion, elle s'est reprise. Malgré les longues journées de juillet, le soir commence à tomber. L'atmosphère de la place en devient plus sereine, encadrée sur le côté par les façades des maisons basses et au fond, très loin, par les platanes.

Je me souviens alors soudain du titre d'une pièce de

Jean-Michel Ribes, que je suis allé voir avec les membres des Clubs Perspectives et Réalités : *Par-delà les marronniers*. Ce titre m'avait intrigué quand je l'avais lu sur les murs de Paris, mais la pièce m'avait plu par son modernisme et par son talent. Est-ce la vue des platanes qui me la fait revenir à l'esprit ? Et j'improvise : « Les ombres commencent déjà à s'allonger. Long discours sous les platanes. »

Puis je propose aux assistants de chanter *La Marseillaise*. Une bande stéréo enclenche la musique. Hymne révolutionnaire ou hymne national, à ce moment-là peu m'importe ! La foule est heureuse de chanter et moi, heureux de chanter, les bras levés, avec elle !

Quelques jours plus tard, mon équipe de communication fera un travail de recherche. Elle réunira un échantillon de personnes pour les faire réagir en écoutant l'enregistrement de mon discours. Bernard Rideau viendra m'en commenter les résultats. Les réactions ont été favorables, mais avec des nuances. Très favorables, quand il s'agissait de mesures concrètes, comme pour l'emploi des jeunes et les rapatriés. Moins favorables quand j'ai parlé de politique extérieure. Très favorables à nouveau au moment du passage politique, avec une mention particulière pour l'annonce future du « bon choix ». En revanche, et Rideau paraît s'en excuser, l'attention est tombée à plat, et les auditeurs ont même marqué une certaine irritation au moment des passages « littéraires » notamment l'allusion aux platanes. « Pourquoi éprouve-t-il le besoin de nous dire cela ! » avaient-ils commenté.

Je l'écoute avec un léger pincement de cœur. J'avais bien aimé ces platanes, que je regardais au fond de la place comme s'ils avaient été plantés là pour marquer la lisière de la foule et, par-delà les platanes, le soir doux qui tombait.

Une réception avait lieu au stade nautique. Les autos qui nous y conduisaient ont fait le tour de la ville, où j'ai découvert un faubourg plus grand que je ne le pensais et percé de larges avenues.

Maurice Charretier avait lancé plusieurs milliers d'invitations. Ma voiture dépasse la longue file de ceux qui viennent à pied. Nous circulons ensemble dans la salle pour dire bonjour aux uns et aux autres. La conversation est quasi impossible, à cause du brouhaha. Mais on s'interpelle, en faisant des signes de reconnaissance. Maurice Charretier me tire par le bras pour me présenter les élus du voisinage. Il entame visiblement sa campagne électorale ! On m'apporte une coupe de champagne, puis une autre. Le champagne est glacé et me rafraîchit délicieusement la gorge. Je me rends compte que je mourais de soif. La réception durera sûrement tard dans la nuit. Je remercie les organisateurs, réunis par petits groupes, qui commentent entre eux le succès de la manifestation. Mais il est temps de partir.

Un des deux hélicoptères du GLAM (Groupement de Liaisons Aériennes Ministérielles) affecté à la présidence de la République m'attend à la lisière du stade. J'aperçois sa silhouette blanche posée sur une pelouse. Il nous emportera à Brégançon, où nous devons passer le week-end, et assister le samedi soir à un concert donné dans le cadre du festival de Toulon.

Mon fils Henri, qui est venu de son côté assister à la réunion, doit nous rejoindre pour partir avec nous. Il a disparu dans la foule. On le cherche pour le prévenir de l'imminence du départ. Je le vois enjamber la barrière de protection, suivi de Jacques Gence, l'inspecteur de police qui nous accompagne. Les gendarmes cherchent à les arrêter, puis les laissent passer.

La nuit est maintenant tombée. On allume des pots

fumigènes qui jalonnent le pourtour du terrain d'envol. Pour éviter les obstacles, l'hélicoptère doit décoller à la verticale absolue. Le rotor, à plein régime, nous aspire comme un tire-bouchon. Les invités assistent à l'envol, la tête renversée. Ils agitent les bras. Vu du ciel, le stade est plus petit, éclairé comme un navire en mer, et je vois la foule qui circule encore dans les cours. Je demande qu'on nous fasse survoler Carpentras, mais l'esplanade est maintenant noire, seulement sillonnée par les pinceaux jaunes des phares des voitures qui forment un ruban continu sur les routes à la sortie de la ville.

Le trajet au-dessus de la Provence est un enchantement. Nous volons à une altitude de cinq ou six cents mètres, en pleine nuit, une nuit de juillet, épaisse et douce comme du velours. Les collines se succèdent, par grands pans d'ombre, et chaque fois qu'on les franchit, on voit surgir des villages et des petites villes, piquetés d'ampoules électriques, qui jalonnent le moutonnement du terrain. Au loin, une frange lumineuse nous permet de deviner la côte. Nous nous en rapprochons, en laissant Toulon et ses hauts rochers sur la droite.

A cause de l'obscurité, nous devons faire l'approche de la piste du terrain d'aviation de Hyères par le côté de la mer. La lune étire un long sillage blanc sur le tamis des vagues. Pendant que l'hélicoptère amorce sa descente, je ferme les yeux. Je me sens détendu, avec le goût pierreux du champagne séché dans ma bouche. Le travail est accompli. Je crois que les messages sont passés. En tout cas, l'essentiel du décor est planté. Il faudra maintenant surveiller la suite.

Léger rebond des roues sur le ciment. Je prends le volant de la Peugeot 505 qui nous attend, et je suis la route. J'ai appris à en connaître les tournants par cœur. Nous longeons les installations de vacances des P. et T., puis les grands domaines viticoles. L'air devient tiède quand nous longeons les forêts de pins où la chaleur du jour reste accrochée. Nous montons la rampe de Brégançon et nous nous arrêtons devant la porte, car l'auto ne peut pas pénétrer dans le fort.

Nous entrons dans notre chambre, avec son grand lit provençal, surmonté d'un tableau de la Vierge et de l'Enfant que j'ai acheté chez un antiquaire d'Aix-en-Provence. Par la fenêtre encore ouverte, un bruissement léger, au rythme lent, monte de la mer. Je vais bien dormir.

***

L'automne de 1977 a été marqué par deux résultats, qui vont me faciliter l'expression du bon choix.

La situation de l'économie continue de s'améliorer. Elle n'est pas brillante, mais le redressement est perceptible. La hausse des prix, toujours forte, tend à se ralentir. Au mois de décembre, l'augmentation n'a été que de 0,3 %. Le commerce extérieur se redresse : il présente un excédent pour le mois de décembre. Et surtout l'augmentation du chômage paraît marquer un temps d'arrêt. Le nombre des demandeurs d'emploi est passé de 1 055 000 en novembre à 1 026 000 en décembre. Le pacte pour l'emploi des jeunes nous a permis d'enregistrer des résultats positifs.

Ma cote de popularité, et celle du Premier ministre, Raymond Barre, paraissent en recueillir les fruits. Le sondage auquel j'attache le plus d'importance est celui de l'IFOP, publié tous les mois dans *France-Soir*. Parce que la question posée est très simple : « Êtes-vous satisfait ou mécontent de Valéry Giscard d'Estaing comme président de la République ? » Et parce qu'on dispose d'une longue série de chiffres, car la même question a été posée régulièrement depuis juillet 1958. On peut ainsi étudier les tendances sur une période étendue.

Depuis ma prise de fonction, en mai 1974, le nombre des mécontents ne l'a emporté sur celui des satisfaits, pour la première fois, qu'entre octobre 1976 et janvier 1977, puis à nouveau pendant deux mois, en avril et mai 1977. A partir de juin 1977, le résultat s'inverse. Au mois de décembre 1977 le nombre des satisfaits atteint 52 % et celui des mécontents 38 %. Pour le Premier ministre, Raymond Barre, l'évolution des chiffres a été parallèle. A cette même date, il recueille 39 % de personnes satisfaites de son action et 49 % de mécontentes. Ce sont les derniers résultats dont j'ai connaissance au moment de préparer ma prochaine intervention.

Sur le plan politique, des fissures apparaissent dans le front du Programme commun. A la rentrée de septembre, la troisième composante de l'union de la gauche, et la plus petite — le Mouvement des radicaux de gauche — donne des signes de nervosité. Ses dirigeants les plus modérés redoutent les excès économiques auxquels pourrait donner lieu l'application du Programme commun. D'autres s'inquiètent de la perte de voix que risque de leur faire subir sur le terrain une association trop étroite avec le parti communiste. Ils demandent la re-négociation de certaines dispositions de l'accord en ce qui concerne notamment le champ d'application des nationalisations.

Des messagers circulent dans le milieu politique pour sonder les intentions des uns et des autres, y compris les miennes. Je donne pour directive de se tenir à l'écart de ces allées et venues. Cela doit rester une affaire interne à l'union de la gauche. Toute tentative d'intervention serait imprudente car, dans cette atmosphère d'intrigues et de passions, elle risquerait d'être utilisée contre ceux qui s'y prêteraient.

Mais je prends ma plume. La maison Hachette m'a proposé d'éditer en Livre de Poche mon livre *Démocratie française*, publié il y a juste un an, et dont la vente a dépassé le million d'exemplaires. Je donne volontiers mon accord, et je suggère de l'accompagner d'une nouvelle préface. Je la rédige pendant les fins de semaine que nous venons passer à Authon. Publiée au mois de décembre, elle analyse les causes et les conséquences de la fracture de l'union de la gauche.

***

Le temps de la décision approche. Le premier tour des élections législatives vient d'être fixé par le Conseil des ministres au 12 mars 1978. Comme je ne peux pas participer directement à la campagne des partis politiques, il faut que je fasse connaître mon sentiment avec un certain recul.

Je décide de le faire en Bourgogne, au mois de janvier. C'est là que j'indiquerai « le bon choix pour la France ».

Pendant la première quinzaine du mois, au moment où mes collaborateurs s'affairent à préparer le programme de mon voyage, définitivement fixé au jeudi 26 et au vendredi 27 janvier, je commence à réfléchir au texte de l'intervention que je dois prononcer le vendredi soir, dans la petite ville de Verdun-sur-le-Doubs.

Ce discours, je le porte en moi. Il figure déjà en filigrane dans la nouvelle préface du Livre de Poche. Ici et là, j'ai noté une formule. Je le rédigerai seul, à la main, d'un bout à l'autre. C'est un message qui doit venir directement de ce que j'éprouve, de ce que je sens, moi qui suis provisoirement en charge de la destinée de notre pays, vers ceux qui, dans deux mois, devront en partager la responsabilité.

Au centre de mon texte, je place la phrase qui en constitue le pivot : « Vous pouvez choisir l'application du Programme commun. C'est votre droit. Mais si vous le choisissez, il sera appliqué ! Ne croyez pas que le président de la République ait, dans la constitution, les moyens de s'y opposer. »

Je fais précéder et suivre cette mise en garde des motifs que le bon sens dicte en faveur du bon choix.

La rédaction de mon discours achevée, je le confie à Mme Villetelle pour une première frappe. J'y apporte des corrections. Nouvelle frappe. Nouvelles corrections. Le projet est définitif.

Je le fais lire à Jean Serisé, qui suggère quelques améliorations. Puis je décide de le montrer au Premier ministre. Les élections législatives concernent le gouvernement. Le Premier ministre sera, par la force des choses, directement impliqué dans la campagne. Il est normal qu'il prenne connaissance de ma déclaration à l'avance, d'autant plus qu'elle mentionne plusieurs thèmes de l'activité gouvernementale, et qu'il me fasse part, s'il le souhaite, de ses observations.

Le jeudi de la semaine qui précède mon voyage, à l'issue d'un des deux rendez-vous hebdomadaires que j'ai avec lui, je lui remets un exemplaire de mon discours, en lui demandant de me communiquer ses réactions.

Il revient me voir le lundi. Comme chaque fois, il commence par m'informer de l'activité du gouvernement, et nous discutons ensemble des sujets d'actualité. A la fin de l'entretien, il me rend mon texte, qu'il a rapporté avec lui en le plaçant dans une enveloppe, et il me dit :

« Je n'ai pas d'observations particulières à faire sur votre discours, Monsieur le Président. Je l'ai trouvé bon à la lecture. Mais je vous demande instamment d'enlever une phrase : celle où vous dites que si les Français choisissent le Programme commun, il sera appliqué. Vous ne pouvez pas vous permettre de dire cela ! Les électeurs vont être démoralisés ! »

Je suis étonné par sa réaction. Pour moi, au contraire, cette phrase est essentielle. Je l'ai écrite pour faire basculer l'opinion en notre faveur. Je sais que dans la plupart des pays démocratiques, les élections qui ont lieu en milieu de période se font contre le pouvoir en place. Nous n'échapperons pas à la règle si nous ne dramatisons pas l'échéance. Or ce n'est pas une échéance ordinaire, comme le serait le choix à effectuer entre deux tendances qui seraient toutes les deux acquises au réalisme économique et respectueuses de nos institutions. Nous en sommes loin ! Si en raison de déceptions accumulées, de frustrations administratives, du désir de donner une leçon au pouvoir, nos compatriotes votent pour les candidats du Programme commun, ils connaîtront, sans l'avoir voulu, le bouleversement de nos structures économiques et l'arrivée des communistes au gouvernement. Et je n'aurai pas les moyens de l'empêcher !

Je lui réponds :

« Mais c'est la réalité, Monsieur le Premier ministre. Je n'aurai pas les moyens de m'y opposer. Croyez que j'y ai beaucoup réfléchi. La seule arme qui soit réellement à ma disposition est celle de la dissolution. Cela n'aurait pas de sens de l'employer au lendemain d'une élection législative. Et si je décidais de l'utiliser et que les électeurs confirmaient leur jugement, je n'aurai plus qu'à partir, et tout serait balayé. »

Il insiste :

« Vous ne pouvez pas dire cela, Monsieur le Président. Les électeurs croiront que vous vous résignez à l'application du Programme commun. Ils n'auront plus la volonté de se battre.

— Ce n'est pas du tout ce que je veux dire. Au contraire, je veux les mettre en garde. Il ne faut pas qu'ils croient qu'ils pourront voter n'importe comment, et échapper ensuite aux conséquences de leur vote. Mais ce que vous me dites est important. Je vais y réfléchir. »

Il repart, visiblement préoccupé et mécontent de ne pas m'avoir convaincu.

Le surlendemain, Jean Serisé vient me voir dans mon bureau, pour me dire ceci :

« Le Premier ministre m'a demandé de passer à Matignon. Il voulait me parler en tête-à-tête. C'est à propos de votre discours de Verdun-sur-le-Doubs, que vous lui avez fait lire. Il est inquiet de la phrase où vous dites que si les électeurs choisissent le Programme commun, vous n'aurez pas les moyens de vous opposer à son application. Il pense que cela va rendre la campagne électorale impossible, car nos partisans seront découragés. Il m'a demandé de vous en reparler, et d'essayer de vous convaincre de la supprimer. Cela ne change rien au reste de votre texte, qu'il trouve excellent. »

Cette démarche me rend soucieux. Je respecte le jugement de Raymond Barre, et, s'il pense cela, d'autres le penseront avec lui. Mais je connais depuis trop longtemps l'engrenage électoral des Français et je m'en méfie. Je sais qu'ils aiment saisir l'occasion des élections pour exprimer leur mécontentement individuel ou catégoriel et qu'aucune considération de portée générale ne les arrête alors. Ce n'est que plus tard qu'ils s'inquiètent des conséquences. Il faut essayer d'inverser ce mécanisme et de leur faire réaliser les conséquences de leur décision, avant qu'ils n'expriment leur mécontentement. Car cette fois-ci l'enjeu est trop sérieux. Je maintiendrai donc ma phrase, telle que je l'ai prévue, mais j'essaierai de l'expliciter davantage. Je cherche une image, un exemple pour l'illustrer. Il m'en vient un à l'esprit. Celui de la débâcle de 1940, inscrite hélas ! dans la logique des faits de son époque, mais après laquelle les Français décontenancés, et qui en cherchaient l'explication, se répétaient à eux-mêmes : « on nous a trompés ! ». J'ajouterai le récit de ce souvenir à ma conclusion.

Nous nous sommes envolés en hélicoptère d'Issy-les-Moulineaux pour Auxerre, le jeudi matin à 9 heures 45. Jean-Pierre Soisson tenait à m'accueillir dans sa ville où il avait organisé en 1974 la première réunion de ma campagne présidentielle. J'y retrouve les ministres qui m'accompagneront, Christian Bonnet, Fernand Icart, et le ministre de l'Agriculture, Pierre Méhaignerie. D'autres nous rejoindront pendant le parcours : Simone Veil et Christian Beullac.

De là nous partons pour Saulieu, la ville étape des automobilistes en route vers le Midi qui empruntaient la Nationale 6, avant que l'autoroute du Soleil soit construite. Fin janvier, la température est glacée dans le Morvan, et une bise d'hiver souffle dans les rues. Un déjeuner des élus est prévu à la salle des fêtes. Comme c'est le point de mon trajet le plus proche de la Nièvre et que je veux saluer les quatre départements de la région de Bourgogne, j'avais demandé qu'on invite le président du Conseil général, François Mitterrand, et les élus du nord de la Nièvre. Pendant le trajet d'Auxerre, j'ai interrogé Philippe Sauzay :

« Savez-vous si Mitterrand assistera au déjeuner ?

— Je n'en sais rien. On n'a pas pu me répondre. »

En entrant dans la salle des fêtes, Sauzay se glisse vers moi : « Le préfet vient de me dire que Mitterrand ne serait pas au déjeuner. Mais il y aura quelques élus de la Nièvre, appartenant à la majorité. »

La salle est sympathique, de bonne humeur. J'évoque le souvenir de l'ancien maire, Marcel Roclore, qui a siégé avec moi au groupe des Indépendants.

Dans l'après-midi, plusieurs étapes se succèdent sur la route de Dijon : Précy-sous-Thil, où le directeur de l'école organise pendant la saison d'été un festival médiéval. Il en a utilisé les costumes pour habiller ses élèves en tenues bariolées, mi-parties jaune et rouge, avec des hennins pour les filles et des chapeaux à clochettes pour les garçons. Les photographes multiplient les clichés. Les images sont si gaies que je serai tenté de retenir l'une d'entre elles comme affiche de la campagne électorale ! Puis Vitteaux, pour rencontrer son maire, le député G. Mathieu, et Sombernon, où le maire centriste, M. Mercusat, me reçoit avec son conseil municipal. Le canton est si riche en œuvres d'art que le ministère de la Culture vient d'en publier l'inventaire, selon les directives d'André Malraux. M. Mercusat m'en remet un exemplaire. Visite de l'école. Chant des élèves. Cette atmosphère détendue, malgré la pluie qui commence à tomber en rafales, m'aide à me préparer pour l'échéance du lendemain.

Nous arrivons à Dijon à 7 heures du soir. Il fait déjà nuit. Le maire de la ville, Robert Poujade, qui redoutait des démonstrations hostiles, n'a pas souhaité de manifestation publique. Je le regrette. Les démonstrations ne m'effraient pas. Souvent même, elles donnent aux membres de notre majorité le sentiment de leur cohésion et leur permettent de mesurer leur nombre. Le préfet a organisé une grande réception, suivie d'un dîner. Bibliophile passionné, Robert Poujade m'offre un livre en souvenir de ma visite. A ce dîner, je retrouve de nombreux amis, dont Albert Lalle, l'ancien président de la commission de l'Agriculture, véritable pape en son temps de la paysannerie française. Je lui rends hommage dans mon discours de fin de repas. Homme sensible, il est ému de ce retour en arrière. Moi aussi.

La journée du lendemain commence par une visite à Nolay, pour saluer la mémoire de Lazare Carnot, celui que sa famille appelle le Grand Carnot. Je dépose une gerbe de fleurs au pied de sa statue et je visite sa maison natale, conservée intacte par sa descendance. Rien n'a bougé : le mobilier de la chambre où sa mère a accouché de ses nombreux enfants ; rangés dans la bibliothèque, les livres de cette famille d'hommes de loi cultivés, et déjà républicains sous l'Ancien Régime ; les ustensiles dans la cuisine et les armes de chasse dans le couloir. Je regrette que nous n'ayons pas su préserver plus souvent des ensembles comme celui-ci, où on dirait que le temps réussit à trouver refuge.

C'est le conseiller général du canton de Nolay, Jean-Philippe Lecat, qui m'accompagne pendant cette visite. Ce maître des requêtes au Conseil d'État est venu travailler à l'Élysée comme porte-parole. Il a pris l'initiative de créer une structure originale : l'Association pour la Démocratie, qui va jouer un rôle décisif dans la mobilisation des esprits pour la campagne électorale. C'est un homme spirituel, insouciant, plein de finesse et de talent. Il se délecte à commenter les avatars de notre vie politique et à camper avec malice la silhouette et le comportement des principaux acteurs. Je lui donne parfois la réplique. Je retrouve chez lui cette légèreté de l'esprit français, incompréhensible pour les étrangers, qui la prennent pour de l'irresponsabilité, et qui se révèle une vertu rare lorsqu'elle résiste aux grands tourments de l'Histoire, comme chez Alexis de Tocqueville et ses amis au temps de la révolution de 1848. C'est un compagnon merveilleux.

Un saut à Montceau-les-Mines, en Saône-et-Loire, pour saluer son maire, le fidèle et courageux André Jarrot, qui a été mon ministre de la Qualité de la vie dans le gouvernement de Jacques Chirac jusqu'en janvier 1976. Discours à la mairie, où il salue la mémoire et l'action du général de Gaulle sur un ton direct, qui sonne juste et qui émeut l'auditoire, rendu silencieux par le choc avec la grandeur. Rencontre de groupes folkloriques polonais, nombreux dans la région, sur le parvis de la salle des fêtes.

Puis nous nous arrêtons à Beaune, pour visiter l'hospice et déjeuner dans la Salle du Roi. J'y prononce quelques mots. Quel scandale personnel pour moi de n'avoir jamais visité cet endroit grandiose, unique, émouvant par le souvenir de ces milliers et milliers de malades qui se sont succédé dans la grande salle, alignés derrière les rideaux de toile de leurs lits, et qui ont souffert, espéré, agonisé dans un des plus beaux décors du monde, en buvant l'eau de leurs petites cruches d'étain !

L'après-midi débute par une étape à Clos-Vougeot, pour y rencontrer la confrérie des chevaliers du Tastevin. Le repas de Beaune s'est prolongé. Nous partons en retard et fonçons sur les chapeaux de roues. Merveille de ces vignes, tracées au cordeau, dont les ceps dépouillés de feuilles paraissent dessinés pour des miniatures médiévales. Nous descendons dans la cave. Les chevaliers nous attendent en tenue, revêtus de leurs longs manteaux. On m'intronise, et nous échangeons des compliments. Avant de quitter l'Élysée, j'ai demandé au sommelier de me confier sa petite fiche de carton, sur laquelle sont notées les bonnes années des vins. Pendant le trajet depuis Beaune, j'y ai jeté un coup d'œil pour me rafraîchir la mémoire. J'énumère devant mon auditoire les meilleures années des vins de Bourgogne : 1929, 1949, 1961, et je m'attarde pour comparer les mérites respectifs des millésimes 1964 et 1966. Longs murmures approbateurs. Le grand maître de la confrérie m'exprime sa compréhension : compte tenu de mon emploi du temps, la dégustation des vins ne peut être que symbolique. Je proteste. Nous levons nos verres. Albert Lalle est présent, et de sa chaise adossée au mur, il me surveille du coin de l'œil. Les négociants ont préparé pour moi des bouteilles tirées de leurs réserves. Elles sont alignées sur une table, près de la sortie. Je les contemple, en remerciant ceux qui les ont choisies. On les fera porter à l'Élysée.

Nous repartons pour un dernier arrêt à la sous-préfecture de Beaune. On m'y a préparé une chambre, pour que je puisse changer de vêtements et me rafraîchir avant de partir pour Verdun-sur-le-Doubs.

Il me reste trois quarts d'heure. Les verres de vin absorbés commencent à me brouiller agréablement l'esprit, et je sens un grattis sableux sous le frottement des paupières. J'indique au sous-préfet que je vais me retirer pour relire le texte de mon discours. Anne-Aymone perce à jour ma véritable intention. Elle sait que je tiens à être, comme les boxeurs avant le combat, en pleine disponibilité physique. Je demande à Walter Lutringer, qui s'occupe de mes vêtements à l'Élysée et qui m'accompagne dans chacun de mes déplacements, de me prévenir un quart d'heure avant le moment prévu pour le départ. J'entre dans la chambre, pousse les volets, m'étends sur le lit et, dans cet après-midi bruissant d'attente et de préparatifs, je m'endors.

A 18 heures 40, l'hélicoptère décolle pour Verdun-sur-le-Doubs. Le maire, Maurice Duvernois, me reçoit à l'arrivée. J'ai souhaité qu'il n'y ait aucune manifestation prévue, pour concentrer l'attention sur la réunion et sur mon message.

A la différence de Carpentras, un chapiteau a été dressé. La prudence et la saison l'exigeaient. Nous entrons directement derrière l'estrade. Le décor est toujours le même, avec les gros fils de caoutchouc noirs qui circulent pour alimenter les projecteurs, les pompiers qui veillent sur le risque d'incendie, et les barrières métalliques, auxquelles sont accoudés les membres du service d'ordre. Je leur serre la main. L'estrade nous barre complètement la vue. Nous en montons les marches, le maire, Anne-Aymone et moi, et nous retrouvons le paysage de la foule devant nous. Quand nous apparaissons, les gens se lèvent pour applaudir. C'est une fantastique clameur qui explose, et se prolonge pendant plusieurs minutes.

Au premier rang, les personnalités sont assises. Le Premier ministre, Raymond Barre, est venu assister à la réunion, en raison de l'importance prêtée à mon discours. Je vois, assis à sa droite, le président de l'Assemblée nationale, Edgar Faure, arrivé de son fief franc-comtois tout proche. Et les ministres auxquels je fais signe : Simone Veil, Beullac, Méhaignerie. Sur le côté, les tables des journalistes et, au-delà, le public. Le chapiteau constitue une sorte de cloche de toile sous laquelle sont enfermés la lumière et le bruit. Ses bords sont relevés, le long du sol, et je sens passer sous eux l'air froid de la nuit.

Le maire parle, avec un accent rocailleux de Bourgogne. Ses propos de bienvenue sont simples et émouvants parce que je sens qu'ils expriment des sentiments authentiques : le sens de l'hospitalité et la fierté d'être placé, pour une soirée, au centre de l'attention du pays.

Au moment de prendre la parole, je réalise que ce sera mon dernier discours public avant les élections. Sans doute m'exprimerai-je encore à la télévision, mais devant une foule, jamais plus. Et après ? Qui peut le dire ?

Il me faut déplacer quelques pourcentages de voix. Les sondages que publient les journaux sont régulièrement défavorables à la majorité. Je sais bien que les sondages ne sont pas les élections, et que les personnes interrogées ne répondent pas comme les électeurs voteront, mais la permanence de leurs indications m'inquiète. Je ne peux pas espérer que l'effet de mon discours soit immédiat, mais il faut réussir à ce que ma mise en garde, et aussi la recommandation que je vais faire, cheminent dans les esprits.

Je choisis délibérément un timbre de voix calme, et je cherche à montrer dès mes premiers mots, dès ma seconde phrase, à qui je m'adresse et quel est mon message :

« Mes chères Françaises et mes chers Français, je suis venu vous demander de faire le bon choix pour la France. »

Le public applaudit, très fort, longtemps. C'est le moment venu pour la mise en garde. Celle-ci ne s'adresse pas, en réalité, aux personnes présentes dont la grande majorité nous est déjà acquise, mais aux gros yeux des caméras qui vont relayer mes paroles dans le reste du pays.

J'explique d'abord pourquoi j'ai décidé d'intervenir : « Certains voulaient me condamner au silence, mais le président de la République est à la fois arbitre et responsable. Sa circonscription, c'est la France. »

Tonnerre d'applaudissements. Et j'évoque le redressement économique, en rendant hommage à l'action du gouvernement, sous l'impulsion du Premier ministre, Raymond Barre. Je félicite celui-ci pour son courage et sa compétence.

Je décris alors l'autre voie, celle de l'application du Programme commun. Je cherche à faire prendre conscience du désordre économique qu'elle entraînerait, de l'aggravation du déficit budgétaire et de la baisse de la valeur de la monnaie. « Une France moins compétitive serait une France au chômage ! »

Et voici ma phrase centrale, inscrite sous mon regard, au haut de la page. Je l'ai soulignée à l'encre verte. Je prends mon souffle pour la prononcer :

« Vous pouvez choisir l'application du Programme commun ! C'est votre droit. Mais si vous le choisissez, il sera appliqué. Ne croyez pas que le président de la République ait, dans la constitution, les moyens de s'y opposer.

« J'aurais manqué à mon devoir si je ne vous avais pas mis en garde. »

Silence de l'auditoire. Silence et étonnement. Le public comprend que je ne m'adresse pas à lui. Mais lui qui est venu pour me soutenir sent soudain passer le frisson des grands malheurs. Il faut plusieurs secondes avant que les gens se décident à approuver. Puis ils se mettent à applaudir, d'une manière différente, pendant longtemps, comme pour exprimer une gravité et une résolution.

Je reprends assez vite la lecture de mon texte, car je ne voudrais pas que cette impression s'épaississe, se transforme en angoisse. Je suis venu demander, au contraire, à mes auditeurs de m'aider à faire avancer la France vers la liberté, vers la justice, et vers l'unité.

Je parle maintenant des objectifs de la majorité, et de l'action à conduire pour les atteindre.

C'est le moment de proposer le bon choix.

Pour expliquer le sérieux du ton que j'adopte, j'évoque, comme j'en avais l'intention, un souvenir d'enfance : celui d'avoir assisté, à treize ans, en Auvergne, à la débâcle de l'armée française.

Au seul mot de débâcle, l'atmosphère se transforme : un silence attentif, ce silence inouï durant lequel, lorsque le passage d'une émotion vient le provoquer dans une foule, on n'entend plus une seule voix, un seul grincement de siège, une seule quinte de toux rayer l'atmosphère, qui reste suspendue comme le souffle. Il n'y a plus, sous ce chapiteau, une foule compacte devant moi, mais des milliers de personnes qui retrouvent en chacune d'elles-mêmes des impressions passées, des images, des humiliations. Je comprends que la communication est enfin présente, pas dans les raisonnements, pas dans les chiffres, mais dans cette sensation qui vient vous saisir entre ses tenailles, vos auditeurs et vous, au même moment.

Cette même attention, cette même tension, vont m'accompagner maintenant jusqu'à la dernière phrase :

« La force et la faiblesse de la France, c'est que son sort n'est jamais définitivement fixé entre la grandeur et le risque de médiocrité.

« Qui que vous soyez, inconnu ou célèbre, faible ou puissant, vous détenez une part égale du destin de notre pays.

« Et alors, comme vous l'avez toujours fait, vous ferez le bon choix pour la France. »

La salle se lève. Les applaudissements s'inscrivent dans la continuité de l'attention. C'est la même vague qui est passée du silence à l'acclamation et qui affirme sa puissance pendant un long moment. Nous chantons *La Marseillaise*. Dans le fond et sur les bords du chapiteau, je vois les participants qui commencent à s'éloigner.

Je vais partir comme eux, sans m'attarder. Je n'ai pas le cœur aux réjouissances ou aux congratulations.

Les dés sont jetés sur la table. Ils vont continuer à rouler. Sur quel signe de chance s'arrêteront-ils en mars ?

TRANSITION

Lorsque j'ai commencé à écrire ce livre, j'ai pensé que mes impressions sur les rapports du pouvoir et de la vie pourraient tenir dans un seul volume. Ce n'était pas réaliste.

D'abord parce qu'elles sont trop nombreuses à me revenir en mémoire, et que je ne voudrais pas que leur accumulation les écrase. J'ai encore à parler de grands personnages, des quatre présidents successifs des États-Unis, du président Houphouët-Boigny, des dirigeants de la République populaire de Chine, du roi d'Espagne, de Constantin Caramanlis, d'Henry Kissinger. Je veux évoquer aussi l'ombre de certains disparus : Boumedienne, Jean-Paul Sartre, Pierre Abelin, Robert Boulin. Décrire les motifs et les moyens d'action de ma politique en Afrique. Raconter en détail le sommet de la Guadeloupe, et la rencontre de Varsovie.

Dire aussi comment j'ai ressenti les attaques dirigées contre moi, et donner les motifs de mon incapacité à me défendre. Et raconter enfin les derniers mois de mon septennat, en recherchant les raisons pour lesquelles les 500 000 voix, qui avaient assuré ma victoire en 1974, m'ont fait défaut en 1981. Cela fait beaucoup trop de matière pour un seul ouvrage.

Mais il y a un autre motif. Au fur et à mesure que les événements dont je parle se rapprochent de la période actuelle, le rôle des grands acteurs de notre vie politique y apparaît plus nettement. Je souhaite, par exemple, expliquer les considérations qui m'ont guidé dans le choix de mes deux Premiers ministres, évoquer les circonstances du départ de l'un d'eux ; analyser les causes de l'échec de mes tentatives de décrispation, en racontant mes rencontres avec les dirigeants de l'opposition. Mais il se trouve que ce sont les mêmes acteurs qui sont encore présents sur la scène !

Je ne voudrais pas que mes propos puissent être utilisés, exploités, déformés, pour peser sur le jugement que les Français vont avoir à prononcer dans les mois qui viennent, et qui leur appartient. Le plus sage est donc de marquer un temps d'arrêt, et de reprendre mon souffle.

***

Au moment de commencer ce récit, je suis parti d'un souvenir, celui de la revue du 14 Juillet 1974. Je voudrais l'achever sur une image.

Tout naturellement, je me suis mis à la recherche de l'image la plus belle de cette première période. J'avais l'embarras du choix : l'immense foule entassée sur les gradins jusqu'au ciel dans le stade de Kinshasa, la commémoration de l'indépendance des États-Unis, l'accueil dans la cour des Invalides du corps du soldat inconnu de la guerre d'Indochine, l'arrivée triomphale dans la Grèce redevenue démocratique, le trajet entre Rabat et Fez, à l'invitation du roi du Maroc.

Mais parmi toutes celles qui me venaient à la mémoire, une image s'est imposée à moi, la plus dépouillée, la plus obsédante, située aux confins mystérieux du sable et de la terre rouge, à la rencontre aussi de la détresse et de la dignité ; une image dont l'évocation m'a révélé un ressort très particulier de ma mémoire : l'entrée à Tombouctou, pendant mon voyage officiel au Mali.

***

Ce voyage au Mali a eu lieu en février 1977. C'était l'hiver à Paris. Les Français se préparaient à voter aux élections municipales. Je tenais à me rendre au Mali — l'ancien Soudan — pour lui témoigner la sympathie et le soutien de la France.

Après une gestion démagogique qui avait gaspillé les ressources du pays, une nouvelle équipe avait pris le pouvoir. Elle était honnête et désireuse de servir le bien public. J'avais rencontré à plusieurs reprises son chef, le colonel Moussa Traoré, et j'appréciais sa droiture et sa volonté de redresser la situation de son État. Un problème devait être réglé : celui de la monnaie. Le Mali faisait partie de la zone franc, mais sa monnaie n'était pas convertible avec celles de ses voisins, regroupées dans la Banque centrale des États de l'Afrique de l'Ouest. Cette situation était préjudiciable à son économie, particulièrement pour un pays enclavé, sans accès direct à la mer. Les autres États membres de l'union monétaire se montraient réticents pour accepter son entrée, en raison de l'endettement élevé du Trésor malien vis-à-vis du Trésor français, dont ils craignaient avoir à partager la charge. Je souhaitais que la France facilite la recherche d'une solution.

Nous nous sommes envolés d'Orly à 11 heures 30, un dimanche matin, par un temps brumeux et froid. A 16 heures locales, nous atterrissions à Bamako, dans la fête et le soleil. Le président Traoré y avait organisé un accueil qui rendait compte de l'extraordinaire richesse culturelle et ethnique du Mali : les Songhaïs, les Dogons, les Bambaras, les Peuhls du Macina étaient présents sur le terrain. Des groupes portaient des masques, d'autres dansaient sur leurs échasses. Nous avons traversé Bamako au milieu d'une foule immense, ininterrompue depuis l'aéroport. Nous nous tenions debout, le président Moussa Traoré et moi, dans une voiture découverte, et je me penchais pour serrer toutes les mains, les mains osseuses, les mains d'enfants, toutes les mains noires qui se tendaient.

De grands arbres sont plantés dans la ville. Notre cortège la traverse et monte sur la hauteur qui domine le Niger. C'est là que se trouve le palais de Koulouba, où nous devons nous installer. Il s'agit de l'ancienne résidence des gouverneurs, du temps de la colonisation française. Une vaste bâtisse blanche, fraîchement repeinte, sans prétention, mais avec le charme conservé de cette période encore mal déchiffrée, aux ressorts psychologiques qui mériteraient d'être davantage analysés, celle de la présence française en Afrique noire. Une colonisation qui n'a laissé derrière elle ni rancœur, ni antagonisme, qui s'est accompagnée d'une exploitation économique très réduite, et qui a permis la rencontre entre deux civilisations qui se sentaient à la fois totalement différentes, curieuses de se découvrir l'une l'autre, et humainement compatibles.

Le soir, dîner officiel en cravate noire et robe longue. Les Maliens portent le costume traditionnel : la blouse de coton blanc sur le pantalon resserré à partir des genoux, et la calotte brodée. Pas de discours, comme convenu. Je me sens bien. J'ai de la sympathie pour mes hôtes. Avec l'intuition des Africains pour tout ce qui touche à l'être, ils le perçoivent.

Et la nuit, l'immense nuit africaine, la nuit de ce continent qui ressemble à ce qu'était le monde avant la venue de l'homme, baigne la terrasse devant notre fenêtre ouverte.

Le lendemain, à 8 heures, le président Traoré et son

épouse viennent nous chercher. Nous allons nous envoler pour Tombouctou.

J'ai souhaité cette visite, et je m'y suis préparé. Elle répond en écho à des rêves insistants de jeunesse : l'architecture de terre rouge, les toits en forme de pyramide adoucie d'où émergent des poutres de bois plantées comme des épines, le visage mince de René Caillié sur les timbres-poste célébrant le centenaire de son exploration. Et le mystère, le mystère toujours lancinant de cette ville dont on ne sait si elle est immense ou petite, ouverte ou inaccessible.

J'ai lu les notes réunies par le Quai d'Orsay : l'origine lointaine de Tombouctou autour d'un puits creusé par les Touareg près d'un dépôt de grains, et gardé par la vieille esclave Bouctou, d'où l'appellation de Tim-bouctou. L'épanouissement de l'Empire mandingue, au XVe *et au XVI*[e] *siècle, où la ville compte 100 000 habitants, et d'où l'empereur mandingue partit pour son fastueux pèlerinage à La Mecque, dont le souvenir subsiste encore sur son passage. La conquête par les Songhaïs, venus de l'est, qui asservirent tous les peuples voisins en s'étendant, nous dit la légende, du lac Tchad jusqu'à l'Atlantique. La renommée et la prospérité de leur capitale, Tombouctou, atteint alors son apogée. Mais les Touareg commencent à descendre du nord. Ils s'emparent de la ville, lui font payer un lourd tribut. Et Tombouctou s'enfonce lentement dans sa solitude et dans son mystère.*

Pendant le trajet notre avion survole un paysage étonnant, celui du pays dogon, où les villages sont accrochés au pied des falaises. Ils sont à peine visibles, car la philosophie sociale des Dogons invite à un mimétisme parfait avec le paysage. Je lis dans ma documentation que, dans la pensée des Dogons, il existe un Dieu unique, créateur d'un univers ordonné, où domine une harmonie sans cesse troublée et restaurée. Combien de nous se sentent Dogons sur ce point !

Le fleuve Niger, éclaté en plusieurs bras qui sinuent dans un marécage désertique, amorce son grand tournant vers le sud. Et notre avion se détache de lui pour continuer son vol en direction du nord-est, du sable, et de Tombouctou.

Nous nous posons sur un petit terrain d'aviation. Des personnalités locales nous attendent. Des musiciens chantent la bienvenue.

Et nous partons pour la ville, située à quelques kilomètres de l'aéroport. La route d'accès est un ruban de goudron écaillé, posé à même le sable. Sa largeur est celle d'un de nos chemins départementaux.

Et c'est ici que l'image, que le mirage, a surgi.

Tout le long de la route, des deux côtés, des Touareg étaient alignés, sur leurs dromadaires. Des centaines de Touareg, peut-être des milliers, côte-à-côte, immobiles, sur un seul rang, tenant relevée la tête de leurs dromadaires qui se projetaient en saillie juste au-dessus du toit de notre voiture.

J'ai baissé la vitre pour mieux les voir, mais leur voile enroulé autour de la tête ne laisse apparaître de leur visage qu'une fente étroite, des pommettes aux sourcils. A l'aide de leurs regards, on peut distinguer leur âge, les plus jeunes et les moins jeunes. Ils me regardent sans faire un signe, sans bouger ni la tête, ni les yeux. De place en place, l'un d'entre eux fait un geste sec de la main, pour réagir contre un mouvement de son dromadaire, et il l'accompagne d'un commandement rauque.

Ils portent des voiles de couleur différente. Je croyais qu'ils étaient tous bleus. Il y en a des noirs, des rouges, des vert foncé, des orange, avec ce sens admirable des tons qu'on observe chez tous les peuples du désert, de la Somalie jusqu'au Sahara. Ils sont manifestement organisés par groupes, autour de leurs chefs. J'étais déjà émerveillé par cette vision incroyable, mais voilà qu'elle continue, continue. A chaque tournant de la route, je découvre que la double rangée s'étire indéfiniment.

Je demande au président Moussa Traoré :

« C'est un spectacle extraordinaire ! Comment sont-ils venus jusqu'ici ?

— Je n'en sais rien, me répond-il ! Nous n'avons pas donné d'ordre. Je pense que la rumeur de l'arrivée du président français a dû se répandre, et qu'ils ont décidé de se rassembler ! »

La beauté de ces images grandioses et sauvages m'avait d'abord ému, mais leur accumulation, l'entrecroisement incessant de ces milliers de pattes fines et nerveuses qui piétinent le sable à la hauteur des fenêtres de la voiture, ces yeux sombres sous les voiles de couleur, la position extraordinairement calme des épaules sous les harnachements de cuir croisés sur la poitrine, et le maintien des jambes, les genoux légèrement rapprochés et les pieds posés à plat dans les grands étriers argentés, toute cette vision me remuait intérieurement d'une force devenue presque insupportable.

Jamais, me disais-je, jamais je ne reverrai un spectacle comme celui-là.

***

Il y a deux jours, au moment du dîner, pensant à ce que j'écrirai le lendemain, j'ai demandé à Anne-Aymone si elle se souvenait de la date de notre voyage au Mali.

Elle a cherché un moment, puis elle m'a répondu :

« Non, pas exactement.

— Vous pensez souvent à ces souvenirs ?

— Je n'y pense pas souvent. »

Elle se lève pour faire la navette avec la cuisine et rapporter le plat qui s'y réchauffe, du boudin noir, entouré d'une compote de pommes qui fume légèrement. Elle revient. Nous ne parlons pas fréquemment de cette période. Je continue de l'interroger :

« Est-ce difficile pour vous de ne pas y penser ? Je sais que vous trouvez que moi, j'y pense trop. Mais comment faites-vous pour vous en empêcher ? »

Elle ne se presse pas pour répondre. Elle réfléchit, afin de pouvoir me dire des choses précises :

« Ce n'est pas très difficile. Quand un souvenir me revient, je m'oblige à penser à autre chose. »

Mais une autre question me tourmente, plus indiscrète. J'hésite à la poser :

« Pourquoi le faites-vous ? Est-ce que cela vous est pénible, est-ce que c'est triste de vous en souvenir ? »

Sa réponse me vient sur le même ton, égal et vrai :

« C'est une autre vie. »

***

Nous sommes entrés dans la ville, et nous descendons des voitures sur la grande place, à l'endroit où se tient habituellement le marché maure, là où René Caillié est venu se faufiler, déguisé en esclave égyptien, dans la foule tourbillonnante.

La place est pleine de monde. Toute la population de la ville doit y être réunie. On a dressé l'estrade où nous nous installerons tout à l'heure pour entendre les discours. Je commence par recevoir l'offrande des dattes et du lait, puis celle des clés de la ville. Nous faisons le tour de la place avec le président Traoré. Les rangs du public sont précédés de groupes folkloriques qui dansent sur notre passage. Les assistants reconnaissent Moussa Traoré, puis me regardent intensément. Ils ne savent évidemment pas qui je suis. Mais ils s'interrogent sur ce personnage qui doit avoir de l'importance pour remuer tant de monde, et qui vient de France. Où situent-ils celle-ci par rapport au désert et aux mille bras du fleuve ?

Nous gagnons la tribune où nous nous asseyons pour écouter les discours. Le gouverneur commence par me souhaiter la bienvenue en langue songhaï, et c'est à mon tour de parler. Je sais que mon discours sera traduit ensuite en songhaï. Une sonorisation a été installée : quelques haut-parleurs au sommet de mâts dispersés, de loin en loin, autour de la place, qui diffusent des sons grésillants. J'aperçois la jeune journaliste de L'Express *qui suit mon voyage, habillée en saharienne de toile, se lever pour aller prendre des photos de la foule. Je réalise que cette foule ne peut entendre distinctement aucun mot et, de toute façon, ne comprend pas le français, ce que je vérifie en essayant des formules qui ne provoquent aucune réaction de sa part. Tant mieux, d'ailleurs, car le texte que je lis est totalement inadapté à la circonstance ! Je l'abrège, et je conclus par quelques mots d'amitié et de reconnaissance pour l'accueil qui m'est fait.*

Pour mon malheur, l'interprète songhaï s'est emparé de mon texte écrit. Et il en inflige à cette foule lassée par le soleil, l'interminable et fastidieuse lecture !

Le déjeuner a lieu à l'« hôtel-campement ». Le menu, que j'ai conservé jusqu'à aujourd'hui, comportait un couscous de riz blanc, et un méchoui de chamelle. Le président Moussa Traoré m'en a décrit la recette : un œuf cuit dans un pigeon, le pigeon dans un poulet, le poulet dans un mouton, le mouton dans la chamelle.

Nous nous sommes levés pour aller admirer le plat. La chamelle était couchée sur le dos, éventrée, et le reste du menu suivait à l'intérieur. En me servant avec les doigts, je me suis arrêté au poulet.

Quand nous sommes sortis, on nous a présenté nos cadeaux : deux dromadaires, une femelle pour Anne-Aymone et un mâle pour moi. Ils étaient encore jeunes, et avaient le pelage mangé par plaques, comme souvent ces animaux. Le dromadaire d'Anne-Aymone m'a paru plus clair et plus gracieux. J'ai répondu que je remerciais les habitants de Tombouctou pour leur présent et que je souhaitais ramener ces dromadaires en France. On m'a expliqué qu'ils marcheraient à travers le désert jusqu'à la frontière du Sénégal, prendraient ensuite le train pour Dakar, et de là le bateau pour la France.

Quatre mois plus tard, je me suis assuré qu'ils étaient bien arrivés au zoo de Vincennes.

***

Avant de partir, j'ai voulu visiter la mosquée.

Il en existe plusieurs dans Tombouctou. J'ai demandé à me rendre dans la plus ancienne, la célèbre mosquée de Djingereiber, que l'empereur mandingue a fait construire à son retour du pèlerinage de La Mecque. Je l'imaginais très grande, très haute, très imposante.

Ce n'est qu'un dédale de couloirs entre des murs de terre. Par des portes basses on aperçoit des salles de prières. La plupart étaient vides. J'étais obligé de me pencher pour passer sous les seuils. Dans une pièce, j'ai entendu des murmures. Quelques pèlerins, assis sur des tapis, récitaient les versets du Coran. Ils se sont retournés vers moi, leur chapelet d'ambre à la main, m'ont regardé sans curiosité, et sans interrompre leurs litanies.

En repensant aujourd'hui à cette visite, toute la durée qui me séparait d'elle s'est brusquement effacée, et le mécanisme mystérieux de la mémoire s'est mis en marche ! Les images qui m'ont assailli étaient si intenses, si immédiatement vivantes, qu'elles me paraissaient proches à toucher, qu'elles envahissaient la minute présente, et que la longue suite des événements qui s'étaient produits dans l'intervalle disparaissait derrière elles, comme des nuages chassés par le soleil.

Oui, je me mets à respirer l'air frais et confiné des couloirs sans fenêtres. C'est lui que je sens couler dans mes poumons et s'emparer de mon souffle. Il est plus vif, plus dense, que celui qu'il vient de chasser ! Je retrouve sous mes doigts le grain rocailleux des murs sur lesquels je m'appuie pour guider ma démarche, je baisse la tête pour ne pas me cogner le front au moment de franchir les portes. Et quand je sors de ce cheminement dans l'ombre humide et pourrie, pour déboucher brusquement sur l'extérieur, sur ce grand vide blanc de chaleur, trop lumineux pour être supportable aux yeux, je me retourne pour regarder encore cette mosquée si célèbre, si ancienne, dont le vent de sable effrite les murs.

Sous la montée des impressions, des sensations que tous mes sens accueillent, ma mémoire me force à accepter la réalité, cette réalité que je sens tous les jours présente au fond de moi, et que je crains seulement de reconnaître :

c'était hier.

Authon, 25 janvier 1988.

FIN DE LA PREMIÈRE PARTIE

ANNEXES

NOTE CONFIDENTIELLE
DE MICHEL PONIATOWSKI AU PRÉSIDENT

Paris, le 29 décembre 1978

I. Conformément à vos instructions, je me suis rendu à Téhéran les 26, 27 et 28 décembre.

La ville est pratiquement en état de siège : couvre-feu de 21 heures à 6 heures du matin imposé très strictement, circulation automobile limitée, barrages de manifestants contrôlant fréquemment les voitures (à l'aéroport le contrôle se fait côte à côte : grévistes, manifestants et police), tirs et grenadages incessants, incidents avec les voitures étrangères, dont quelques-unes sont lapidées et leurs occupants battus. Seuls les Français circulent sans risque et, lorsque la voiture de l'ambassade sort, elle est accueillie par les cris de « Vive Khomeiny, vive le président Giscard ».

Les bureaux de l'ambassade d'Angleterre ont été incendiés et ceux de l'ambassade des États-Unis quotidiennement attaqués. L'accès au palais, à partir de l'ambassade, qui est au centre de la ville, a été difficile : nombreux détours à grande vitesse et quelques coups de feu. Il n'y a plus d'essence ni de pétrole lampant avec lequel la plupart des Iraniens font leur cuisine. Il n'y a plus de fuel pour le chauffage des maisons à une époque de grand froid, ni de gaz. L'électricité est coupée presque tout le temps, à l'exception des hôpitaux et de l'ambassade de France.

II. J'ai trouvé le shah très digne et lucide, mais triste, fatigué et désabusé. Voici le résumé de notre entretien :

« Je vais parler à l'homme politique et non au représentant diplomatique. Mon langage vous paraîtra donc peut-être brutal.

« Je suis presque seul sur le plan intérieur et déjà abandonné par beaucoup. Nombre de mes amis sont partis pour l'Europe et, a-t-il ajouté avec un demi-sourire, en particulier pour Nice.

« Je me demande aussi si je ne suis pas en train d'être abandonné sur le plan extérieur. N'y a-t-il pas un complot de l'Occident contre moi ? N'a-t-on pas décidé de m'abandonner ? Ne juge-t-on pas que le point de non-retour est dépassé ? Si c'est le cas, il vaut mieux me prévenir pour que je puisse prendre certaines mesures et certaines orientations. Ce qu'il y a de plus dangereux, ce sont les ambiguïtés qui cacheraient une décision que l'on n'ose pas m'avouer.

« Les Américains me disent qu'ils me soutiennent jusqu'au bout. Mais je sais que certains ont déjà des hésitations sérieuses... »

Je lui ai alors dit que nous étions pleinement conscients et de l'enjeu et de notre solidarité, et que l'indépendance de l'Iran était indispensable à l'indépendance de l'Europe.

« Alors il y a un point, a-t-il poursuivi, sur lequel vous pouvez m'aider. C'est d'atténuer la pression soviétique. Ils ont pour objectif la neutralisation de l'Iran et, à travers elle, la neutralisation de l'Europe à laquelle nous fournissons 50 % de ses besoins en pétrole. La pression soviétique sur le plan intérieur existe à travers le parti Tudeh, mais elle est limitée. En revanche, cette pression se fait sentir politiquement, diplomatiquement et militairement. Il y a eu ces temps derniers, et en particulier lors de l'Achoura, des raids de Migs soviétiques. J'ai donné l'ordre de ne pas réagir et de ne pas les poursuivre, mais ce n'était pas la première fois, et de telles incursions en profondeur ont un sens, à moins d'être des actions militaires incontrôlées, ce qui n'est guère vraisemblable.

« Je cherche à comprendre ce qui s'est passé depuis un an. Nous avons certainement dû commettre des fautes, sinon nous n'en serions pas là. Mais je crois qu'en dehors d'une corruption dont je viens seulement de découvrir l'importance, les causes profondes de la situation actuelle se trouvent :

— dans une évolution trop rapide : l'Iran n'était pas prêt à connaître une occidentalisation accélérée et une politique laïque à l'image de celle d'Ataturk ;
— une renaissance religieuse forte qui a permis au long conflit qui existe depuis cinquante ans entre le clergé chiite et notre dynastie de tourner à l'épreuve de force ;
— des influences extérieures russes certes, mais limitées, surtout libyennes quant au financement, et américaines quant aux maladresses...

« Sur le plan intérieur, c'est à moi de décider et de conduire mon action. Toute impression ressentie par l'opinion publique iranienne concernant une intervention étrangère est mauvaise et dangereuse. Certains pays le font et pensent m'aider, mais ils aboutissent au résultat strictement inverse. La représentation diplomatique d'un de ces pays (allusion à l'ambassadeur américain Sullivan) a été jusqu'à procéder à des consultations avec les dirigeants de l'opposition pour la constitution d'un nouveau gouvernement.

« Vous me demandez quel est mon schéma d'action ? Comment je vois l'avenir ? Il est très difficile d'agir lorsque l'on n'a plus prise sur les événements et lorsque tout mouvement risque d'être erreur...

« Il est très difficile d'agir lorsque le sol se dérobe...

« On a pensé me forcer la main par ces manifestations qui n'ont pas lieu seulement à Téhéran mais dans le pays entier. La fidélité de l'armée m'a permis de surmonter cette première crise, mais il s'en ouvre aujourd'hui une seconde beaucoup plus grave, et qui est une paralysie économique générale qui nous contraindra à sortir d'une position d'attente et de voir venir, parce qu'il en ira du fonctionnement de la vie quotidienne du pays...

« Comment agir lorsqu'il n'y a plus de pétrole, nécessaire à l'alimentation quotidienne ? lorsqu'il n'y a plus de gaz ni d'électricité ? La production de pétrole est tombée aujourd'hui à 350 000 barils par jour, c'est-à-dire à la moitié de ce qui est nécessaire pour faire fonctionner le pays... »

A ce moment-là, l'électricité s'est éteinte et le shah a poursuivi : **« Voyez tout s'éteint, c'est un symbole... »**

« Avec la cessation des exportations, il n'y a plus de rentrées fiscales. D'ailleurs, l'ensemble du recouvrement des autres impôts est également suspendu... Je n'ai pas de quoi payer l'armée et nous allons être obligés de faire marcher l'imprimerie-billets, mais celle-ci même est stoppée et en grève ; l'armée sera donc obligée d'imprimer ses propres billets-monnaie...

« La paralysie actuelle de l'État est beaucoup plus grave... Elle touche la vie quotidienne de tous... Alors, que faire ? Il y a trois solutions :

« D'abord une solution politique : je l'ai expérimentée avec M. Amebi pendant quelques mois. Il nous a fait perdre du temps et des occasions. Pour sortir de la situation présente, et avec la maladie du général Azhari, j'ai essayé de mettre en œuvre un ministère Sandjabi. Mais, après avoir procédé à toutes les consultations nécessaires, il est venu me donner comme réponse, que je devais partir...

« J'ai chargé M. Sideghi de constituer un gouvernement. Il n'a pu le faire jusqu'à présent. Je lui ai donné un nouveau délai qui se termine dimanche 31 décembre.

« En fait, les milieux politiques iraniens n'ont ni réalité, ni crédibilité, celles-ci ne pourraient venir que des élections. Pour le moment, il s'agit de gens qui se sont fabriqués eux-mêmes...

« La solution de force : certains me la recommandent. Tous ceux-là ne sont pas Iraniens, mais sont-ils responsables ? Mesurent-ils bien la conséquence de leurs conseils ? En fait, la solution de force passe par l'exécution de bon nombre de gens, par 30 000 arrestations, par un bain de sang et un risque réel de guerre civile et d'interventions étrangères. Ces conseillers me disent "Justement, vous vous sauverez après intervention étrangère" mais est-ce vrai ? En fait, le traité russo-iranien donne aux Russes le droit d'intervenir militairement en Iran, en cas de pénétration d'autres troupes étrangères. Mais j'ai peur que cette intervention soit unilatérale et que, si je risque de voir arriver des troupes russes, et leurs avions m'en donnent un avant-goût, je ne suis pas sûr du tout de voir arriver des troupes américaines. Et puis la solution de force, c'est l'aventure absolue et, après avoir tant fait pour ce pays, ai-je le droit de lui faire courir un tel risque et lui faire porter de tels coups...

« La troisième solution, vous l'imaginez.

« Ce que vous pouvez faire de plus utile, ce sur quoi Monsieur Giscard d'Estaing peut me rendre le plus grand service, c'est qu'à la Guadeloupe une position claire soit adoptée pour agir collectivement auprès de l'U.R.S.S. afin d'obtenir qu'elle n'agisse ni n'intervienne en Iran, mais surtout que ceci soit bien clairement l'effet d'une volonté collective nettement affirmée...

« Voyez-vous, certains ne m'ont pas rendu que des services ; ils me poussent et ils me lâchent...

« Ici, les mêmes prétendent m'aider, mais brouillent les cartes...

« Non, je n'ai pas de schéma, je n'ai pas de projet précis, parce qu'il n'est pas possible d'en avoir dans une situation qui évolue si vite tous les jours et où l'on ne contrôle pas les événements. »

III. Je l'ai alors interrogé sur le problème de l'ayatollah Khomeiny.

« Il s'agit d'une vieille guerre entre notre dynastie et le clergé chiite. Il en est le symbole. Et par là toute action doit être bien mesurée, car elle comporte de très grands risques. C'est pour cela que j'avais fait demander par notre ambassade, au début d'octobre, à ce que l'ayatollah Khomeiny soit autorisé à demeurer, sans limitation, en France, non pas que je n'aimerais pas mieux le voir dans un autre pays où les communications et les envois de cassettes seraient moins bien assurés, mais il les expédierait d'où qu'il soit. J'ai pensé suggérer une action tendant à l'orienter vers l'Algérie. Cela aurait l'avantage de moins bonnes communications mais, en revanche, cela comporterait des risques politiques accrus.

« Je laisse ce problème à la sagesse de la France. Je pense qu'il vaut mieux finalement ne rien faire. Soyez en tout cas bien conscient que toute action à son égard est de grande portée. Je confirme donc la démarche de notre ambassade début octobre et elle demeure la même. Une expulsion me serait imputée et elle aurait les conséquences les plus graves... Ce pourrait être l'étincelle finale. Pour la France, elle-même, les conséquences seraient sérieuses. Agissez comme vous l'estimerez pour le mieux, mais sachez que pour moi, comme pour vous, les répercussions peuvent être très graves. »

IV. Il est naturellement très difficile de juger et d'apprécier la situation et l'évolution, nombre de données manquent. Ce qui est dit ci-après ne résulte donc que d'impressions. Elles sont les suivantes :

(1) La montée en charge de l'affrontement est très rapide et le point de crise est très proche.

(2) On va assister à une combinaison des deux tactiques, manifestations et grève économique.

(3) Le général Azhari, qui est d'ailleurs couché, n'a pas réussi dans la seule mission qui lui était confiée et qui était, non pas de gouverner, mais de restaurer la sécurité et de redonner au pays le sens électoral, nourriture et calme.

(4) L'armée mise à part, le rejet du shah est général. C'est ainsi que le corps des magistrats de la région de Téhéran, procureur général en tête, a déposé et signé une motion qui vous est adressée, vous remerciant d'accueillir et de protéger l'ayatollah.

(5) Ce n'est pas seulement le rejet d'un régime, policier et corrompu, mais la fin d'une longue explication entre le clergé chiite et la dynastie.

L'état actuel du conflit est émotif et passionnel. A cet égard, il faut comprendre que l'expulsion de l'ayatollah, chef religieux, aurait les mêmes répercussions que chez nous l'expulsion du pape.

(6) Les deux seules forces en présence, les religieux et l'armée, ont des caractéristiques communes qui risquent fort de les pousser à s'entendre. Tous deux sont très nationalistes, traditionalistes, anti-marxistes.

(7) L'attitude américaine depuis le début de la crise fait reposer son analyse sur une équation : shah = armée = indépendance. Cette attitude a contribué à redéclasser tout le problème. On pourrait aussi bien concevoir une autre équation : religieux = armée = indépendance. Elle serait, semble-t-il, tout aussi valable et, en définitive, seule compte l'indépendance de ce pays.

(8) Le shah a encore entre les mains des éléments favorables :

— une fidélité de l'armée, mais qui s'use comme le montrent des incidents de plus en plus nombreux ;
— l'engagement américain, mais jusqu'où ?
— le consensus international de Pékin à Moscou, en passant par Washington, et qui s'accorde à ne pas rechercher une déstabilisation du pays.

Tous les autres éléments d'analyse sont défavorables.

(9) En réalité le shah semble se trouver en présence de deux choix :

— soit l'épreuve de force entre l'armée, la police et l'ensemble du pays, dégénérant rapidement en guerre civile ;
— soit le départ négocié, c'est-à-dire la désignation d'un régent militaire admis par les milieux religieux, qui serait chargé du retour au calme et de la préparation des élections.

(10) Les milieux politiques sont actuellement sans crédit et n'ont pas de légitimité, celle-ci ne peut leur être donnée que par des élections.

(11) La position française, au regard de l'opinion, est exceptionnellement favorable et peut être opposée, en particulier, à la position britannique et américaine. Les Allemands, sur place, travaillent déjà à retirer leur épingle du jeu.

(12) Il n'y a pas de raison de croire qu'un régime soutenu à la fois par les religieux et l'armée ait une volonté d'indépendance moins forte. Cependant, celle-ci peut évidemment être ultérieurement remise en cause par une évolution politique défavorable résultant un jour des élections.

(13) Le shah ne m'a pas caché qu'en cas de situation de guerre civile, il y avait des risques de sécession de certaines populations, telles que les Kurdes et les Baloutches, près de la frontière afghane.

Michel Poniatowski

ALLOCUTION
DE M. VALÉRY GISCARD D'ESTAING,
PRÉSIDENT DE LA RÉPUBLIQUE FRANÇAISE
A VERDUN-SUR-LE-DOUBS

Vendredi 27 janvier 1978

Mes chères Françaises et mes chers Français,

Le moment s'approche où vous allez faire un choix capital pour l'avenir de notre pays, mais aussi un choix capital pour vous.

Je suis venu vous demander de faire le bon choix pour la France.

***

Ce choix, c'est celui des élections législatives.

Certains, en les voyant venir, paraissent presque les regretter. Comme si tout serait plus simple si les Français n'avaient pas à se décider et si l'on pouvait décider pour eux !

Mais, puisque nous sommes en démocratie, puisque c'est vous qui avez la parole, puisque c'est vous qui déciderez, il faut bien mesurer la gravité du geste.

Trop souvent en France les électeurs se prononcent comme s'il s'agissait de vider une querelle avec le pouvoir ou de punir le gouvernement.

C'est une fausse conception : le jour de l'élection, vous ne serez pas de simples passagers qui peuvent se contenter de critiquer le chauffeur, mais vous serez des conducteurs qui peuvent, selon le geste qu'ils feront, envoyer la voiture dans le fossé ou la maintenir sur la ligne droite.

Il s'agit de choisir votre propre avenir.

Ce soir, je ne m'adresse pas aux blasés, à ceux qui croient tout savoir, et qui ont une opinion sur tout.

Moi qui, dans ma fonction, connaît bien les limites du savoir, je m'adresse à celles et à ceux qui cherchent, à celles et à ceux qui ne savent pas encore, à ceux qui écoutent, à ceux qui se taisent, à ceux qui voteront pour la première fois, à toutes celles et à tous ceux qui voudraient être sûrs de bien choisir.

Je m'adresse à vous.

***

Certains ont voulu dénier au président de la République le droit de s'exprimer.

Curieuse République que celle qui serait présidée par un muet !

Nul n'est en droit de me dicter ma conduite. J'agis en tant que chef de l'État et selon ma conscience, et ma conscience me dit ceci :

Le président de la République n'est pas un partisan, il n'est pas un chef de parti. Mais il ne peut pas rester non plus indifférent au sort de la France.

Il est à la fois arbitre et responsable.

Sa circonscription, c'est la France. Son rôle, c'est la défense des intérêts supérieurs de la Nation. La durée de son mandat est plus longue que celle du mandat des députés.

Ainsi, la constitution a voulu que chaque président assiste nécessairement à des élections législatives et, si elle l'a doté de responsabilités aussi grandes, ce n'est pas pour rester un spectateur muet.

Parmi mes responsabilités, j'ai celle de réfléchir constamment, quotidiennement, aux problèmes de l'avenir, et de mettre en garde les citoyens contre tout choix qui rendrait difficile la conduite des affaires de la France.

C'est ce qu'il m'appartient de faire ce soir. Je vous donnerai tous les éléments nécessaires pour éclairer votre décision. Mais, dans la France républicaine, la décision dépendra de vous.

Que penseraient et que diraient les Français si, dans ces circonstances, leur président se taisait ? Ils penseraient qu'il manque de courage en n'assumant pas toutes ses responsabilités. Et ils auraient raison.

Mais le président de la République n'est pas non plus l'agent électoral de quelque parti que ce soit. Le général de Gaulle ne l'était pas. Je ne le serai pas davantage.

Le président n'appartient pas au jeu des partis.

Il doit regarder plus haut et plus loin, et penser d'abord à l'intérêt supérieur de la nation.

C'est dans cet esprit que je m'adresse à vous.

***

Comme arbitre, je m'exprimerai avec modération, hors des polémiques et des querelles de personnes.

***

Comme responsable, je vais vous parler du bon choix.

Le bon choix est dicté par le bon sens.

Il faut regarder la réalité en face. Et elle vous répond ces quatre vérités :

— il faut achever notre redressement économique ;

— il faut que la France puisse être gouvernée ;
— il faut avancer vers l'unité et la justice ;
— il faut assurer le rôle international de la France.

Et ce sont ces quatre vérités qu'à mon tour je vais vous dire.

***

Il faut achever notre redressement économique.

La France hésite entre deux chemins : celui de la poursuite du redressement et celui de l'application du Programme commun.

Il y a une attitude qui met en danger le redressement : c'est la démagogie qui veut vous faire croire que tout est possible tout de suite.

Ce n'est pas vrai. Ne croyez pas ceux qui promettent tout. Vous ne les croyez pas dans votre vie privée. Pourquoi voulez-vous les croire dans votre vie publique ?

Les Français ne vivront pas heureux au paradis des idées fausses !

Je comprends bien que certains d'entre vous, certains d'entre vous qui êtes devant moi, certains d'entre vous qui me regardez chez eux, à la télévision, je comprends bien que certains d'entre vous soient tentés de voter contre la crise.

Vous qui travaillez dur, vous qui avez peur que vos enfants ne trouvent pas facilement un emploi, et auxquels on explique que tout s'arrangerait si vous vous contentiez de changer ceux qui vous gouvernent, je vous comprends, c'est vrai, d'être tentés de voter contre la crise !

Et d'ailleurs si c'était si simple et si on pouvait s'en débarrasser par un vote, pourquoi ne pas le faire ?

Malheureusement, il n'est pas plus efficace de voter contre la crise que de voter contre la maladie. La crise se moque des bulletins de vote.

La crise est comme l'épidémie, elle nous vient du dehors. Si nous voulons la guérir, il faut bien choisir le médecin.

Et si nous pensons nous en débarrasser par la facilité, l'économie se vengera, et elle se vengera sur vous !

Regardez où nous en sommes ! Au mois de décembre, le dernier mois connu : un commerce extérieur en excédent, une hausse des prix ramenée à 0,3 %, un chômage qui recule alors qu'on vous annonçait bruyamment le contraire.

Ces résultats, vous le comprenez, sont d'une grande importance pour la France. Ils signifient que l'action ferme, courageuse, persévérante, entreprise par le gouvernement sous l'impulsion personnelle de son Premier ministre, Raymond Barre, est en train de porter ses fruits. Je le félicite pour son courage, sa compétence et sa loyauté.

Mais rien n'aurait pu être accompli sans vous, sans vous qui avez soutenu le redressement par votre discipline et par votre effort. Ces résultats sont votre bien, difficilement acquis. Est-ce le moment de les remettre en cause ? Ne vaut-il pas mieux poursuivre l'effort, déboucher enfin sur une situation assainie, sur une économie rétablie, sur des conditions favorables de vie ?

Pensez à la situation d'une personne tombée à la mer et qui nage, qui nage à contre-courant pour regagner la rive !

Le courant est puissant. Mais, à force de nager, elle s'est rapprochée du rivage. Elle y est presque. Elle va le toucher.

Alors une voix vient lui conseiller à l'oreille : pourquoi te donner tant de peine ? Tu commences à être fatiguée. Tu n'as qu'à te laisser porter par le courant.

Elle hésite. C'est bien tentant. Pourquoi ne pas se laisser aller ?

Mais quand on se laisse emporter par le courant, on se noie.

Oui, il faut achever le redressement de notre économie.

***

L'autre voie est l'application du Programme commun.

Je vous ai parlé du Programme commun en 1974 pendant la campagne présidentielle, et vous m'avez donné raison.

Mon jugement n'a pas changé et il n'est pas lié aux prochaines élections.

J'ai le devoir de vous redire ce que j'en pense, car il ne s'agit pas pour moi d'arguments électoraux, mais du sort de l'économie française.

L'application en France d'un programme d'inspiration collectiviste plongerait la France dans le désordre économique.

Non pas seulement, comme on veut le faire croire, la France des possédants et des riches, mais la France où vous vivez, la vôtre, celle des jeunes qui se préoccupent de leur emploi, celle des personnes âgées, des titulaires de petits revenus, des familles, la France de tous ceux qui souffrent plus que les autres de la hausse des prix.

Elle entraînerait inévitablement l'aggravation du déficit budgétaire et la baisse de la valeur de notre monnaie, avec ses conséquences sur le revenu des agriculteurs et sur le prix du pétrole qu'il faudra payer plus cher.

Elle creuserait le déficit extérieur, avec ses conséquences directes sur la sécurité économique et sur l'emploi. Une France moins compétitive serait une France au chômage !

Toutes les études qui ont été faites par des personnalités non politiques, toutes les expériences qui ont eu lieu chez nos voisins, aboutissent à la même conclusion. Il n'existe pas un seul expert, un seul responsable européen pour dire le contraire.

Tout cela, votre réflexion permet de le comprendre.

Vous pouvez choisir l'application du Programme commun. C'est votre droit. Mais si vous le choisissez, il sera appliqué. Ne croyez pas que le président de la République ait, dans la constitution, les moyens de s'y opposer.

J'aurais manqué à mon devoir si je ne vous avais pas mis en garde.

***

Il faut ensuite que la France puisse être gouvernée.

Vous avez constaté avec moi combien il est difficile de conduire un pays politiquement coupé en deux moitiés égales.

Personne ne peut prétendre gouverner un pays qui serait coupé en quatre.

Quatre grandes tendances se partagent aujourd'hui les électeurs, deux dans la majorité, deux dans l'opposition. Aucune de ces tendances ne recueillera plus de 30 % des voix. Aucune d'elles n'est capable de gouverner seule.

Beaucoup d'entre vous, parce que c'est dans notre tempérament national, aimeraient que le parti pour lequel ils ont voté, qui est le parti de leur préférence, soit capable de gouverner seul. C'est même leur espoir secret. Il faut qu'ils sachent que c'est impossible.

Aucun gouvernement ne pourra faire face aux difficiles problèmes de la France avec le soutien de 30 % des électeurs. Si on tentait l'expérience, elle ne serait pas longue, et elle se terminerait mal.

Puisqu'aucun des partis n'est capable d'obtenir la majorité tout seul, il lui faut nécessairement trouver un allié. C'est ici que la clarté s'impose.

Un allié pour gouverner, ce n'est pas la même chose qu'un allié pour critiquer ou pour revendiquer.

Gouverner, c'est donner, mais c'est aussi refuser et parfois, pour servir la justice, c'est reprendre. Or, il est facile de donner mais il est difficile de refuser ou de reprendre.

Si des partis sont en désaccord lorsqu'il s'agit de promettre, comment se mettront-ils d'accord quand il s'agira de gouverner ? Dans les villes qui ont été conquises par de nouvelles équipes, combien de budgets ont été votés en commun ? Qui votera demain le budget de la France ?

Il faut donc que vous posiez aux candidats la question suivante : puisque vous ne pouvez pas gouverner tout seuls, quels alliés avez-vous choisis ?

Et deux alliances se présentent à vous :

L'une est l'alliance de la majorité actuelle. Elle a démontré qu'elle pouvait fonctionner, malgré des tiraillements regrettables. Elle a travaillé dans le respect des institutions, dont la stabilité constitue une de nos plus grandes chances et qui doivent être par-dessus tout protégées. Elle a soutenu l'action du gouvernement. Elle a voté le budget de la France.

Elle comprend, à l'heure actuelle, deux tendances principales, ce qui est naturel dans un aussi vaste ensemble, et ce qui répond au tempérament politique des Français. Chacune de ces tendances met l'accent sur ses préférences et exprime son message. Chacune fait connaître clairement et franchement, selon sa sensibilité propre, ses propositions pour résoudre les problèmes réels des Français. Chacune fait l'effort indispensable pour se renouveler et pour s'adapter. Jusque-là, quoi de plus naturel ?

Mais il doit être clair qu'elles ne s'opposent jamais sur l'essentiel et qu'elles se soutiendront loyalement et ardemment au second tour.

Dans chacune de ces tendances, des hommes ont soutenu l'action du général de Gaulle. Dans chacune de ces tendances, des hommes ont soutenu ma propre action de réforme. Et ce sont d'ailleurs, le plus souvent, les mêmes ! Que toutes deux cherchent dans l'histoire récente de notre pays des motifs de s'unir et non de se diviser.

J'ajoute que, pour que l'actuelle majorité puisse l'emporter, il est nécessaire que chacune de ces tendances enregistre une sensible progression. Aucune ne peut prétendre obtenir ce résultat toute seule ! Si elles veulent réellement gagner, la loi de leur effort doit être de s'aider et non de se combattre !

L'autre alliance est celle qui propose le Programme commun.

Les partis qui la composent se sont apparemment déchirés depuis six mois. Aujourd'hui, voici qu'ils indiquent à nouveau leur intention de gouverner ensemble. Quelle est la vérité ? L'équivoque sur les alliances ne peut pas être acceptée, car elle dissimule un débat de fond sur lequel l'électeur a le droit d'être informé au moment de choisir.

Il y a, en effet, deux questions fondamentales :

— Y aura-t-il ou non une participation communiste au gouvernement ?

— Le gouvernement appliquera-t-il ou non le Programme commun ?

Le choix de l'alliance pour gouverner ne peut pas être renvoyé au lendemain des élections. Ce serait retomber dans les marchandages et dans les interminables crises politiques que les Français condamnaient sans appel quand ils en étaient jadis les témoins humiliés.

Vous avez droit à une réponse claire sur un point qui engage notre stabilité politique : avec quel partenaire chacune des grandes formations politiques s'engage-t-elle à gouverner ?

Car il faut que la France puisse être gouvernée.

***

Mais le choix des Français ne doit pas être seulement un choix négatif.

Il ne suffit pas que les uns votent contre le gouvernement et les autres contre le Programme commun pour éclairer l'avenir de notre pays.

Un peuple ne construit pas son avenir par une succession de refus.

Dans la grande compétition de l'Histoire, un peuple gagne s'il sait où il veut aller.

C'est pourquoi je propose à la France de continuer à avancer dans la liberté, vers la justice et vers l'unité.

Et c'est à vous de le faire connaître à vos élus.

***

Patiemment, depuis trois ans et demi, malgré les difficultés économiques, malgré le conservatisme des uns, malgré l'incompréhension des autres, j'ai fait avancer la France vers davantage de justice.

Jamais en trois ans et demi le sort des personnes âgées n'a été plus régulièrement et plus sensiblement amélioré.

Jamais la situation des plus démunis, de ceux qui ne parlent pas le plus fort, les handicapés, les femmes isolées, les travailleurs licenciés, n'a fait l'objet d'autant de mesures nouvelles.

L'indemnisation de nos compatriotes rapatriés, en attente depuis quinze ans, a été proposée et décidée, et je veillerai à sa juste application.

Les évolutions de notre société en profondeur ont été comprises et encouragées par l'action en faveur de la condition des femmes, et de la situation de ceux qui fabriquent de leurs mains la richesse de notre pays, je veux dire les travailleurs manuels.

L'aide aux familles a été simplifiée et désormais sensiblement augmentée.

Et le résultat de toute cette action a été une réduction des inégalités en France, réduction désormais constatée dans les statistiques et qui n'est plus niée que par ceux qui craignent d'être privés d'un argument électoral.

Oui, notre peuple avance vers la justice. Je sais que vous avez peu à peu compris le sens de mon effort.

Je suis le premier à dire, le premier à reconnaître que tout n'est pas parfait et que nous avons encore beaucoup à accomplir ensemble.

En juillet dernier, devant un auditoire semblable au vôtre, par une autre température, à Carpentras, j'ai demandé au Premier ministre et au gouvernement, dont c'est le rôle naturel, de déterminer les moyens d'action, c'est-à-dire l'engagement de ce qu'un gouvernement peut faire de précis pour améliorer le sort des Françaises et des Français.

Le Premier ministre vient de présenter ces objectifs d'action, et vous commencez à les connaître.

J'y retrouve, en particulier, trois grands desseins qui me tiennent à cœur.

Le premier d'entre eux est de rendre les Français propriétaires de la France.

Non pas propriétaires collectivement par l'intermédiaire d'une bureaucratie de plus, qui étendrait encore le domaine tentaculaire de l'État, mais propriétaires individuellement de la France par la propriété de leur logement, par la propriété de leur outil de travail, s'ils sont producteurs individuels, et par une plus large diffusion de la propriété des grandes entreprises.

Le général de Gaulle en avait eu l'intuition lorsqu'il a parlé de participation, et qu'il a exprimé par ce mot une idée directrice susceptible d'applications multiples. Nous avons avancé dans cette voie en créant cette année l'aide personnalisée au logement, qui va désormais faciliter l'accession à la propriété.

Dans notre peuple français, composé de terriens souvent déracinés, il faut rendre des racines à chacun. Et y a-t-il des racines plus profondes que celles qui vous lient à votre maison, à votre terre, à votre instrument de travail ?

Oui, il faut rendre les Français propriétaires individuels de la France.

Le deuxième objectif concerne la jeunesse.

Notre société n'a pas bien deviné et n'a pas bien compris les problèmes de la jeunesse. Elle a sans doute amélioré utilement certains aspects de l'éducation, de la formation, de l'accès à l'emploi.

Mais elle n'a pas compris que les rapports entre une jeunesse nouvelle et un monde nouveau supposaient une approche, elle aussi, nouvelle.

La jeunesse française, une des plus vigoureuses et des plus sympathiques du monde, notre vraie chance nationale, la jeunesse française vit trop souvent à part, dans son propre univers, ailleurs et autrement.

Il faut nous mettre à son écoute, sans prétention et sans paternalisme, et rechercher avec elle comment rétablir la filière continue allant de la formation vers l'emploi, et comment lui permettre de concilier son besoin d'indépendance et son droit à la sécurité.

Le troisième objectif est celui de la qualité de la vie.

Parce qu'il faut savoir qu'il y a autant d'injustice dans l'accès à la qualité de la vie qu'il peut y en avoir dans la répartition des ressources.

Qu'il s'agisse des transports en commun, de refus du gigantisme, de la lutte contre le bruit, de l'accès aux vacances, de la répartition des espaces verts et des équipements sociaux, nous devons continuer à réduire les inégalités qui subsistent.

Ainsi, ensemble, nous avancerons vers la justice.

***

Et au-delà de la justice, l'unité.

L'unité, un grand rêve pour la France.

Ma recherche de l'unité, ce n'est pas une manie. Elle n'est pas destinée simplement à rendre plus facile l'action du président de la République.

Elle correspond à notre situation historique.

Nous n'en sommes plus au temps où, comme en 1789, la population de la France représentait presque autant que la population de l'Allemagne et de l'Angleterre réunies, et plus de cinq fois celle des États-Unis d'Amérique. Une époque où la France, même divisée, pouvait encore assurer sa sécurité et faire entendre sa voix.

Aujourd'hui, sur mille habitants de la planète, il y a moins de quinze Français.

Si nous dispersons nos forces, si nous nous disputons à l'excès, si avant le début du match, l'équipe de France se coupe en deux et en vient aux injures, croyez-vous que la France puisse gagner ?

L'unité est la condition du rayonnement de la France.

Notre pays a soif de vérité, de simplicité et d'unité.

J'agis obstinément pour l'unité. Je n'ai jamais répondu depuis trois ans et demi aux critiques et aux attaques.

Et c'est pourquoi je tends la main, sans me lasser, à tous les dirigeants politiques.

Avec obstination, je continuerai mes efforts pour étendre, je dis bien étendre, la majorité.

Soyons clairs, car on empoisonne parfois le choix des Français par des rumeurs.

Il ne s'agit, de ma part, d'aucune manœuvre obscure ou de combinaison machiavélique, mais de la recherche patiente des conditions qui permettront d'associer un nombre croissant de Français à l'œuvre commune.

Je vous le dis en tant que président de la République et en dehors de la compétition des partis : plus nombreux sera l'équipage et plus loin ira le navire.

Là encore, laissez-vous guider par le bon sens.

L'application d'un programme collectiviste aggraverait la coupure de la France, en déclenchant de profondes divisions et en suscitant des rancunes durables. Elle retarderait de plusieurs années l'effort vers l'unité.

Il faut, pour parvenir à l'unité, que vous m'y aidiez. Les candidats, au moment de l'élection, sont extraordinairement attentifs au message des citoyens. Exprimez donc aux candidats le message que la majorité doit, non se diviser, mais s'étendre.

La majorité, dont la France a besoin, ce n'est pas celle d'un front du refus, mais une majorité prête à l'effort pour la liberté, l'unité et la justice.

Il faut aussi veiller à la réputation de la France.

Je suis ici au plus profond de mon rôle, et je regrette d'ailleurs d'être presque le seul à en parler.

La France est aujourd'hui considérée et respectée dans le monde. Considérée et respectée davantage peut-être que vous ne le croyez.

Elle entretient un dialogue loyal et ferme avec les deux superpuissances, dont j'ai reçu les chefs en visite en France.

Elle participe activement aux réflexions internationales sur la prolifération nucléaire et, désormais, sur le désarmement.

Elle apparaît à la fois comme un pays pacifique, mais capable, quand il le faut, d'agir.

Dans le tiers monde, déchiré par trop d'interventions extérieures, la France est à la tête des efforts pour le développement. Elle reste, pour ses partenaires africains, une amie fidèle et sûre.

En Europe, elle poursuit la tâche lente, difficile et nécessaire de l'union de l'Europe. Personne ne suspecte sa volonté d'y contribuer. Elle prendra à nouveau, le moment venu, les initiatives nécessaires.

Oui, la France est aujourd'hui considérée et respectée. Plus personne, comme c'était le cas à certains moments de notre histoire récente, ne sourit de la France.

Cela est dû à la stabilité et à la fermeté de sa politique.

Cela est dû aussi à l'effort qu'elle a accompli pour se doter d'une défense, qui garantisse sa sécurité et son indépendance, et qui doit être tenue à l'écart des incertitudes.

Regardez un instant à l'extérieur, tout autour de nous : combien de pays faibles, combien de gouvernements de crise, combien d'économies assistées !

Au moment de faire votre choix, pensez à la réputation de la France, comme si c'était celle de votre famille.

Quelle réputation lui vaudraient dans le monde l'indécision, le choix de la facilité, la fuite devant les réalités du moment ?

Oui, derrière nos intérêts, à chacun de nous, il y a un tout autre enjeu.

Il s'agit de veiller à la réputation de la France.

Mes chères Françaises et mes chers Français, je vous ai parlé du bon choix pour la France.

Je l'ai fait, vous l'avez vu, avec une certaine gravité.

Il faut que je vous dise pourquoi.

Je vous raconterai pour cela un souvenir d'enfance.

Quand j'avais treize ans, j'ai assisté, en Auvergne, à la débâcle de l'armée française. Pour les garçons de mon âge, avant la guerre, l'armée française était une chose impressionnante et puissante.

Et nous l'avons vue arriver en miettes.

Sur la petite route, près du village où j'irai voter en mars, comme simple citoyen, nous interrogions les soldats pour essayer de comprendre :

« Que s'est-il passé ? »

La réponse nous venait, toujours la même :

« Nous avons été trompés. » « On nous a trompés. »

J'entends encore, à quarante ans d'intervalle, cette réponse, et je me suis dit que si j'exerçais un jour des responsabilités, je ne permettrais jamais que les Français puissent dire : « On nous a trompés. »

C'est pourquoi, je vous parle clairement.

Les conséquences de votre choix, pour vous-mêmes et pour la France, chacune et chacun d'entre vous peut les connaître. Il suffit de dissiper le brouillard des promesses, des faux-fuyants et des équivoques. Il suffit que vous vous posiez des questions très simples :

— Qui gouvernera la France au printemps prochain ?

— Qui poursuivra le redressement nécessaire de l'économie française ?

— Comment l'opinion internationale jugera-t-elle le choix politique de la France ?

Chacune de ces questions comporte une réponse claire. Je n'ai pas à vous la dicter, car nous sommes un pays de liberté. Mais je ne veux pas non plus que personne, je dis bien personne, puisse dire un jour qu'il aura été trompé.

Et puisque nous parlons de la France, je conclurai avec elle.

Il m'a toujours semblé que le sort de la France hésitait entre deux directions :

Tantôt, quand elle s'organise, c'est un pays courageux, volontaire, efficace, capable de faire face au pire, et capable d'aller loin.

Tantôt, quand elle se laisse aller, c'est un pays qui glisse vers la facilité, la confusion, l'égoïsme, le désordre.

La force et la faiblesse de la France, c'est que son sort n'est jamais définitivement fixé entre la grandeur et le risque de médiocrité.

Si au fond de moi-même, comme vous le sentez bien, et comme, je le pense, les Bourguignonnes et les Bourguignons l'ont senti pendant ces deux jours, si, au fond de moi-même, je vous fais confiance, c'est parce que je suis sûr qu'au moment de choisir, oubliant tout à coup les rancunes, les tentations, les appétits, vous penserez qu'il s'agit d'autre chose, et que, qui que vous soyez, inconnu ou célèbre, faible ou puissant, vous détenez une part égale du destin de notre pays.

Et alors, comme vous l'avez toujours fait, vous ferez le bon choix pour la France.

Avant de nous séparer, et puisque je vous ai dit que je conclurai avec la France, c'est avec elle que nous allons chanter notre hymne national.

TABLE DES MATIÈRES

« VIVRE LA PRÉSIDENCE » 9

I. LA SANTÉ DES DIRIGEANTS 13

II. L'INSTALLATION 61

III. CERTAINS VISAGES 87

IV. LES SECRETS D'ÉTAT 163

V. LA PRISE DE DÉCISION 197

VI. LES FEMMES DANS LA VIE PUBLIQUE 261

VII. LA PEINE DE MORT 281

VIII. LES SYMBOLES 301

IX. TEMPS FORTS 335

« TRANSITION » 371

ANNEXES

— Note confidentielle de Michel Poniatowski au président 385

— Allocution de M. Valéry Giscard d'Estaing, président de la République française à Verdun-sur-le-Doubs 391

CRÉDITS PHOTOGRAPHIQUES

AFP - DR - GAMMA - F. LATREILLE
PARIS-MATCH - SIPA - SYGMA
COUVERTURE : GAMMA
IVe DE COUVERTURE : SYGMA

*Composition réalisée
par C.M.L. à Montrouge.
Cet ouvrage a été imprimé sur
Système Cameron
Imprimerie Hérissey
Évreux (Eure)
pour le compte
des Éditions Compagnie 12.*

Imprimé en France
Dépôt légal : février 1988
N° d'impression : 18729
ISBN : 2-903866-28-7
50-70-5262-06